科创企业
上市前股权激励
实务精要

李智琪　张振华　张　琬　张倚銮 ◎ 编著

Essential Practice of
Employee Stock Ownership Plan for Pre-IPO Science and
Innovation Enterprises

人民法院出版社

图书在版编目(CIP)数据

科创企业上市前股权激励实务精要/李智琪等编著
. -- 北京：人民法院出版社,2022.5
ISBN 978-7-5109-3381-3

Ⅰ.①科… Ⅱ.①李… Ⅲ.①高技术企业-上市公司
-股权激励-研究-中国 Ⅳ.①F279.246

中国版本图书馆 CIP 数据核字(2021)第 262549 号

科创企业上市前股权激励实务精要

李智琪 张振华 张 琬 张倚銮 编著

责任编辑	尹立霞 王亚静 **执行编辑** 赵 爽	
出版发行	人民法院出版社	
地　　址	北京市东城区东交民巷 27 号(100745)	
电　　话	(010)67550637(责任编辑)　67550558(发行部查询)	
	65223677(读者服务部)	
客 服 QQ	2092078039	
网　　址	http://www.courtbook.com.cn	
E - mail	courtpress@sohu.com	
印　　刷	三河市国英印务有限公司	
经　　销	新华书店	

开　　本	787 毫米×1092 毫米　1/16	
字　　数	285 千字	
印　　张	20	
版　　次	2022 年 5 月第 1 版　2022 年 5 月第 1 次印刷	
书　　号	ISBN 978-7-5109-3381-3	
定　　价	75.00 元	

好用的股权激励"葵花宝典"

股权激励作为一种企业与员工的利益共享机制，在市场经济体制改革的初期就开始受到关注，二十世纪九十年代初，全国轰轰烈烈的企业改制过程中，员工持股计划得到大面积试点运用，紧接着企业尤其是上市公司高管持股以及上市公司管理层收购成为资本市场一道风景线，而中国证监会于 2005 年 12 月 31 日颁布的《上市公司股权激励管理办法（试行）》，标志着股权激励作为制度安排得到市场的认可，资本市场也正式有了相应的规制。深圳证券交易所于 2014 年底发布《关于受理和评估上市公司股权激励行权融资和限制性股票融资业务试点工作安排的通知》，上海证券交易所于 2016 年 8 月发布《关于股权激励计划股票期权自主行权相关事项的通知》，国务院国资委于 2019 年 10 月发布《关于进一步做好中央企业控股上市公司股权激励工作有关事项的通知》和 2020 年 4 月发布《中央企业控股上市公司实施股权激励工作指引》，全国中小企业股份转让系统有限公司 2020 年 8 月发布《股权激励和员工持股计划业务办理指南》，以及中国证监会 2020 年 8 月发布《非上市公众公司监管指引第 6 号——股权激励和员工持股计划的监管要求（试行）》，表明股权激励全面铺开，适用范围涵盖了包括上市公司、国有上市企业以及非上市公众公司。

随着股权激励机制不断完善以及"共享经济"的理念深入人心，股权激励的运用己经成为企业治理结构的一项常见方式，尤其在民营科技企业，科技人员、市场营销高手等特殊的人力资源价值的体现，股权激励是很常用的工具。

2019年7月开市的上海科创板，主要面向新一代信息技术、高端装备、新材料、新能源、节能环保和生物医药，成为科技企业上市融资的首选，更同时成为科技人员体现其市场价值的平台。

股权激励本质上而言，是股权激励的利益相关者包括企业、原出资人和股权激励对象之间的协议安排，涉及各方的权利、义务和责任。设计股权激励方案时，除了要考虑股权激励安排的合法合规性、相互之间的利益平衡的合理性外，还要考虑股权激励计划的可执行性，这需要有严谨的法律思维。股权激励还会涉及企业所处的行业特点、企业管理、税务筹划、员工心理等因素的考量，因此，在实务操作中需要具备综合的知识储备和问题处理能力。以往的企业股权激励方案的设计和实施，大多由投资银行负责资本市场的部门提供服务，而这个状况目前己经发生变化，越来越多的律师团队正在积极介入股权激励的全过程服务，这得益于律师的职业优势，有理由相信，为企业提供股权激励的法律服务将是律师行业新的蓝海。

李智琪律师等诸君，编写了这本《科创企业上市前股权激励实务精要》，正逢其时，是这片蓝海中的一艘旗舰。

本书的内容，选择了当前资本市场的热点，聚焦"科创企业""上市前""股权激励""实务"这些要素，分别就尽职调查、模式选择、财税考量、方案实施、后期管理以及争议解决进行编排。总体而言，本书的"实操性"是其特点，也是其优点，内容结构逻辑合理，贯穿股权激励方案的设计、实施及事后管理全过程，既有理论分析、操作步骤，又有格式模版，还有司法案例，特别适用于法律实务界，我们完全可以将其作为一个好用的股权激励解决方案，一本股权激励业务的"葵花宝典"。

本书作者李智琪、张振华、张琬诸君是广东连越律师事务所执业律师，张倚銮女士为容诚税务师事务所（广州）有限公司的合伙人，他们在股权投资市场的咨询服务方面具有丰富的经验，除了业务上组成团队进行合作，为客户提供优质服务外，他们还经常集体研讨，包括在律师事务所内和所外安排股权激励方面的研讨会，收到良好的效果，当然，最为难能可贵之处在于，他们通力合作，在繁忙的工作之余，编写了本书，这是对自己工作成果的总结，更是对行业的无私奉献，相信对同行开拓股权激励相关的业务大有裨益。

本书是广东连越律师事务所"实务丛书系列"的部分。广东连越律师事务所秉承"律师是行走的法律"的理念，鼓励本所律师在认真办好每一个案件的基础上，勤于思考，善于总结，尽量将律师实务理论和实践经验诉诸笔端，以不断提升连越律师的专业素养。组织撰写和出版"实务丛书系列"，将成为连越一项永久性的要务。

应作者诸君之邀，不揣浅陋，多余几句，权当为序。

陈　默[*]

---

* 陈默律师，广东连越律师事务所创始合伙人、决策委员会成员。现任广东省人民政府、广州市政府法律顾问、广州市重大行政决策论证专家，广州市律协名誉总监事，广州金融仲裁院理事；历任广东省律师协会常务理事、广州市律师协会监事会总监事、广州市律师协会常务理事、广州市律协金融证券法律专业委员会主任、广州市律协财务监督委员会主任、广州市律协战略发展委员会副主任。陈默律师荣获2009~2011年度广州市"十佳律师"，多次获得行业服务贡献奖。

前　言

一、为什么需要股权激励

根据经济学家科斯（Ronald H. Coease）提出的理论，企业是企业家与各种生产要素（如资本、劳务、原材料等）的供应者和购买者之间的合同关系的集合。人力资源作为企业生产经营过程中最重要的要素之一，如何与非人力资源进行充分而恰当的结合，使企业和员工共同进步和发展，成为一个企业长久健康发展和保持竞争力的重要因素。

我国的《劳动法》和《劳动合同法》设定了工资、休息休假、劳动安全卫生社会保险等具体的以劳动法和薪酬制度为基础的员工收入机制，形成了人力资源这种生产要素融入企业生产经营的基本制度框架。人力资源能否成为一种出资参与到企业的生产经营，进而分享公司的利润？在法律制度层面，人力资本被排除在《公司法》规定中缴纳注册资本的法定方式之外。股权激励应运而生，成为劳动法制度之外的另外一种实现人力资源更深层次嵌入企业组织的机制。通过股权激励形成的利润分享机制，不仅使公司与激励对象之间建立起一种针对特定人力资源的"出资锁定"，将公司的业绩和员工的利益紧密结合，使员工分享公司发展的成果，提高员工的积极性和创造力，还有助于实现和凸显人力资源的资产专用性，提高产品和服务的行业竞争力，使人力资源在企业生产经营过程中最大地发挥作用。

在科创企业中，人力资源尤其是核心技术人才的智力贡献尤为突出，如何吸引并留住企业核心技术人才，使他们不仅能够获得以薪酬制度为基础的收入，还能通过股权激励参与公司利润的分享，成为一个科创企业发展和壮大的过程中不可或缺甚至是至关重要的一个环节。

二、股权激励的立法概述

我国改革开放后，股权激励经历了探索阶段（1980年代至1992年）、试点阶段（1992年至1998年）、转型阶段（1998年至2005年）、完善阶段（2005年至今），并先后尝试了员工持股计划、高管持股、管理层收购等方式。伴随着股权激励机制不断发展成熟，企业对股权激励机制需求的扩大，我国也颁布了相应的法律法规为股权激励发展提供了法律基础。

2005年12月31日，在《公司法》和《证券法》的基础上，中国证监会发布《上市公司股权激励管理办法（试行）》，在股权激励的定义、适用条件、限制性股票、股票期权、实施程序和信息披露、监管和处罚等方面对上市公司实施股权激励计划进行较为详细地规定，标志着股权激励制度正式在法律层面得到了确认。随后，国资委和财政部分别颁布《国有控股上市公司（境外）实施股权激励试行办法》和《国有控股上市公司（境内）实施股权激励试行办法》，对国有控股上市公司实施股权激励做了进一步的规范。2008年，国资委、财政部《关于规范国有控股上市公司实施股权激励制度有关问题的通知》和证监会《股权激励有关事项备忘录》等系列指引的发布，意味着我国股权激励政策走向了成熟。

2013年11月15日，《中共中央关于全面升华改革若干重大问题的决定》允许混合所有制经济实行企业员工持股，形成资本所有者和劳动者利益共同体，也为利用员工持股计划进行股权激励提供了政策依据。2014年6月9日，国务院发布《关于进一步促进资本市场健康发展的若干意见》进一步明确要求，允许上市公司按规定通过多种形式开展员工持股计划，为上市公司通过员工持股计划实施股权激励提供了明确的政策支持。无论是国有企业、混合所有制企业还是民营企业，利用股权激励将企业发展与员工相"捆绑"和"分享"，已经成为现代企业治理的发展方向。

2016 年 8 月，在《上市公司股权激励管理办法》正式推行前后，上市公司公告股权激励计划的数量明显提升，市场规模也在扩大。2018 年 6 月 6 日，证监会公布并施行《关于试点创新企业实施员工持股计划和期权激励的指引》，首次明确提出"允许试点企业存在上市前制定、上市后实施的期权激励计划"，"允许资产管理计划形式的员工持股平台作为载体"，不仅将企业股权激励计划制定的期间延展到企业上市前，促使企业在上市前就能够建立健全和规范的长效激励约束机制，兼顾员工与公司长远利益，还使科创板上市或拟上市的企业在股权激励上相较于其他板块更具有灵活性和创新性，为科创企业提供了更多的选择。

三、科创板的"股权激励"的特殊点

（一）激励对象范围更大

科创板的激励对象包括：单独或合计持有上市公司 5% 以上股份的股东、上市公司实际控制人及其配偶、父母、子女以及上市公司外籍员工，在上市公司担任董事、高级管理人员、核心技术人员或者核心业务人员。与其他 A 股板块相比，增加了激励对象的范围，即"单独或合计持有上市公司 5% 以上股份的股东、上市公司实际控制人及其配偶、父母、子女"在其他 A 股板块中不是受激励的对象。

（二）限制性股票的相关设定更宽松

1. 科创板引入新的限制性股票类型

上市公司授予激励对象限制性股票，包括下列类型：其一，激励对象按照股权激励计划规定的条件，获得的转让等部分权利受到限制的本公司股票；其二，符合股权激励计划授予条件的激励对象，在满足相应获益条件后分次获得并登记的本公司股票。

科创板的这种新规定实际上取消了其他 A 股板块上市公司需要在限制性股票计划经股东大会审议通过后，且激励对象满足激励条件，上市公司才将限制性股票登记至激励对象名下。科创板简化了流程，只需激励对象满足激励条件即可，这限制性股票的实际操作更为便利。

2. 科创板增强了股权激励价格条款的灵活性

其他 A 股板块，限制性股票的授予价格，原则上不得低于激励计划公布前 1 个交易日股票交易均价的 50% 以及前 20 个交易日、前 60 个交易日、前 120 个交易日股票交易均价之一的 50%。科创板授予价格的规定为：低于股权激励计划草案公布前 1 个交易日、20 个交易日、60 个交易日或者 120 个交易日公司股票交易均价的 50% 的，应当说明定价依据及定价方式。出现前款规定情形的，上市公司应当聘请独立财务顾问，对股权激励计划的可行性、相关定价依据和定价方法的合理性、是否有利于公司持续发展、是否损害股东利益等发表意见。

科创板实际上取消了其他 A 股板块规则对限制性股票价格的限定，仅仅是提出企业对低于股票交易均价时要发表意见，该修订在一定程度上是给予了创新企业对限制性股票一定的操作空间，让企业能够更灵活地去调整限制性股票的价格。

3. 科创板在限售上 "松绑"

其他 A 股板块，规定在限制性股权有效期内，上市公司应当规定分期解除限售，每期时限不得少于 12 个月，各期解除限售的比例不得超过激励对象获授限制性股票总额的 50%。而科创板则，规定："获益条件包含 12 个月以上的任职期限的，实际授予的权益进行登记后，可不再设置限售期"。

（三）增加股权激励的份额上限

科创板的上市公司可以同时实施多项股权激励计划。上市公司全部在有效期内的股权激励计划所涉及的标的股票总数，累计不得超过公司股本总额的 20%。其他 A 股板块则规定，激励计划所涉及的标的股票总数累计不得超过公司股本总额的 10%。由 "10%" 提高到了 "20%"，给了科创板企业更多的股权激励空间。

（四）制度创新——"闭环原则"

在《关于试点创新企业实施员工持股计划和期权激励的指引》这一规定中提出了"闭环原则"：员工持股计划符合以下要求之一的，在计算公司股东人数时，按一名股东计算；不符合下列要求的，在计算公司股东人数时，穿透计算持股计划的权益持有人数。

1. 员工持股计划遵循"闭环原则"：员工持股计划不在公司首次公开发行股票时转让股份，并承诺自上市之日起至少 36 个月的锁定期。试点企业上市前及上市后的锁定期内，员工所持相关权益拟转让退出的，只能向员工持股计划内员工或其他符合条件的员工转让。锁定期后，员工所持相关权益拟转让退出的，按照员工持股计划章程或有关协议的约定处理。

2. 员工持股计划未按照"闭环原则"运行的，员工持股计划应由公司员工组成，依法设立、规范运行，且已经在基金业协会依法依规备案。

该指引意味着只要遵循"闭环原则"或者依法在基金业协会备案的员工持股计划的企业，可以在计算股东数量时，不进行穿透计算，只按照一名股东计算。"闭环原则"的出现是为了解决科技型企业股权激励对象过多，触发被认定为公开发行的问题。

四、股权激励的大数据分析

从企业性质分析，实施股权激励的最主要主体是民营企业。据某研究中心发布的关于股权激励的研究报告[①]对实施股权激励的上市公司数量进行统计分析，自 2010 年至 2020 年，民营企业发布的股权激励计划占比平均达到 75%，国有企业占比平均为 12%，公众企业和外资企业的占比平均为 8% 和 4%。尽管 2020 年 5 月 30 日，国资委在系统梳理现行政策规定、全面总结实践操作经验的基础上，印发了《中央企业控股上市公司实施股权激励工作指引》。在股权激励计划（草案）公告日期来看，2020 年 1 月

---

① 中金：股权激励回顾及 2021 年展望，载 https://finance.sina.com.cn/stock/stockzmt/2021-01-11/doc-iiznezxt1801139.shtml，2021 年 7 月 18 日访问。

1 日至 2020 年 12 月 31 日期间，公告采取股权激励的国有上市公司达到 62 家，较 2019 年累计 49 家国有上市公司增幅明显，但是在整个资本市场中，民营企业仍然是实施股权激励的主要主体。

从企业行业分析，实施股权激励计划的主体以制造业企业为主。大数据显示，2020 年 A 股共 294 家制造业公司披露股权激励计划，位居行业首位，全行业占比高达 67%。在制造业细分子行业中，计算机、通信和其他电子设备制造业以 16% 的占比继续稳居第一。软件和信息技术服务业披露股权激励计划的公司达 60 家，位居第二。大行业新三板市场中，披露股权激励计划数量排行前三的行业分别为软件和信息技术服务业、专业技术服务业以及电气机械和器材制造业，占比分别为 16%、10%、9%。制造业股权激励的持续升温，一方面是由于行业本身上市公司体量较大，另一方面则是因为在现代工业转型升级过程中，传统制造业对"人才"的需求在持续攀升。①

从市场需求分析，人力资本是当今企业尤其科创企业发展不可忽视的重要资源。科创企业通过股权激励体制为企业经营者搭建自我价值实现的平台，经营者相信自身努力经营企业即可获得回报，共同分享公司成果，股权激励的价值正逐渐被企业及经营者认可。作为员工薪酬发放的一种方式，股权激励同样是优化公司治理的手段之一，而科创企业相较于传统的企业而言，具有轻资产、重人力资源的特点。因此，采取股权激励是使员工与企业的业绩目标及利益趋同一致，从而促使企业与员工共同成长和获益、防止人才流失的重要方式。

据某些研究中心统计，在有股权激励的人才需求行业分布中，互联网行业占比最高为 41.87%，这说明互联网行业的企业在招聘时更强调股权激励；电子通信、金融行业位居第二、第三，其有股权激励职位的占比分别为 9.60%、8.00%；机械制造、制药医疗、消费品三大行业有股权激励职位的占比均在 5%-7% 之间；服务外包、房地产、文教传媒、能源化工、

①　佐佑顾问：2021 年中国股权激励洞察报告。

交通贸易等行业有股权激励职位的占比相对较少，均在 5% 以下①。

从数据上看，在科创板上市的公司中，截至 2021 年 7 月 22 日，发布了与股权激励相关公告的企业共有 133 家。从时间上来看，自 2019 年第三季度起，公告的股权激励计划数量逐季度上升。就上市公司所采取的股权激励的工具来看，实施了股权激励计划的上市企业中，其采取的激励方式主要为限制性股票。

上述上市公司及拟上市公司的相关数据说明，科技创新型企业正逐步认可股权激励的价值并积极寻求构建股权激励的方案，同时上述相关数据对科创企业股权激励模式的选择、设计和实施具有重要参考价值和启示意义。但科创企业如何才能合理设计策划并有效实施股权激励计划却是企业创始人共同面临的困惑，本书拟从尽职调查到激励方案设计及动态管理操作秘诀，从股权架构税务筹划到股权激励争议解决，让大家一目了然股权激励之奥秘所在。

---

① 数据来源：猎聘研究院。摘取自灵动未来和猎聘、富途安逸联合发布的《2020 股权激励研究报告》。

目　　录

第一章　尽职调查 ……………………………………………… （1）

一、尽职调查的目的 …………………………………………… （1）

（一）了解公司所处的行业 ………………………………… （1）

（二）了解公司的基本情况 ………………………………… （10）

（三）清晰各方诉求 ………………………………………… （11）

（四）初步确定股权激励的模式 …………………………… （11）

二、股权激励的尽职调查如何做 …………………………… （12）

（一）向企业发送尽职调查清单 …………………………… （12）

（二）进行访谈 ……………………………………………… （12）

（三）公开信息检索 ………………………………………… （13）

三、尽职调查的成果展示——尽职调查报告 ……………… （17）

附件1　尽职调查清单 ………………………………… （18）

附件2　调查访谈记录 ………………………………… （42）

第二章　科技创新公司股权激励模式的选择及方案的定制 ……… （55）

一、科技创新企业上市前股权激励方案简介 ……………… （55）

（一）标准化是理想,定制化才是现实:根据上市前公司的

不同发展阶段制定股权激励方案 ……………………… （55）

（二）公司实施股权激励前的准备事项 …………………… （57）

二、科技创新公司股权激励模式的选择和方案定制 ………… (63)

　　(一)股权激励的实股模式 ……………………………… (64)

　　(二)虚拟模式的股权激励 ……………………………… (66)

　　(三)科技创新企业股权激励模式的典型:期股和期权 … (70)

　　附:实施股权激励方案标准化法律文件参考(部分) …… (76)

第三章　科技创新公司股权激励模式及方案的财税考量 ………… (106)

一、不同类型股权激励的税务相关规定 ………………………… (106)

　　(一)实股 ………………………………………………… (107)

　　(二)虚拟股 ……………………………………………… (107)

　　(三)期权 ………………………………………………… (108)

　　(四)限制性股票 ………………………………………… (108)

　　(五)业绩股票 …………………………………………… (109)

　　(六)股票增值权 ………………………………………… (109)

二、股权激励实现方式的常见税务处理方式 …………………… (110)

　　(一)直接持股 …………………………………………… (110)

　　(二)间接持股 …………………………………………… (111)

三、利用有限合伙企业作为持股平台的税收优化方案 ………… (114)

　　(一)科创企业股权激励各环节的涉税关键点 ………… (114)

　　(二)科创企业技术人员以技术成果入股的税务优化 … (120)

　　(三)境外上市科创企业利用境外持股平台问题 ……… (121)

　　(四)总结 ………………………………………………… (122)

四、股权激励的股份支付的会计处理和案例 …………………… (122)

　　(一)以权益结算的股份支付的会计分录 ……………… (123)

　　(二)股权支付对企业将来上市的利润影响 …………… (124)

五、非上市公司股权激励的企业所得税扣除问题 ……………… (125)

第四章　科技创新企业股权激励方案的内容和实施 …………… (128)

　　一、科技创新企业股权激励方案的必备内容 ……………… (128)

　　　　(一)激励模式 …………………………………………… (128)

　　　　(二)激励对象(授予条件) ……………………………… (129)

　　　　(三)激励额度(举例仅供参考) ………………………… (129)

　　　　(四)权益实现方式 ……………………………………… (131)

　　　　(五)退出机制 …………………………………………… (133)

　　二、科技创新企业股权激励方案实施的程序事项 ………… (136)

　　　　(一)一次决策分析引导 ………………………………… (136)

　　　　(二)两个权力机构 ……………………………………… (137)

　　　　(三)重要的事情说三遍:培训 ………………………… (138)

　　　　(四)设立股权激励项目日常管理机构 ………………… (138)

　　　　(五)正式上线:股权激励方案进入后管理阶段 ……… (139)

　　三、科技创新公司上市后股权激励方案典型范例(节选) ………… (140)

　　　　(一)【范例一】《上海××生物医药科技股份有限公司

　　　　　　　2020年限制性股票激励计划(草案)》 ……… (141)

　　　　(二)【范例二】《江苏××环保股份有限公司

　　　　　　　2021年限制性股票激励计划(草案)》 ……… (166)

　　　　(三)【范例三】《北京××导航技术股份有限公司

　　　　　　　2021年限制性股票激励计划(草案)》 ……… (184)

　　　　附:标准化股权激励计划协议书(部分) ……………… (201)

第五章　股权激励后管理 ……………………………………… (208)

　　一、股权激励后管理的主要内容 ……………………………… (208)

　　二、股权激励的"动态调整" ………………………………… (208)

　　　　(一)管理机制 …………………………………………… (208)

（二）考核机制 ·· （212）

（三）退出机制 ·· （213）

第六章 股权激励争议解决 ······························ （222）

一、知识产权与竞争纠纷案由 ····························· （224）

（一）【案例1】北京联创工场科技有限公司与成都趣睡科技

有限公司、李勇技术合同纠纷一审案 ············ （225）

（二）【案例2】广东联力科技有限公司与林汉科、王玉斌、

广东半刻未来科技有限公司侵害商业秘密纠纷案 ·········· （228）

（三）【案例3】耿新阶诉北京神州普惠科技股份有限公司侵害

计算机软件著作权纠纷案 ························ （231）

二、劳动争议纠纷案由 ····································· （233）

（一）【案例4】广州珺空网络科技有限公司、梁华柱劳动争议案

·· （234）

（二）【案例5】北京花千树信息科技有限公司、北京花千树信息

科技有限公司广州分公司与张玮玮劳动争议二审案 ········ （236）

（三）【案例6】美的集团股份有限公司与孟鸣劳动争议案 ········ （238）

（四）【案例7】广州亿澳斯软件股份有限公司与虞方劳动合同

纠纷案 ·· （241）

（五）【案例8】乐视云计算有限公司与陈明鹏劳动争议案 ········ （243）

（六）【案例9】苏州新能环境技术股份有限公司与刘存阳劳动合同

纠纷案 ·· （246）

三、与公司有关的纠纷案由 ································· （248）

（一）【案例10】江西省国有资产监督管理委员会与廖礼村

股权转让纠纷再审案 ···························· （249）

（二）【案例11】广东一禾药业有限公司与谭什成以及颜振基等

股权转让合同纠纷再审案 ························ （250）

（三）【案例12】曾石华、广州丰江电池新技术股份有限公司

　　　　 与公司有关的纠纷案 ······················ (253)

（四）【案例13】上海安清医疗器械有限公司等与周震华股权转让

　　　　 纠纷案 ································· (261)

（五）【案例14】田建川与无锡顺达智能自动化工程股份有限公司

　　　　 股东出资纠纷案 ························· (265)

（六）【案例15】李全合与力诺集团股份有限公司股权转让纠纷案

　　　　 ····································· (268)

（七）【案例16】贵州贵阳元驰石油运输有限公司、刘玉明公司

　　　　 决议纠纷案 ··························· (270)

四、合同纠纷案由 ···································· (273)

（一）【案例17】中国南玻集团股份有限公司、胡勇合同纠纷

　　　　 再审案 ······························· (273)

（二）【案例18】张桂林、浙江聚力文化发展股份有限公司合同

　　　　 纠纷案 ······························· (276)

（三）【案例19】南京高精传动设备制造集团有限公司与

　　　　 勾建辉合同纠纷再审案 ··················· (280)

（四）【案例20】郭沃坚与广州市香雪制药股份有限公司合同

　　　　 纠纷案 ······························· (281)

（五）【案例21】付军与淘宝（中国）软件有限公司、阿里巴巴

　　　　 集团控股有限公司合同纠纷案 ·············· (284)

（六）【案例22】杨龙与深圳云天励飞技术股份有限公司合同纠纷

　　　　 二审案 ······························· (291)

（七）【案例23】搜房控股有限公司与被申请人孙宝云合同纠纷

　　　　 再审案 ······························· (293)

附录：与科技创新企业上市前相关的法律规范文件汇总 ········· (296)

后记 ··· (298)

第一章 尽职调查

一、尽职调查的目的

(一) 了解公司所处的行业

本书所指指科创行业具体涵盖以下六个行业：新一代信息技术、高端装备、新材料、新能源、节能环保以及生物医药。

自 2019 年 7 月 22 日开市以来，科创板已平稳运行近两年时间。截至 2021 年 5 月 31 日，科创板的上市公司数量总共有 282 家，总募资额超 3600 亿元，总市值规模超 4 万亿元。板块产业集聚和品牌效应显现，形成了以新一代信息技术 (36%)、生物医药 (22%)、高端装备制造 (16%) 为主的科技创新投融资平台；而新材料、节能环保和新能源 (包含新能源汽车) 的企业占比分别为 13%、6% 和 5%。

不同的行业具有不同的特点，包括行业的成熟度、市场需求、竞争状况、产业链条之间的关系等，而这些特点会影响企业在股权激励的对象选择、采取股权激励的方式等方面所作出的选择。因此，只有充分了解了企业所在行业的特点，我们才能够更好地理解公司所处的环境，进而设计出更贴合公司需求的产品。以下是我们对科技创新六个行业发展的特点所进行的总结，在实际开展的尽职调查中可能会随着对企业进一步的了解及资料的继续收集而不断修正：

1. 新一代信息技术行业特点

根据国家统计局发布的《战略性新兴产业分类（2018）》，新一代信息技术行业包括下一代信息网络产业、电子核心产业、新兴软件和新型信息技术服务、互联网与云计算、大数据服务、人工智能六大领域。除了聚焦于网络本身，新一代信息技术通常也与制造业深度融合，系属技术密集型行业。本行业技术迭代速度快，因此，企业普遍面临因技术不断更新导致的原有技术及产品被淘汰的风险，产品的研发和技术储备依赖于对行业的理解、人才的积累及公司的经验。

因本行业细分领域较为丰富，客户特点不一，其客户集中程度、稳定性往往都存在较大的区别。部分企业深度绑定制造业，其他的"互联网+"企业则更多面向商业客户以及终端消费者，而且不同的细分领域成熟度及市场竞争情况不同。因此，在制定股权激励方案时，需要对企业以及行业有一个全面的尽职调查进而深入了解企业以及企业内部各个部门的分工以及关键员工的可替代性与忠诚度。

以科创板发布首单股权激励上市公司乐鑫科技为例，该公司从事物联网 Wi-Fi MCU 通信芯片及其模组的研发、设计及销售，面向的下游市场，包括智能家居、智能照明、智能支付终端、智能可穿戴设备、传感设备及工业控制等物联网领域。该领域系支撑国民经济发展、保障国家安全的基础性领域，现阶段进口依存度大，因此，国家大力扶持该领域的发展。该行业具有技术门槛高、产品附加值高、细分门类众多等特点。

现阶段，该行业的下游市场需求快速增长，但是我国企业的关键研发技术与国外竞争者相比还存在较大的距离，对外进口的依赖度较高。该行业拥有较高的技术壁垒，在国际范围来看市场集中度较高，传统厂商由于较强的技术研发实力和持续的资本投入可以较快完成技术积累，进而继续扩张市场占有率。但是因其细分门类众多的特点，中小企业也可以通过在细分市场深耕，通过长期技术积累形成技术壁垒和产品优势，在细分领域占据市场份额。因此，在市场中形成了大厂商与中小厂商共同竞争、互有优势的竞争局面，不同规模的企业可选择产品差异化或者是性能优化的研发方向，可依照企业的资产和资金情况选择全流程或者是聚焦于设计及销售的经营模式。而由于本行业的技术迭代速度快，且产品与下游终端产品高度相关，因此，如与下游客户构建了较为紧密的关系并依照需求调整产品的研发及设计，则可以构筑较高的壁垒。同时，技术壁垒是企业可以长足发展的关键，因此，本领域需要不断开展技术研发，对资金投入的需求较高。

现在该行业中的科创板上市企业较多为细分领域的中小企业，具有轻资产和重人力的特点。人力资源及核心技术系其最重要的资源，为有效利用并防止人力资源及核心技术的流失，较多的企业可能会对员工实施较为多样的员工激励计划。经乐鑫科技招股说明书披露，在其申请上市时核心技术人员占据其员工人数的比例为 67.22%，其中很多核心技术员工同时兼任高管。同时公司还实施员工持股计划，让核心技术人员通过员工持股平台间接成为公司股东，核心技术人员的个人利益与公司发展的长期利益相结合，有效激励核心技术人员，保证核心技术人员团队长期稳定。

2. 高端装备行业特点

根据国家统计局发布的《战略性新兴产业分类（2018）》，高端装备行业包括智能制造装备、航空装备、卫星及应用、轨道交通装备、海洋工程装备等领域，系属技术密集型行业。该领域技术综合性强，产品及技术的研发具有多学科交叉的特征，因此，企业需要尽可能准确地把握新技术发展动向和趋势，将前沿技术与公司现有技术、产品有效结合。行业内企业往往面临着较大的研发压力，公司对技术人才的需求将大量增加，如果公司不能及时引进或者培养符合发展需要的优秀人才，或者出现核心技术人员流失的情况，将对公司经营业绩的稳定性产生不利影响。同时，对于已有技术，也面临着泄密或窃取的风险。该行业受原材料影响较大，原材料的供应量和供应价格会受到市场供需关系、国家环保政策等因素的影响，若企业主要原材料的采购价格出现较大幅度上涨，而产品的销售价格不能随之上涨，或将对企业的经营业绩产生不利影响。该行业的经营业绩受下游客户需求影响较大，存在波动，如果未来下游行业的需求量及需求结构发生重大变化，企业需要及时响应调整决策以应对市场需求。

高端装备行业的产业链可分为三层：上游为核心零部件，中游为制造装备和系统解决方案设计，下游为装备的集成及应用。以中国智能制造装备为例，我国对职能制造装备的市场需求不断提升，但是产业的发展与发达国家相比，仍存在不小差距，高端制造装备依赖进口，而低端制造装备产能过剩。在智能制造装备行业中，上游核心零部件对外依存度较高，为产业链的薄弱环节。中游主要为智能装备生产与系统解决方案设计，已经在关键技术装备和软件方面取得了一定的突破，但是与国外的竞争者相比差距仍然较大。下游一般是将产品应用于具体的领域如汽车、电子设备和器材制造等，不同行业的智能制造水平差异较大。

以科创板上市企业利元亨为例，根据其发布的招股说明书，其主营业务包括锂电池、汽车零部件以及其他领域制造设备的制造。其拥有较为先进的技术，同时也与多家供应商企业以及下游客户建立了稳定的合作关系，但是仍然面临核心零部件受制于进口、客户集中度较高等问题。现代企业的生产工艺日益迭代更新对智能制造的要求不断提高，同时由于该公司所处行业的综合性、复杂性的技术特点，对人才储备提出了更高的要求。另外，随着公司的发展，研发费用增幅较大，对于政策补贴特别是税的补贴存在一定的依赖。

根据该企业于招股说明书中的披露，其核心技术人员有许多同时为企业的高管；该企业还对员工采取了多种股权激励的模式：一方面为兼任高管和核心技术人员的员工设置了直接持股的股权激励；另一方面该企业在上市之前已经对员工设立了两个持股平台，通过将持股人员的利益与股东价值紧密联系起来，使持股人员的奋斗目标与公司的战略目标保持一致，促进公司的可持续发展。

3. 新材料行业特点

根据国家统计局发布的《战略性新兴产业分类（2018）》，新材料行业包括新材料钢铁、先进有色金属材料、先进石化化工新材料等领域。新材料行业是支撑我国经济发展和行业结构转型升级的基础性、先导性、战略性行业。该行业属于技术密集型行业，往往具有研发投入大、研发周期长、研发风险高等特点。若企业未来新产品研发失败，或研发进程未能顺利推进，在技术创新和新产品开发未能紧跟市场发展需求，不能持续拓展新的应用领域，将导致产品落后于市场需求，并面临市场份额流失的风险；同时，若研发投入未能有效转化为经营业绩，高额的研发支出也将给企业盈利带来不利影响。

我国新材料行业起步较晚，与国际知名企业相比，业务规模和产品技术实力往往存在一定的差距，该行业企业往往面临较大竞争压力。新材料行业的上游包括原材料，中游包括材料制造，下游包括材料的应用。尽管我国对新材料的需求较大，并且经过国家政策的大力支持以及几十年的研发积累，我国新材料行业已经有较强的生产能力和较广泛的生产类型。但是目前我国的企业仍然以仿制为主，核心技术及研发与国外的竞争者仍有较大的差距。与其他行业相比，该行业受原材料影响较大，原材料的供应量和供应价格会受到市场供需关系、国家环保政策等因素的影响，若企业主要原材料的采购价格出现较大幅度上涨，而产品的销售价格不能随之上涨，或将对企业的经营业绩产生不利影响。同时，该行业往往也会面临着较大的环保风险，环保设施运行、环保措施执行等出现问题，或公司未能及时采取措施应对国家环保标准的提高，致使公司周边环境污染，将面临行政处罚并对企业的形象以及业绩产生不利影响。

以科创板上市企业莱尔科技为例，该企业的主营业务为功能性涂布胶膜及下游应用产品的研发、生产和销售，其产品具有广泛应用空间。该企业产品下游应用领域有工艺精细、技术要求高、更新速度快、持续创新等特点，因此作为上游企业的产品和技术跟随迭代非常重要。另外，由于技术和产品很大程度依赖核心技术人员，吸引人才是保持技术领先和竞争力的核心，因此对员工特别是技术人员的激励至关重要。除了技术以外，因为该行业新产品满足客户性能的认证需要较长的时间，且客户对产品的要求较高，因此存在收益保持稳定的风险。另外，原材料占据较高成本，品种繁多且部分依赖进口，因此原材料价格波动较大会对企业业绩产生影响。

据其招股说明书披露，其核心技术人员与董监高存在部分重合。在其上市之前，直接持有企业股份的均为董高，部分核心技术人员或员工存在通过持股平台或者其他的主体间接持有企业股份的情形。该企业在发行上市时还实施了新的股权激励的方案，内容是由公司高管和核心员工参与公司首发股票战略配售，具体方式为设立专项资管计划。

4. 新能源行业特点

新能源行业主要包括风能、太阳能及新能源汽车行业，均为技术密集型行业。不同的行业技术成熟的程度不同，具体而言，风能和光伏行业即将脱离政策补贴周期，已步入成长期，因此，通过提高技术以达到规模化生产进而降低生产成本是企业提高竞争力的途径。新能源汽车行业依据动力系统不同，可以分为锂电池和燃料电池两个行业链，其中锂电池为驱动力的汽车行业技术较为成熟，而燃料电池的行业仍处于起步阶段。

现阶段，风能和光伏行业主要的终端消费者是电力公司，在碳中和的目标提出后，我国对风能和光伏发电设备的装机需求大幅提升。但是一方面由于补贴的取消以及电力降价的要求，许多低效能的企业被淘汰，行业集中度进一步提升；另一方面，最近存在外国政府针对我国的风能和光伏企业采取限制政策的情形或风险，这导致许多企业的境外业务受到或可能受到负面影响。

新能源汽车行业的终端消费者是个人。受制于补贴下调的政策，以及充电基础设施的建设不足，新能源汽车行业的终端需求将受限，并通过行业链传导至其他的环节的企业，对其经营造成影响。另外，企业除了面临相同主营业务的企业的竞争，还将面临上下游企业渗透、外国竞争者的进入所带来的竞争，因此继续研发和保护现有核心技术以形成技术壁垒，以及向上下游行业进行渗透是企业提升竞争力的重要途径。但另一方面，近来越来越多的新能源汽车在使用过程中发生了故障，影响到驾驶者的人身安全，因此企业违规、涉诉的风险较高，亟待提高对产品质量的管控。

以科创板上市企业明冠新材为例，该企业的主营业务为为新型复合膜材料的研发、生产和销售，其下游产品主要为新能源的产品如光伏发电和锂电池应用。该企业建立了具有自主知识产权的核心技术体系，具有较高的技术壁垒，但是技术迭代和被替代的风险仍然较高，需要不断开发新技术和产品。该企业所需的某核心原材料来源的供应商单一，以及其他原材料的价格存在一定的波动，因此存在原材料供应不足的风险。而下游行业集中度高，且下游的行业面临补贴下降以及价格的降低，加之市场竞争激烈，因此在成本控制及收入方面存在不确定性。另外，因产品质量控制涉及较多环节，因此还存在产品质量控制的风险。

据该企业的招股说明书披露，其董监高与核心技术人员存在部分的重合。除了董事长之外，在上市之前，其他的员工及核心技术人员均通过公司持股平台对企业进行间接持股。

5. 节能环保行业特点

节能环保行业包括高效节能、先进环保、资源循环利用等领域。节能环保行业同样属于技术密集型行业，技术迭代速度快，因此企业普遍面临因技术不断更新导致的原有技术及产品被淘汰的风险、企业已经拥有的核心技术泄露风险、人才的流失及不能持续得到补充的风险等。这些风险进一步导致了企业将面临存货积压及跌价风险、无形资产易贬值的问题。由于相关的技术及产品、服务发展的时间较短，现我国的环保行业中许多行业尚未形成完备的行业质量、标准体系，但是由于环境法律法规的规制相对严格，对于环保行业的产品和服务也存在严格的规制，因此企业也可能会面临较多的行政处罚。

本行业的上游主要是包括钢铁、化工、电力、电子、有色金属在内的原材料供应商，这些行业为环保产品的生产及工程实施提供原材料，其价格波动直接影响环保行业的成本，进而对细分行业的利润产生影响。下游主要包括市政以及钢铁、电力、水泥、冶金、化工等工业污染行业。政府部门是环保治理的重要需求方，这是因为环保行业具有很强的公益属性，其需求变化在很大程度上取决于产业政策。本行业的产品和服务专业性较强，技术不成熟，大部分行业尚处于起步阶段，适用范围有限，所以所处行业链的上下游企业均存在集中度高、市场开拓不足的风险。另外，尽管国家为扶持行业的发展提供了许多利好政策，例如税收政策、补贴政策等，但是这也导致了该行业中的企业运营和盈利较为依赖政策的支持，后续政策的不利变动将给企业的运营带来消极的影响。另外，由于上下游企业的市场开拓不足，以及较为依赖政策补贴，下游企业的现金流紧张情形往往会传导到上游企业，导致本行业中的企业多面临应收账款周转率低的问题，加上对于研发的投入需求高，现金流紧缺也是大多数企业共同面临的问题。

以科创板上市企业奥福环保为例，主营业务为蜂窝陶瓷技术的研发与应用，以此为基础面向大气污染治理领域为客户提供蜂窝陶瓷系列产品及以蜂窝陶瓷为核心部件的工业废气处理设备。该企业已经形成了研发成果的产业化，但是客户集中度较高，下游行业的经营状况对企业的经营状况受影响较大。另外，可能会因为新能源汽车的发展导致对内燃机汽车的取代，而对所在行业产品的需求下降，从而影响盈利。另外，因为下游行业产品受到国家环保标准的严格规制，进而要求企业产品也需要满足相应的标准，如果企业提供的产品无法达到国家标准，或者国家标准或者政策未按照企业的预期的方向进行变动导致正在研发的产品无法继续销售，则可能无法获得相应的市场。另外，企业的部分原材料依赖国外进口且供应商单一，则可能会导致无法及时或者高成本获取材料。而产品质量如果未能得到很好的控制，则可能导致经济、声誉损失甚至法律风险。据企业的招股说明书披露，该企业的核心技术人员均为企业的董监高，且均持有企业的股份。因此，该企业的未来发展高度依赖核心技术人员的留任。

6. 生物医药行业特点

生物医药行业包括生物医药、生物医学工程、生物农业及相关产业、生物质能、以及其他生物业。因涉及的领域较为广泛，故本处所探讨的生物医药行业为狭义的仅与医药相关的行业。生物医药行业同样属于技术密集型行业，对产品研发和技术创新能力要求较高，研发周期较长，且市场导向明显。由于本行业属于技术密集型行业，因此核心技术的保护和研发人员的维持及获取是影响企业经营的重要内容，同时也可能面临较多的知识产权的纠纷。生物医药行业可以分为上游、中游和下游部分。上游部分包括原材料、制药设备以及生物技术；中游部分为生物医药生产与研发；下游部分为生物医药流通与服务。

上游行业主要为原材料及制药设备的研发，我国是世界上较大的原材料生产及出口国，但是在制药设备方面，我国的技术及研发与发达国家还有较大的差距，在高端的设备上对进口的依赖程度较高。

中游行业为医药的生产与研发，我国制药企业现在主要还是以仿制药为主，自主研发的能力相较于国外来说尚有差距。另外，基于生物医药行业与人体生命健康息息相关，其产品在上市销售之前存在的前置性注册程序，且相关的标准或法规也在不断地调整，因此企业的产品从研发至成功面世销售周期长，且存在较高的不确定性。同样，因为相关的产品涉及人体的健康，所以该行业存在严格的标准及监管法律法规和程序，产品因违规、安全或质量问题导致纠纷的风险较高。生物医药的制造和销售都要求获得相应的有期限的资质，因此对于资质的获取和续期也是影响企业经营生产及销售的重要环节。

下游行业包括医药的销售和服务，随着我国的人口老龄化问题加剧以及医疗机构的增长，对于医药的销售和服务的需求不断增加。医药的销售主要采取的是经销的模式，因此对经销商的管理对企业的经营很重要；另外，其下游的主要客户为医院，而医院的采购主要由政策决定，因此相关政策对于企业的销售及盈利影响重大。

以科创板上市企业君实生物为例，该企业是一家创新驱动型生物制药公司，所采取的药物研发方式包括自主研发和技术转让与合作，并具备完整地从创新药物的发现、在全球范围内的临床研究和开发、大规模生产到商业化的全产业链能力。尽管该企业有较强的研发以及商业化能力，但是限于药物研发的特点，仍然存在研究结果不确定、政府监管导致迟延面世以及产品被取代、市场推广不及预期以及竞争激烈等方面的风险。而在全产业链中，公司对核心技术的保护以及技术人才的竞争是公司长期可持续发展的基础。

该企业的核心技术人员与董事或高管亦存在重合，并且企业对该部分人员的研发能力和技术水平具有较高程度的依赖。企业也对部分核心员工实施了股权激励计划，采取对企业直接或间接持股的方式；同时还采取了分期行权的机制，有利于吸引和留住公司优秀人才，充分调动公司管理层及员工的积极性，有利于完善公司的经营状况，增强公司的竞争力。

（二）了解公司的基本情况

如果没有对公司有深入的了解，很难想象能制定出符合公司实际情况和需求的股权激励方案。在了解公司基本情况的环节，我们总结以下要点需注意：

1. 公司所处的具体行业，作为进一步确认股权激励的需求以及方案的倾向性的基础。不同行业有不同行业的特点及性质，需要不同的股权激励方式。在设计股权激励方案前，需先定位公司属于何种行业，并且找出对应的有代表性的企业的股权激励方案以作参考，如互联网/电商行业的阿里巴巴、腾讯、京东、字节跳动等；高端制造业的台积电、公牛集团、芬尼克兹等；通信信息行业的华为、小米、苹果等；软件信息行业的微软、金山办公、广联达等；房地产行业的碧桂园、万科、绿地等。当然，由于股权激励方案属于公司内部文件，可能通过公开渠道检索的信息会非常有限，所以需要律师通过专业渠道检索信息并对信息进行整理和分析。

2. 公司所处的发展阶段不同也会影响股权激励模式的选择，比如初创期、成长期、拟上市企业、暂时没有上市计划的企业（也许现金流很好）、新三板企业、A股上市企业、港股上市企业等股权激励方式，当然是不一样的。这是因为处于不同发展阶段的企业业务情况、业绩情况、现金流充裕程度、资金的需求量以及股权激励目的均有差异，而不同股权激励的模式各有不同的局限性。比如业绩股票一般适用于一些业绩稳定、现金流充裕的企业，因为通常此激励方式的业绩目标设计较难把握，而且企业的现金压力比较大；股票期权则适合于一些处于成长期或者扩张期的企业，因为期权的行权通常需要间隔一段较长的时间，不会影响企业的现金流，激励效果较强，有利于留住人才；限制性股票多用于成熟期企业，此激励方式在上市公司中较为常见，通常限制的是股票获得及出售的条件，相对而言此方式的激励性较弱。

3. 通过尽职调查梳理公司目前运作过程中的风险点及明确公司的股权架构、商业模式、岗位设置、人事结构、股权激励对象、受益方等，是为了保证后续设计的股权激励方案具备合理性，也是为了保证股权激励计划的合法合规，避免不必要的纠纷。

上文提到的了解公司所处行业、发展阶段以及下文提及的清晰各方的诉求，均需通过股权激励前的尽职调查来实现。尽职调查通常包含以下几个步骤：（1）根据企业的情况，设计尽职调查清单并提前向企业发送；（2）与公司对接人员积极沟通及解释尽调清单的内容，以使企业对接人员快速、正确地准备相关材料；（3）对尽调对象的工商信息、主体资格、相关资质、负面信息进行网络核查并作出相关记录；（4）进驻公司，进一步获取相关尽调材料、在公司内部走访且对相关人员进行访谈；（5）整理、分析尽调材料，完成尽调报告。

4. 公司的股权架构，是否已经有专业的投资人介入，是否有潜在的股份纠纷等。

（三）清晰各方诉求

良好的股权激励应该是双向的，企业负责人愿意让优秀的员工共享企业高速发展的股权红利，员工也认可企业以及股权的价值，如果只是单向、一厢情愿的，效果往往是不佳的。律师作为专业的第三方专业机构，能在中间起一个桥梁的作用，通过访谈等尽调手段结合既往的项目经验，将企业负责人及员工的真实想法把握清楚，这样将有利于后续股权激励能顺利落地。

（四）初步确定股权激励的模式

在尽职调查阶段，我们可以通过公司股权激励计划的目的和对象，为公司选择适合的股权激励模式。通过尽职调查，律师才能清楚企业所处的具体行业、发展阶段、财务状况以及未来的发展规划等，而这些是后续确定股权激励方案的重要考虑点。没有经过尽调就制作的股权激励方案，往往是与公司现状格格不入的，毕竟每家企业不一样。

二、股权激励的尽职调查如何做

（一）向企业发送尽职调查清单

在实践中，我们要确保发送给企业的尽职调查清单能涵盖股权激励方案设计中需要的所有基础信息，我们在下文会附上范本供大家参考。但是在实践中，往往会根据每家企业的具体情况做相应的调整，而且在尽调清单发送之后，与公司对接人员的沟通也是至关重要的，因为需要让其了解到提供资料的口径以及程度等。

因不同行业中的企业特点及对股权激励的需求不同，故我们为设计产品所需要了解的企业信息存在一定的差异，为此我们为六个行业分别设计了具有针对性的模板尽职调查清单，详见附件1。

（二）进行访谈

访谈不是可有可无，而是必须要进行的，而且在某些情况下，建议不止进行一轮，主要目的在于深度了解各方的诉求。作为第三方中介机构，律师不用"和稀泥"，如果经访谈后员工对股权激励兴趣不大，企业负责人对股权激励决心不大，则应该明确反馈出来。

1. 对控股股东或实际控制人的访谈

我们在对该对象进行访谈时应当尽可能了解其对于股权激励的真正态度，了解其对于股权激励的决心、核心需求，我们只能是在企业负责人愿意释放的利益范围内设计各方利益最大化的激励方案。

2. 对控股股东或实际控制人以外的其他股东的访谈

因为科创企业可能在创业的早期就引入了专业的投资人如风险投资者

（VC）、私募股权投资（PE）和/或其他投资人，而企业设计股权激励计划可能需要变动企业的股权结构，我们在对该对象进行访谈时应当考虑其对企业进行股权激励计划的态度，了解其与控股股东或实际控制人以及企业之间有无关于股权结构和股权激励计划的约束或其他特别安排。

3. 对拟激励对象的访谈

我们在对该对象进行访谈时可以从组织架构设置、所在部门情况、部门及其个人对公司的贡献值、个人晋升通道、薪酬待遇等实际问题进行沟通，了解他们对公司未来发展的真实想法，以及其对于股权激励的态度。

同样，由于不同行业中的企业特点及对股权激励的需求不同，故我们为设计产品所需要了解的企业信息存在一定的差异，为此我们为六个行业分别设计了具有针对性的访谈记录模板，详见附件2。

（三）公开信息检索

1. 公司主体信息查询，常用的核查渠道

（1）国家企业信用信息公示系统：http：//www.gsxt.gov.cn/。

"国家企业信用信息公示系统"是国家市场监督管理总局主办的企业信息查询网站，是律师查询企业主体资格的官方渠道，该网站列明企业的基本信息、历史沿革、分支机构、行政许可、行政处罚、异常信息等。依据国务院《企业信息公示暂行条例》规定，市场主体的下列信息：（1）注册登记、备案信息，具体包括公司统一社会信用代码（注册号）、法定代表人、类型、注册资本、成立日期、住所地、营业期限、经营范围、登记机关、经营状态、投资人信息、公司主要备案的高管人员名单、分支机构、清算信息、行政处罚信息等；（2）动产抵押登记信息；（3）股权出质登记信息；（4）行政处罚信息；（5）其他依法应当公示的信息。这些信息都应当自产生之日起20个工作日在该系统内予以公示。还提供经营异常名录、严重违法失信企业名单等查询。

（2）信用中国：https：//www.creditchina.gov.cn/。

信用中国为官方信用查询系统，该系统可以查询到失信被执行人信息、企业经营异常信息、重大税收违法案件当事人名单、政府采购失信名单等。信用中国还可以对个人是否被纳入涉金融领域非法集资名单、涉金融领域其他严重违法名单、限飞限乘名单、拖欠农民工工资黑名单、违法失信上市公司相关责任主体、严重违法超限超载运输失信当事人进行查询。

（3）地方信用中国（如：信用中国（上海）https：//credit. fgw. sh. gov. cn/等）。

（4）公司注册地市场监督管理局网站及信用公司平台（如：深圳市场监督管理局（深圳市知识产权局）商事主体信用监管公示平台 https：//amr. sz. gov. cn/xyjggs. webui/xyjggs/index. aspx 等）。

（5）高新技术企业认定管理工作网：http：//www. innocom. gov. cn/。

（6）行政处罚文书网：http：//cfws. samr. gov. cn/。

（7）组织机构统一社会信用代码查询网站：https：//www. cods. org. cn/。

在该系统中可以查询到法人、个体工商户、事业单位、机关、社会组织及其他组织机构的统一社会信用代码，确定其主体资格。

（8）中国人民银行征信中心：http：//www. pbccrc. org. cn/。

自然人和企业可以通过该系统申请个人/企业信用报告。查询企业信用报告的，需要一定的申请资料。

（9）第三方查询网站：

①天眼查：https：//www. tianyancha. com/；

②企查查：https：//www. qcc. com/；

③启信宝：https：//www. qixin. com/。

企查查、天眼查、启信宝均为第三方查询网站，上述网站的查询信息不能作为单独的底稿证明企业主体资格，但是可以作为重要的辅助手段、提高尽调效率。

2. 知识产权相关

科创企业在知识产权这一块会很"重"，企业的技术含金量越高，实践中科技人在股权激励时更需要重视。

（1）专利查询

①中国及多国专利审查信息查询网：http：//cpquery. cnipa. gov. cn/。

该系统为中国专利局官方查询系统，可供查询专利情况。在核查被调查对象专利时需要注意被调查企业专利费缴纳情况，如被调查企业未按年缴纳年费的，可能会影响专利所有权情况。

②专利检索及分析网：http：//pss－system. cnipa. gov. cn/sipopublicsearch/portal/uiIndex. shtml。

③专利复审和无效查询：http：//reexam. cnipa. gov. cn/。

（2）商标

中国商标网：http：//sbj. cnipa. gov. cn/sbcx/。

该系统共有六个查询平台，最常用到的为"商标综合查询"平台，该平台可以通过被调查公司的名称查询到该企业的注册商标。

（3）著作权

中国版权保护中心：http：//www. ccopyright. com. cn/。

通过该平台可以查询到被调查公司被登记软件、作品、数字作品的情况，但是，需要注意，著作权人自作品完成之日即享有著作权，著作权并非登记生效，因此该网站所列作品并未包括被调查对象享有著作权的所有作品。

（4）域名

icp/ip 地址/域名信息备案管理系统：https：//beian. miit. gov. cn/#/Integrated/index。

（5）第三方查询

①权大师：https：//www. quandashi. com/；

②智慧牙：https：//www. zhihuiya. com/。

3. 学历学籍查询

学信网：https：//www. chsi. com. cn/。

4. 涉诉情况（公司及拟激励人员是否存在诉讼，尤其是劳动纠纷等）

（1）中国裁判文书网：https：//wenshu. court. gov. cn/。

中国裁判文书网是最高人民法院公布的官方查询平台，可供查询企业、自然人诉讼情况。

（2）中国执行信息公开网：http：//zxgk. court. gov. cn/。

（3）人民法院诉讼资产网（拍卖公告查询系统）：http：//www. rmfysszc. gov. cn/。

（4）全国企业破产重整案件信息网：http：//pccz. court. gov. cn/pcajxxw/index/xxwsy。

（5）人民法院公告网：https：//rmfygg. court. gov. cn/。

（6）北大法宝：https：//www. pkulaw. com/。

（7）威科先行：https：//www. wkinfo. com. cn/。

5. 税收方面

（1）增值税一般纳税人资格查询：http：//www. foochen. com/zty/ybnsr/yibannashuiren. html。

（2）小微企业，以上海市为例：http：//xwqy. gsxt. gov. cn/home？df=31。

（3）高新技术企业认定：http：//www. innocom. gov. cn/。

6. 新闻舆情查询

主要关注企业是否有负面新闻或重大利好的新闻，（一般的做法是公司名称+"诉讼"或"处罚"等关键词，用搜索引擎进行搜索），若存在上述信息则需要交叉与企业进行核对。

7. 行业典型案例的搜索及分析总结

尤其是上市公司等有公开资料可以查询的，同行业公司是否有做股权激励，若有相应的方案是否有公开信息。

（1）巨潮资讯网：http：//www. cninfo. com. cn/new/index。

（2）荣大二郎神：http：//doc. rongdasoft. com/。

（3）见微数据：https：//www. jianweidata. com/。

8. 其他

（1）公司网站：如果被调查公司有自己的官方网站，则可在其主页上迅速了解该公司的管理层、产品、行业、内部组织架构、知识产权的优势等。

（2）微信公众号、微博：对公众号和微博，只需要在相应的手机 App 上进行查询即可核查，进入相关公众号或微博页面，都有平台提供的认证信息子页面，点击打开后即可以看到经认证的相关信息，包括账号主体信息等。

三、尽职调查的成果展示——尽职调查报告

律师在尽职调查工作完成后，可以根据客户之需求，出具尽职调查报告（其实就是完成产品成果交付）。尽调报告应当涵盖尽调的期间、范围、内容、尽调的程序和方法、发现的问题、评价或判断的依据等。在尽调过程中，律师发现的企业尚存在的问题且影响本次股权激励实施的，律师可以视具体情况向客户提出改进建议。在上述尽调动作完成后，公司再决定是否推进股权激励，会比盲目跟风要靠谱很多。

附件1　尽职调查清单

附件1-1：尽职调查清单
（通用版本）

一、基本信息

1.1 公司实际控制人、控股股东的书面说明（尤其是实际控制人，其想法对于股权激励方案的选择及后续的推进是具有决定性的）；

1.2 公司（包括母、子公司、计划纳入主体之公司，以及关联公司）基本注册信息（包括公司名称、成立时间、法人代表、注册地址、经营范围、主营业务、实缴情况、设置担保、诉讼保全等公司股权受限情况）；

1.3 上述各公司之股权结构（追溯到实际控制人），公司股东之间的代持股、委托持股协议、委托投票权和一致行动人协议等；

1.4 公司历史沿革说明，自成立以来主营业务、股权、注册资本等公司基本情形的变动及这些变动的原因【以列表方式展示】；

1.5 关联企业及关联程度、关联方的独立性及与公司的关联交易、高级管理人员、核心技术人员持有其他外部公司股权状况；

1.6 公司的法人治理结构以及规范运作情况（提供公司的公司章程、股东会和董事会的议事规则、主要公司制度、公司董监高的运作情况说明、公司印章管理体系等）；

1.7 公司高级管理人员、核心技术人员等拟激励对象的简历及分管领域的说明【职务、学历、工作经历、过往业绩（详细说明）】；

1.8 公司组织架构，员工总人数、各主要部门人数、学历及年龄构成统计【以列表方式展示】；

1.9 公司与职工签订的劳动合同、保密协议、竞争限制协议等，是否与掌握关键技术及其他关键岗位的人员签订其他协议，若有需要提供相应的文本；

1.10 公司全体人员构成情况及现有的薪酬政策、激励策略和薪酬水平，包括但不限于管理人员与技术、业务骨干的职务、薪金、福利；其他人员的职务、薪金、福利等；

1.11 公司现有的激励制度和绩效考核标准，实际运行的效果及存在的主要问题；

1.12 公司是否有实施过股权激励，若有请提供相对应的文件；

1.13 公司目前的法律纠纷情况，包括但不限于正在进行和可能进行的诉讼和仲裁、诉讼或仲裁中权利的主张和放弃情况、生效法律文书的执行情况等。

二、产品及商业模式

2.1 请阐述公司主要业务，包括开展所有业务类型的清单、服务类型、经营方式、业务流程、主要供应商名单、主要客户名单以及主要竞争者名单等；

2.2 请说明并提供经营业务取得的所有政府批文、证书、许可证、特许经营情况，包括但不限于公司及分支机构开展业务所必需的执照许可、批准、登记、备案的清单并提供该等业务资质，并提供与公司经营相关的管理体系认证证书、级别认定证书等；

2.3 请阐述公司主要产品业务及实现路径，覆盖的服务品类，平均交易客单，以及产品的原料供应、生产、运输和销售的管理体系等；

2.4 请提供主要的知识产权的资料，包括但不限于专利列表、商标列表、核心技术列表等，并对核心的知识产权做书面说明，包括但不限于其对于企业经营的影响以及该知识产权与公司的员工存在哪些关系；

2.5 请提供公司正在研制的可能获得知识产权的智力成果报告，及其项目负责人与参与员工名单；

2.6 请阐述公司风险管控措施及如何做好用户使用体验；

2.7 请阐述公司主要盈利模式，未来盈利模式及商业模式如何演变，时间节点计划如何，关键指标分别是什么；

2.8 请阐述公司完整交易流程，公司在整个交易流程扮演的角色。

三、行业及市场

3.1 公司营业范围涉及的行业的市场规模情况和增速；

3.2 行业现有竞争对手的主要画像描述（包括但不限于类别：国企/民企，规模：上市公司/年收入/个体等要素）；

3.3 公司与主要竞争对手请详细对比（融资情况、扩张战略方向、主要团队背景、财务营收情况）；

3.4 行业的竞争门槛在哪里，是否能够产生进入壁垒；

3.5 近期出台有利或不利于该行业的相关政策及法律文件。

四、财务数据（模型和财务结构请以 excel 提供）

4.1 当年全年报表（利润表、现金流量表、资产负债表）；

4.2 公司近两年的年度审计报告；

4.3 公司及其股东的征信报告、公司的债权债务情况，如借贷情况清单、公司作为一方签署的截至尽职调查基准日尚未履行完毕的所有银行贷款合同和授信合同，并说明实际履行的金额；

4.4 公司成本结构、收入结构；

4.5 公司经营财务模型（包括拓客成本、运维成本、收入情况、盈利周期等）；

4.6 对企业或有事项予以说明（包括不限于诉讼、赔偿、罚款等）；

4.7 公司主要资产说明（包括但不限于土地、房屋、在建工程、其他固定资产、拥有或使用的所有商标、商号、专利、著作权、计算机硬件和软件、域名、微信公众号、微博号等知识产权等）。

五、未来发展分析（模型和财务结构请以 excel 提供）

5.1 未来三年的盈利预测（请提供具体测算依据）；

5.2 详细说明企业今年的主要战略规划，以及未来三年的企业规划。

附件 1-2：尽职调查清单

（新一代信息技术行业——以新兴计算机软件开发行业为例）

一、基本信息

1.1 公司实际控制人、控股股东的书面说明（尤其是实际控制人，其想法对于股权激励方案的选择及后续的推进是具有决定性的）；

1.2 公司（包括母、子公司、计划纳入主体之公司，以及关联公司）基本注册信息（包括公司名称、成立时间、法人代表、注册地址、经营范围、主营业务、实缴情况、公司股权受限情况）；

1.3 上述各公司之股权结构（追溯到实际控制人）；

1.4 公司历史沿革说明，自成立以来主营业务、股权、注册资本等公司基本情形的变动及这些变动的原因【以列表方式展示】；

1.5 关联企业及关联程度、高级管理人员、核心技术人员持有其他外部公司股权状况；

1.6 公司的法人治理结构以及规范运作情况（提供公司的主要公司制度、公司董监高的运作情况说明等）；

1.7 公司高级管理人员、核心技术人员等拟激励对象的简历【职务、学历、工作经历、过往业绩（详细说明）】；

1.8 公司组织架构，员工总人数、各主要部门人数、学历及年龄构成统计【以列表方式展示】；

1.9 公司是否掌握计算机行业的核心技术，并提供围绕技术在芯片处理器等硬件技术、实时操作系统技术、应用软件开发技术等相关技术领域的知识产权资料，包括但不限于专利列表、商标列表、核心技术列表等，并对核心的知识产权做书面说明，包括但不限于其对于企业经营的影响以及该知识产权与公司的员工存在的关系；

1.10 公司是否与掌握关键技术及其他关键岗位的人员签订保密协议及/或竞业禁止协议，若有需要提供相应的文本；

1.11 公司是否有实施过股权激励，若有请提供相对应的文件。

二、产品、技术、资质及商业模式

2.1 请阐述公司主营业务是否发生重大变动，公司目前主要产品、演变情况以及应用场景；

2.2 公司是否获得了客户所需的行业主管部门颁发的保密、科研生产、承制和质量体系证书等；

2.3 企业目前是否拥有行业相关技术积累，企业上市前是否能够形成足够的技术积累；

2.4 公司掌握的计算机行业核心技术的来源以及核心技术的进步情况，是否存在技术纠纷以及侵犯他人技术成果的情形；

2.5 公司在计算机行业的核心技术研发情况、研发系统的设置情况以及现行的研发激励措施；

2.6 企业针对核心技术，是否采取了相关的保护措施，特别是针对员工所采取的相关措施，如有请列明，并陈述相关的实施情况；

2.7 请阐述近三年研发人员的人数以及占比情况，核心技术人员的认定标准、近三年变化情况以及现有核心技术人员名单；

2.8 请提供公司生产产品的核心原材料及零部件供应商的名单，陈述对其依赖性的程度，是否有可替代的供应商，针对强依赖性的问题是否存在相关的计划或策略（如投资并购、长期战略合作、技术研发等）；

2.9 是否存在对核心零部件、核心技术的研发、生产的项目或相关计划，如果存在，评价在计划中人力资源的重要性程度，以及列明计划投入的人力资源成本；

2.10 请描述公司客户的集中度，列明主要客户、相应的销售数据并评估公司对客户的依赖程度；

2.11 请阐述公司的主要风险类型，以及针对不同风险类型采取的管控措施；

2.12 请列明本行业针对产品质量和安全标准的政策和相关法律法规，同时阐述企业是否已经针对产品的质量建立了企业内部的质量管理和安全管理的体系或程序，在这一体系或程序中是否存在关键的环节或岗位，并评价员工的可替代性和忠诚度；

2.13 请阐述公司主要盈利模式，未来盈利模式及商业模式如何演变，时间节点计划如何，关键指标分别是什么；

2.14 请阐述公司完整交易流程，公司在整个交易流程中扮演的角色。

三、行业及市场

3.1 行业市场的发展情况、新的市场需求以及未来的发展趋势；

3.2 所处行业现有竞争对手的主要画像描述（包括但不限于类别：国企/民企，规模：上市公司/年收入/个体等要素）；

3.3 公司与主要竞争对手请详细对比（融资情况、扩张战略方向、主要团队背景、财务营收情况）；

3.4 所处行业在资质、技术、人才、资金、行业经验等方面是否能够产生进入壁垒；

3.5 近期出台有利或不利于行业的相关政策及法律文件。

四、财务数据（模型和财务结构请以 excel 提供）

4.1 当年全年报表（利润表、现金流量表、资产负债表）；

4.2 公司成本结构、收入结构；

4.3 公司经营财务模型（包括拓客成本、运维成本、收入情况、盈利周期等）；

4.4 对企业或有事项予以说明（包括不限于诉讼、赔偿、罚款等）；

4.5 公司主要资产说明（包括但不限于土地、房屋、在建工程等）；

4.6 请提供企业所在行业针对研发费用的会计政策，说明是否存在变更以及对企业是否存在影响；

4.7 请列明职工薪酬支出在各部门的运营成本及生产成本中的比例；

4.8 请列示各个部门中的关键岗位，以及关键岗位人员的薪酬构成。

五、未来发展分析（模型和财务结构请以 excel 提供）

5.1 未来三年的盈利预测（请提供具体测算依据）；

5.2 详细说明企业今年的主要战略规划，以及未来三年的企业规划。

附件 1-3：高端装备行业企业尽职调查清单

（以智能切割行业为例）

一、基本信息

1.1 公司实际控制人、控股股东的书面说明；

1.2 公司（包括母、子公司、计划纳入主体之公司，以及关联公司）基本注册信息（包括公司名称、成立时间、法人代表、注册地址、经营范围、主营业务、实缴情况、公司股权受限情况）；

1.3 上述各公司之股权结构（追溯到实际控制人）；

1.4 公司历史沿革说明，自成立以来主营业务、股权、注册资本等公司基本情形的变动及这些变动的原因【以列表方式展示】；

1.5 关联企业及关联程度、高级管理人员、核心技术人员持有其他外部公司股权状况；

1.6 公司的法人治理结构以及规范运作情况（提供公司的主要公司制度、公司董监高的运作情况说明等）；

1.7 公司高级管理人员、核心技术人员等拟激励对象的简历【职务、学历、工作经历、过往业绩（详细说明）】；

1.8 公司组织架构，员工总人数、各主要部门人数、学历及年龄构成统计【以列表方式展示】；

1.9 公司是否掌握智能切割行业的核心技术，并提供围绕智能切割行业在精密运动控制技术领域、CAD/CAM 技术领域、切割制造技术领域、机器视觉技术领域、云服务技术和总线开发技术等领域的知识产权资料，包括但不限于专利列表、商标列表、核心技术列表等，并对核心的知识产权做书面说明，包括但不限于其对于企业经营的影响以及该知识产权与公司的员工存在的关系；

1.10 公司是否与掌握关键技术及其他关键岗位的人员签订保密协议及/或竞业禁止协议，若有需要提供相应的文本；

1.11 公司是否有实施过股权激励，若有请提供相对应的文件。

二、产品、技术、资质及商业模式

2.1 请阐述公司主营业务是否发生重大变动，公司目前主要产品、演变情况以及应用场景；

2.2 智能切割行业需要在包括算法、软件、精密运动控制、切割制造、机器视觉等领域积累大量的技术，跨越多个学科和技术领域，企业是否拥有相关技术积累以及人才积累；

2.3 公司掌握的智能切割行业核心技术来源以及核心技术的进步情况，是否存在技术纠纷以及侵犯他人技术成果的情形；

2.4 公司智能切割行业的核心技术研发情况、研发系统的设置情况以及现行的研发激励措施；

2.5 请阐述近三年研发人员的人数以及占比情况，核心技术人员的认定标准、近三年变化情况以及现有核心技术人员名单；

2.6 请提供公司生产产品的核心原材料及零部件供应商的名单，陈述对其依赖性的程度，是否有可替代的供应商，针对强依赖性的问题是否存在相关的计划或策略（如投资并购、长期战略合作、技术研发等）；

2.7 是否存在对核心零部件、核心技术的研发和生产的项目或相关计划，如果存在，评价在计划中人力资源的重要性程度，以及列明计划投入的人力资源成本；

2.8 请描述公司客户的集中度，列明主要客户、相应的销售数据并评估公司对客户的依赖程度；

2.9 智能切割行业的下游市场需求个性化、差异化明显，定制化生产是行业内的主流模式，相关产品的调试和售后服务是企业销售过程中的重要环节，请描述企业定制化模式以及配套产品调试和售后服务，并阐述相关关键岗位、员工的可替代性及忠诚度。

2.10 请阐述公司的主要风险类型，以及针对不同风险类型采取的管控措施；

2.11 请阐述公司主要盈利模式，未来盈利模式及商业模式如何演变，时间节点计划如何，关键指标分别是什么；

2.12 请阐述公司完整交易流程，公司在整个交易流程扮演的角色。

2.13 请列明本行业针对产品质量和安全标准的政策和相关法律法规，同时阐述企业是否已经针对产品的质量建立了企业内部的质量管理和安全管理的体系或程序，在这一体系或程序中是否存在关键的环节或岗位，并评价员工的可替代性和忠诚度。

三、行业及市场

3.1 智能切割行业市场的发展情况、新的市场需求以及未来的发展趋势；

3.2 智能切割行业现有竞争对手的主要画像描述（包括但不限于类别：国企/民企，规模：上市公司/年收入/个体等要素）；

3.3 公司与主要竞争对手请详细对比（融资情况、扩张战略方向、主要团队背景、财务营收情况）；

3.4 智能切割行业在技术、人才、品牌、定制化、服务等方面是否能够产生进入壁垒；

3.5 请评估企业与国际同行业企业的技术差距，以及主要的国际企业竞争者在中国市场上竞争的威胁性大小。企业针对国际竞争者进入中国市场是否制定了防御的计划或策略，是否建立专门的项目以缩短与国际竞争者之间的技术差距，如有请描述投入的资源要素（例如现有知产资产、研发人员、资金投入等），特别是针对人力资源的投入，列明关键岗位，以及评估现有员工的可替代性和忠诚度。

3.6 近期出台有利或不利于智能切割行业的相关政策及法律文件。

四、财务数据（模型和财务结构请以 excel 提供）

4.1 当年全年报表（利润表、现金流量表、资产负债表）；

4.2 公司成本结构、收入结构；

4.3 公司经营财务模型（包括拓客成本、运维成本、收入情况、盈利周期等）；

4.4 对企业或有事项予以说明（包括不限于诉讼、赔偿、罚款等）；

4.5 公司主要资产说明（包括但不限于土地、房屋、在建工程等）；

4.6 请提供企业所在行业针对研发费用的会计政策，以及说明是否存在变更及对企业是否存在影响；

4.7 请列明职工薪酬支出在各部门的运营成本及生产成本中的比例；

4.8 请列示各个部门中的关键岗位，以及关键岗位人员的薪酬构成。

五、未来发展分析（模型和财务结构请以 excel 提供）

5.1 未来三年的盈利预测（请提供具体测算依据）；

5.2 详细说明企业今年的主要战略规划，以及未来三年的企业规划。

附件1-4：新材料行业企业尽职调查清单

（以前沿新材料行业为例）

一、基本信息

1.1 公司实际控制人、控股股东的书面说明（尤其是实际控制人，其想法对于股权激励方案的选择及后续的推进是具有决定性的）；

1.2 公司（包括母、子公司、计划纳入主体之公司以及关联公司）基本注册信息（包括公司名称、成立时间、法人代表、注册地址、经营范围、主营业务、实缴情况、公司股权受限情况）；

1.3 上述各公司之股权结构（追溯到实际控制人）；

1.4 公司历史沿革说明，自成立以来主营业务、股权、注册资本等公司基本情形的变动及这些变动的原因【以列表方式展示】；

1.5 关联企业及关联程度、高级管理人员、核心技术人员持有其他外部公司股权状况；

1.6 公司的法人治理结构以及规范运作情况（提供公司的主要公司制度、公司董监高的运作情况说明等）；

1.7 公司高级管理人员、核心技术人员等拟激励对象的简历【职务、学历、工作经历、过往业绩（详细说明）】；

1.8 公司组织架构，员工总人数、各主要部门人数、学历及年龄构成统计【以列表方式展示】；

1.9 公司是否掌握前沿新材料行业的核心技术，并提供围绕所在行业新材料配方与制备等领域的知识产权资料，包括但不限于专利列表、商标列表、核心技术列表等，并对核心的知识产权做书面说明，包括但不限于其对于企业经营的影响以及该知识产权与公司的员工存在的关系；

1.10 公司是否与掌握关键技术及其他关键岗位的人员签订保密协议及

/或竞业禁止协议，若有需要提供相应的文本；

1.11 公司是否有实施过股权激励，若有请提供相对应的文件。

二、产品、技术、资质及商业模式

2.1 请阐述公司主营业务是否发生重大变动，公司目前主要产品、演变情况以及应用场景；

2.2 前沿新材料行业属于高技术壁垒行业，公司是否具备配方设计研发能力、非标专用设备的自主设计能力、全工序的控制系统集成能力，打破依赖进口产线导致的技术拓展壁垒；

2.3 公司掌握的所在行业核心技术的来源以及核心技术的进步情况，是否存在技术纠纷以及侵犯他人技术成果的情形；

2.4 公司在前沿新材料行业的核心技术研发情况、研发系统的设置情况以及现行的研发激励措施；

2.5 企业针对核心技术，是否采取了相关的保护措施，特别是针对员工所采取的相关措施，如有请列明，并陈述相关的实施情况；

2.6 请阐述近三年研发人员的人数以及占比情况，核心技术人员的认定标准、近三年变化情况以及现有核心技术人员名单；

2.7 请提供公司生产产品的核心原材料及零部件供应商的名单，陈述对其依赖性的程度，是否有可替代的供应商，针对强依赖性的问题是否存在相关的计划或策略（如投资并购、长期战略合作、技术研发等）；

2.8 是否存在对核心零部件、核心技术的研发和生产项目或相关计划，如果存在，评价在计划中人力资源的重要性程度，以及列明计划投入的人力资源成本；

2.9 请描述公司客户的集中度，列明主要客户、相应的销售数据并评估公司对客户的依赖程度；

2.10 请阐述公司的主要风险类型，以及针对不同风险类型采取的管控措施；

2.11 请列明本行业针对产品质量和安全标准的政策和相关法律法规，

同时阐述企业是否已经针对产品的质量建立了企业内部的质量管理和安全管理的体系或程序？在这一体系或程序中是否存在关键的环节或岗位，并评价员工的可替代性；

2.12 请列明本行业针对环境的政策和相关法律法规，企业是否就环境保护问题建立相应的管理体系及部门，并列明企业因环境问题遭受的行政处罚。在这一体系或部门中是否存在关键的岗位及员工，并评价岗位及员工的可替代性；

2.13 公司是否取得 ISO9001：2015 国际质量管理体系认证、ISO14001：2015 国际环境管理体系认证和 ISO45001：2018 国际职业健康安全管理体系认证；

2.14 请阐述公司主要盈利模式，未来盈利模式及商业模式如何演变，时间节点计划如何，关键指标分别是什么；

2.15 请阐述公司完整交易流程，公司在整个交易流程扮演的角色。

三、行业及市场

3.1 该行业市场的发展情况、新的市场需求以及未来的发展趋势；

3.2 该行业现有竞争对手的主要画像描述（包括但不限于类别：国企/民企，规模：上市公司/年收入/个体等要素）；

3.3 公司与主要竞争对手请详细对比（融资情况、扩张战略方向、主要团队背景、财务营收情况）；

3.4 该行业在技术、人才等方面是否能够产生进入壁垒；

3.5 请评估企业与国际同行业企业的技术差距，以及主要的国际企业竞争者在中国市场上竞争威胁性的大小。企业针对国际竞争者进入中国市场是否制定了防御的计划或策略，是否建立专门的项目以缩短与国际竞争者之间的技术差距，如有请描述投入的资源要素（例如现有知产资产、研发人员、资金投入等），特别是针对人力资源的投入，列明关键岗位，以及评价现有员工的可替代性和忠诚度；

3.6 近期出台有利或不利于该行业的相关政策及法律文件。

四、财务数据（模型和财务结构请以 excel 提供）

4.1 当年全年报表（利润表、现金流量表、资产负债表）；

4.2 公司成本结构、收入结构；

4.3 公司经营财务模型（包括拓客成本、运维成本、收入情况、盈利周期等）；

4.4 对企业或有事项予以说明（包括不限于诉讼、赔偿、罚款等）；

4.5 公司主要资产说明（包括但不限于土地、房屋、在建工程等）；

4.6 请提供企业所在行业针对研发费用的会计政策，以及说明是否存在变更及对企业是否存在影响；

4.7 请列明职工薪酬支出在各部门的运营成本及生产成本中的比例；

4.8 请列示各个部门中的关键岗位，以及关键岗位人员的薪酬构成。

五、未来发展分析（模型和财务结构请以 excel 提供）

5.1 未来三年的盈利预测（请提供具体测算依据）；

5.2 详细说明企业今年的主要战略规划，以及未来三年的企业规划。

附件 1-5：新能源行业企业尽职调查清单

（以汽车燃料电池企业为例）

一、基本信息

1.1 公司实际控制人、控股股东的书面说明（尤其是实际控制人，其想法对于股权激励方案的选择及后续的推进是具有决定性的）；

1.2 公司（包括母、子公司、计划纳入主体之公司，以及关联公司）基本注册信息（包括公司名称、成立时间、法人代表、注册地址、经营范围、主营业务、实缴情况、公司股权受限情况）；

1.3 上述各公司之股权结构（追溯到实际控制人）；

1.4 公司历史沿革说明，自成立以来主营业务、股权、注册资本等公司基本情形的变动及这些变动的原因【以列表方式展示】；

1.5 关联企业及关联程度、高级管理人员、核心技术人员持有其他外部公司股权状况；

1.6 公司的法人治理结构以及规范运作情况（提供公司的主要公司制度、公司董监高的运作情况说明等）；

1.7 公司高级管理人员、核心技术人员等拟激励对象的简历【职务、学历、工作经历、过往业绩（详细说明）】；

1.8 公司组织架构，员工总人数、各主要部门人数、学历及年龄构成统计【以列表方式展示】；

1.9 公司是否与掌握关键技术及其他关键岗位的人员签订竞业禁止协议，若有需要提供相应的文本；

1.10 公司是否有实施过股权激励，若有请提供相对应的文件。

二、产品及商业模式

2.1 请阐述公司主要产品业务及实现路径，覆盖的服务品类，平均交易客单价多少；

2.2 请阐述公司完整交易流程，公司在整个交易流程扮演的角色；

2.3 请阐述公司主要盈利模式，未来盈利模式及商业模式如何演变，时间节点计划如何，关键指标分别是什么；

2.4 请提供公司的主要客户以及对应的销售数据，并说明市场开发的计划及执行情况、市场开发存在的障碍，列明市场开发的关键岗位或核心员工，并评估员工的可替代性和忠诚度；

2.5 请提供公司生产产品的核心原材料及零部件供应商的名单，交易的金额及比例等数据，是否属于公司的关联方，是否有可替代性的供应商；

2.6 公司是否制定对本公司上游的核心零部件、核心技术的研发和生产的项目或相关计划，如有，请提供相关计划的内容，并列明计划投入的人力资源成本；

2.7 请提供主要知识产权的资料，包括但不限于专利列表、商标列表、核心技术列表等，并对核心的知识产权做书面说明，包括但不限于其对于企业经营的影响以及该知识产权与公司的员工存在哪些关系；

2.8 企业针对核心技术，是否采取了相关的保护措施，特别是针对员工所采取的相关措施，如有请列明，并陈述相关的实施情况；

2.9 公司是否有研发新产品的布局和规划，如有，请描述实施情况或计划，列明关键环节或岗位，并评估该岗位员工的可替代性和忠诚度；

2.10 请阐述公司的主要风险类型，以及针对不同风险类型采取的管控措施。

三、行业及市场

3.1 公司营业范围涉及行业的市场规模情况和增速，所处的行业生命周期以及未来发展预测；

3.2 行业现有竞争对手的主要画像描述（包括但不限于类别：国企/民企，规模：上市公司/年收入/个体等要素）；

3.3 公司与主要竞争对手请详细对比（融资情况、扩张战略方向、主要团队背景、财务营收情况）；

3.4 请列明本行业针对产品质量和安全标准的政策和相关法律法规，同时阐述企业针对产品质量建立的企业内部质量管理和安全管理的体系或程序，列明这一体系或程序中存在的关键岗位及核心员工，并评价该岗位员工的可替代性及忠诚度；

3.5 近期出台的其他有利或不利于该行业的相关政策及法律文件。

四、财务数据（模型和财务结构请以 excel 提供）

4.1 当年全年报表（利润表、现金流量表、资产负债表）；

4.2 公司成本结构、收入结构；

4.3 公司经营财务模型（包括拓客成本、运维成本、收入情况、盈利周期等）；

4.4 对企业或有事项予以说明（包括不限于诉讼、赔偿、罚款等）；

4.5 公司主要资产说明（包括但不限于土地、房屋、在建工程等）；

4.6 请提供企业所在行业针对研发费用的会计政策，以及说明是否存在变更及对企业是否存在影响；

4.7 请列明职工薪酬支出在各部门的运营成本及生产成本中的比例；

4.8 请列示各个部门中的关键岗位，以及关键岗位人员的薪酬构成。

五、未来发展分析（模型和财务结构请以 excel 提供）

5.1 未来三年的盈利预测（请提供具体测算依据）；

5.2 详细说明企业今年的主要战略规划，以及未来三年的企业规划。

附件1-6：环保行业企业尽职调查清单

一、基本信息

1.1 公司实际控制人、控股股东的书面说明（尤其是实际控制人，其想法对于股权激励方案的选择及后续的推进是具有决定性的）；

1.2 公司（包括母、子公司、计划纳入主体之公司，以及关联公司）基本注册信息（包括公司名称、成立时间、法人代表、注册地址、经营范围、主营业务、实缴情况、公司股权受限情况）；

1.3 上述各公司之股权结构（追溯到实际控制人）；

1.4 公司历史沿革说明，自成立以来主营业务、股权、注册资本等公司基本情形的变动及这些变动的原因【以列表方式展示】；

1.5 关联公司及关联程度、高级管理人员、核心技术人员持有其他外部公司股权状况；

1.6 公司的法人治理结构以及规范运作情况（提供公司的主要公司制度、公司董监高的运作情况说明等）；

1.7 公司高级管理人员、核心技术人员等拟激励对象的简历【职务、学历、工作经历、过往业绩（详细说明）】；

1.8 公司组织架构，员工总人数、各主要部门人数、学历及年龄构成统计【以列表方式展示】；

1.9 公司是否与掌握关键技术及其他关键岗位的人员签订竞业禁止协议，若有需要提供相应的文本；

1.10 公司是否有实施过股权激励，若有请提供相对应的文件。

二、产品及商业模式

2.1 请阐述公司主要产品业务及实现路径，覆盖的服务品类，平均交易客单价多少；

2.2 请阐述公司完整交易流程，公司在整个交易流程扮演的角色；

2.3 请阐述公司主要盈利模式，未来盈利模式及商业模式如何演变，时间节点计划如何，关键指标分别是什么；

2.4 请提供公司的主要客户以及对应的销售数据，并说明市场开发的计划及执行情况、市场开发存在的障碍，列明市场开发的关键岗位或核心员工，并评估该岗位员工的可替代性及忠诚度；

2.5 请提供公司产品的核心原材料供应商的名单，交易的金额及比例等数据，是否属于公司的关联方，相关原材料是否有可替代的供应商；

2.6 请提供公司主要知识产权的资料，包括但不限于专利列表、商标列表、核心技术列表等，并对核心的知识产权做书面说明，包括但不限于其对于公司经营的影响以及该知识产权与公司的哪些员工存在哪些关系；

2.7 请提供公司针对核心技术、人员流失所采取的保护措施，特别是针对员工所采取的相关措施，并陈述实施情况；

2.8 请列明公司计划研发的产品及新技术，并说明相关产品或技术所处的阶段、预计上市时间或应用时间、是否存在预期障碍及应对措施，列明其中的关键岗位及核心员工，并评估岗位员工的可替代性及忠诚度；

2.9 请阐述公司的主要风险类型，以及针对不同风险类型采取的管控措施。

三、行业及市场

3.1 公司营业范围涉及的行业市场规模情况和增速，所处的行业生命周期以及未来发展预测；

3.2 行业现有竞争对手的主要画像描述（包括但不限于类别：国企/民企，规模：上市公司/年收入/个体等要素）；

3.3 公司与主要竞争对手请详细对比（融资情况、扩张战略方向、主要团队背景、财务营收情况）；

3.4 请列明公司所从事行业及所涉及的业务所需的资质、许可或证照，并提供公司已经办理相关程序的证据，及获得的许可和证照。针对需要申请展期的资质或证照，确认是否存在障碍，以及核验是否及时办理展期；

3.5 请列明本行业针对产品质量和安全标准的行业标准、政策和相关法律法规，同时列明公司针对产品质量建立公司内部的产品质量管理和安全管理的体系或程序，并列明在这一体系或程序中的关键岗位或核心员工，评估岗位员工的可替代性和忠诚度；

3.6 其他近期出台有利或不利于该行业的相关政策及法律文件。

四、财务数据（模型和财务结构请以 excel 提供）

4.1 当年全年报表（利润表、现金流量表、资产负债表）；

4.2 公司成本结构、收入结构；

4.3 公司经营财务模型（包括拓客成本、运维成本、收入情况、盈利周期等）；

4.4 对公司或有事项予以说明（包括不限于诉讼、赔偿、罚款等）；

4.5 公司主要资产说明（包括但不限于土地、房屋、在建工程等）；

4.6 请提供公司所在行业针对研发费用的会计政策，以及说明是否存在变更及对公司是否存在影响；

4.7 请列明职工薪酬支出在各部门的运营成本及生产成本中的比例；

4.8 请列示各个部门中的关键岗位，以及关键岗位人员的薪酬构成。

五、未来发展分析（模型和财务结构请以 excel 提供）

5.1 未来三年的盈利预测（请提供具体测算依据）；

5.2 详细说明公司今年的主要战略规划，以及未来三年的公司规划。

附件 1-7：生物医药行业企业的尽职调查清单

一、基本信息

1.1 公司实际控制人、控股股东的书面说明（尤其是实际控制人，其想法对于股权激励方案的选择及后续的推进是具有决定性的）；

1.2 公司（包括母、子公司、计划纳入主体之公司，以及关联公司）基本注册信息（包括公司名称、成立时间、法人代表、注册地址、经营范围、主营业务、实缴情况、公司股权受限情况）；

1.3 上述各公司之股权结构（追溯到实际控制人）；

1.4 公司历史沿革说明，自成立以来主营业务、股权、注册资本等公司基本情形的变动及这些变动的原因【以列表方式展示】；

1.5 关联公司及关联程度、高级管理人员、核心技术人员持有其他外部公司股权状况；

1.6 公司的法人治理结构以及规范运作情况（提供公司的主要公司制度、公司董监高的运作情况说明等）；

1.7 公司高级管理人员、核心技术人员等拟激励对象的简历【职务、学历、工作经历、过往业绩（详细说明）】；

1.8 公司组织架构，员工总人数、各主要部门人数、学历及年龄构成统计【以列表方式展示】；

1.9 公司是否与掌握关键技术及其他关键岗位的人员签订竞业禁止协议，若有需要提供相应的文本；

1.10 公司是否有实施过股权激励，若有请提供相对应的文件。

二、产品及商业模式

2.1 请阐述公司的主要风险类型，以及针对不同风险类型采取的管控措施；

2.2 请阐述公司完整交易流程，公司在整个交易流程扮演的角色；

2.3 请阐述公司主要盈利模式，未来盈利模式及商业模式如何演变，时间节点计划如何，关键指标分别是什么；

2.4 请阐述公司主要产品业务及实现路径，覆盖的服务品类，平均交易客单价多少；

2.5 请列明公司已经成功上市销售产品、尚处于研发阶段的产品、以及已经完成研发但仍然处于注册前置程序的产品，并说明相关产品所处的研发或注册阶段、预计上市时间、是否存在预期障碍及应对措施；

2.6 请列示公司的经销商管理体系，列明经销商管理体系中的关键岗位与核心员工，并评估关键岗位员工的可替代性及忠诚度；

2.7 请列示公司的主要客户、相应的交易金额及比例，列示公司市场开发的计划，并列明关键岗位及核心员工，评估岗位的可替代性及核心员工的忠诚度；

2.8 请提供公司主要知识产权的资料，包括但不限于专利列表、商标列表、核心技术列表等，并对核心的知识产权做书面说明，包括但不限于其对于公司经营的影响以及该知识产权与公司的哪些员工存在哪些关系；

2.9 请列明公司针对核心技术所采取的保护措施，特别是针对员工所采取的相关措施，如有请详细陈述实施情况；

2.10 请提供公司产品的核心原材料及零部件供应商的名单，交易的金额及比例等数据，是否属于公司的关联方，相关原材料或零部件是否有可替代性的供应商。

三、行业及市场

3.1 公司营业范围涉及的行业的市场规模情况和增速，所处的行业生命周期以及未来发展预测；

3.2 行业现有竞争对手的主要画像描述（包括但不限于类别：国企/民企，规模：上市公司/年收入/个体等要素）；

3.3 公司与主要竞争对手请详细对比（融资情况、扩张战略方向、主要团队背景、财务营收情况）；

3.4 请列明公司所从事行业及所涉及的业务所需的相关前置性审批程序、许可或证照，并提供公司已经办理相关程序的证据，及获得的许可和证照，针对需要申请展期的，确认是否存在障碍；

3.5 因公司产品涉及人身健康，请列明本行业针对产品质量和安全标准的行业标准、政策和相关法律法规，同时列明公司针对产品质量建立的公司内部的产品质量管理和安全管理的体系或程序，并列明在这一体系或程序中的关键岗位及核心员工，评估岗位员工的可替代性和忠诚度；

3.6 请列明本行业的招投标、采购、流通体系等产品流通方面的法规和政策，以及本公司是否就相关被监管的事项建立公司内部的管理和监督体系；

3.7 其他近期出台有利或不利于该行业的相关政策及法律文件。

四、财务数据（模型和财务结构请以 excel 提供）

4.1 当年全年报表（利润表、现金流量表、资产负债表）；

4.2 公司成本结构、收入结构；

4.3 公司经营财务模型（包括拓客成本、运维成本、收入情况、盈利周期等）；

4.4 对公司或有事项予以说明（包括不限于诉讼、赔偿、罚款等）；

4.5 公司主要资产说明（包括但不限于土地、房屋、在建工程等）；

4.6 请提供公司所在行业针对研发费用的会计政策，以及说明是否存在变更及对公司是否存在影响；

4.7 请列明职工薪酬支出在各部门的运营成本及生产成本中的比例；

4.8 请列示各个部门中的关键岗位，以及关键岗位人员的薪酬构成。

五、未来发展分析（模型和财务结构请以 excel 提供）

5.1 未来三年的盈利预测（请提供具体测算依据）；

5.2 详细说明公司今年的主要战略规划，以及未来三年的公司规划。

附件2 调查访谈记录

附件2-1-1：调查访谈记录

（通用：实际控制人）

访谈时间：

访谈人：

访谈地点：

被访谈人及其职位：

1. 公司为什么想做股权激励呢？能释放多少股权用于股权激励？

2. 公司的股权是否存在代持？是否存在同股不同权等特殊安排或委托投票的情况，是否签订相关协议？股权结构是否稳定？认缴的注册资本是否都已经实缴？股东之间的关系如何？

3. 公司的历次股权变更是否发生过争议？目前的股权结构是否存在其他潜在的争议情形？

4. 实际控制人（或股东会）作出的决定是否有书面记录？如何实施实际控制人（或股东）作出的决定？

5. 公司是否存在分公司、子公司或参股其他企业？是否有实际运营？与您或其他股东的关系？

6. 公司所处行业与主营业务是什么？

7. 您认为贵公司/行业所需的核心人才或者核心岗位是哪些？

8. 您认为目前对公司发展不可或缺的人才/人员有哪些/哪几个？理由是什么？

9. 您认为目前公司（是否）需要引进何种类型的人才/人员？有无相应的人才引进计划？拟引进的人才是否参与本次股权激励计划？

10. 目前公司的年净收入是多少？未来的增长态势是什么样的？是行业的原因，还是公司具有核心竞争力？

11. 您认为制约或促进贵公司未来发展的主要因素是什么？

12. 目前公司的收入分配体系/分配模式是什么样的，是否公平，是否存在可以改进的地方？

13. 贵公司拟进行股权激励，公司其他股东的态度是怎么样的？贵公司拟实施股权激励，是否取得公司所有股东的同意？管理人员、其他员工的态度是怎么样的？

14. 您认为公司的会计账簿、财务信息和财务报告、经营数据和信息、公司章程与股东会（董事会）决议纪要等重要信息，能否在被激励的员工获得股权后向其披露？

15. 您希望被激励的员工获得实股还是虚股？用于激励的公司股权来源于老股转让还是增资扩股？

16. 您认为被激励的员工是否需要在获得被激励的股权时向公司投入一定的资金？或希望用于激励的股权无偿赠送给员工？

17. 您希望本次股权激励的期限为多长时间？后续有无意愿再次进行股权激励？

18. 您认为如果对激励对象进行考核，考核的标准或参数应该是什么，在确定上是否存在难度？

【注】具体访谈提问需要根据事先了解拟实施股权激励公司信息的多少、了解程度的深浅以及其他具有特殊性的情况进行设定。

附件 2-1-2：调查访谈记录

（通用：其他股东）

访谈时间：

访谈人：

访谈地点：

被访谈人及其职位：

1. 公司的股权是否存在代持？是否存在同股不同权等特殊安排或委托投票的情况，是否签订相关协议？股权结构是否稳定？认缴的注册资本是否都已经实缴？股东之间的关系如何？

2. 您何时以何种方式取得公司股权？公司的历次股权变更是否发生过争议？目前的股权结构是否存在其他潜在的争议情形？

3. 公司和/或控股股东（实际控制人）与您是否有退出公司的约定和其他特殊安排？您是否有何时以何种方式退出公司的意向？

4. 您对公司目前的实际控制人（或股东会）、董事会、总经理等对公司的经营和治理是否满意？有什么建议？

5. 您认为目前对公司发展不可或缺的人才/人员有哪些/哪几个？理由是什么？

6. 您对目前公司的董事、总经理等高管，以及核心人才/人员的薪酬制度和奖金制度等收入制度是否了解和满意？有什么建议？

7. 目前公司的年净收入是多少？未来的增长态势是什么样的？是行业的原因，还是公司具有核心竞争力？认为制约或促进贵公司未来发展的主要因素是什么？

8. 您认为公司的会计账簿、财务信息和财务报告、经营数据和信息、公司章程与股东会（董事会）决议纪要等重要信息，能否在被激励的员工获得股权后向其披露？

9. 您希望被激励的员工获得实股还是虚股？您能否接受股权激励计划实施后，您所持有公司的股份被稀释一部分？

10. 您认为被激励的员工是否需要在获得被激励的股权时向公司投入一定的资金？或希望用于激励的股权无偿赠送给员工？

11. 您希望本次股权激励的期限为多长时间？后续有无意愿再次进行股权激励？

附件 2-1-3：调查访谈记录

（通用：拟激励对象）

访谈时间：

访谈人：

访谈地点：

被访谈人及其职位：

1. 您何时入职公司？所属的部门、岗位和主要工作是什么？入职公司之前的工作经历是什么？

2. 您认为目前公司的实际控制人和/或控股股东是谁？公司如何实施实际控制人（或股东/董事会）作出的决定？

3. 您是否有参股/投资其他公司/企业？与公司是否有关联交易？

4. 公司所处行业与主营业务是什么？

5. 您认为公司/行业所需的核心人才或者核心岗位是哪些？

6. 您认为目前对公司发展不可或缺的人才/人员有哪些/哪几个？理由是什么？

7. 您认为目前公司（是否）需要引进何种类型的人才/人员？有无相应的人才引进计划？

8. 目前公司的年净收入是多少？未来的增长态势是什么样的？是行业的原因，还是公司具有核心竞争力？

9. 您认为制约或促进贵公司未来发展的主要因素是什么？

10. 目前公司的收入分配体系/分配模式是什么样的，是否公平，是否存在可以改进的地方？

11. 您对公司目前的经营状况是否了解？对公司未来的经营发展有无信心？

12. 您比较希望得到公司哪一类型的激励？是公司的股权，还是按照某种方式计算的（如按照公司股权升值额计算的）现金奖励？

13. 您是否愿意为获得公司的股权激励计划付出一定的资金（如按照较低的价格入股公司、行使股权期权等)？

14. 您认为如果对激励对象进行考核，考核的标准或参数应该是什么，在确定上是否存在难度？

附件2-2：不同行业的特定访谈问题

一、新一代信息技术

1. 公司为什么想做股权激励？能释放多少股权用于股权激励？（针对控股股东或实际控制人)

2. 公司的股权结构（是否存在代持，是否存在同股不同权等特殊安排)，股东之间的关系如何？

3. 请阐述贵公司主营业务是否发生重大变动，公司目前主要产品以及演变情况。

4. 企业目前是否拥有行业相关技术积累，企业上市前是否能够形成足够的技术积累？

5. 您认为贵公司/行业所需的核心人才或者核心岗位是哪些，认定标准是怎样的？

6. 您认为目前对公司发展不可或缺的人才/人员有哪些/哪几个？理由是什么？

7. 目前公司的年净收入是多少？未来的增长态势是什么样的？导致增长态势是行业特点的原因，还是公司具有核心竞争力？

8. 您认为制约或促进贵公司未来发展的主要因素是什么？是行业特点的因素、公司核心技术积累的因素抑或核心技术人才流失的因素？

9. 目前公司的收入分配体系/分配模式是什么样的，是否公平，是否存在可以改进的地方？

10. 贵公司拟进行股权激励，公司其他股东的态度是怎么样的？贵公司拟实施股权激励，是否取得公司所有股东的同意？

11. 您认为如果对激励对象进行考核，考核的标准或参数应该是什么，在确定上是否存在难度？

二、高端装备（以智能切割行业为例）

1. 公司为什么想做股权激励？能释放多少股权用于股权激励？（针对控股股东或实际控制人）

2. 公司的股权结构（是否存在代持，是否存在同股不同权等特殊安排），股东之间的关系如何？

3. 请阐述贵公司主营业务是否发生重大变动，公司目前主要产品以及演变情况。

4. 智能切割行业需要在包括算法、软件、精密运动控制、切割制造、机器视觉等领域积累大量的技术，跨越多个学科和技术领域，企业是否拥有相关技术积累以及人才积累？

5. 您认为贵公司/行业所需的核心人才或者核心岗位是哪些，认定标准是怎样的？

6. 您认为目前对公司发展不可或缺的人才/人员有哪些/哪几个？理由是什么？

7. 目前公司的年净收入是多少？未来的增长态势是什么样的？导致增长态势是智能切割行业的原因，还是公司具有核心竞争力？

8. 您认为制约或促进贵公司未来发展的主要因素是什么？是智能切割行业的因素、公司核心技术积累的因素抑或核心技术人才流失的因素？

9. 鉴于智能切割行业的下游市场需求个性化、差异化明显，定制化生产是行业内的主流模式，相关产品的调试和售后服务是企业销售过程中的重要环节，在实施股权激励时是否考虑加重对销售、售后部门关键岗位激励的比重？

10. 目前公司的收入分配体系/分配模式是什么样的，是否公平，是否存在可以改进的地方？

11. 贵公司拟进行股权激励，公司其他股东的态度是怎么样的？贵公司拟实施股权激励，是否取得公司所有股东的同意？

12. 您认为如果对激励对象进行考核，考核的标准或参数应该是什么，在确定上是否存在难度？

三、新材料行业

1. 公司为什么想做股权激励？能释放多少股权用于股权激励？（针对控股股东或实际控制人)

2. 公司的股权结构（是否存在代持，是否存在同股不同权等特殊安排），股东之间的关系如何？

3. 请阐述贵公司主营业务是否发生重大变动，公司目前主要产品以及演变情况。

4. 该行业属于高技术壁垒行业，公司是否具备配方设计研发能力、非标专用设备的自主设计能力、全工序的控制系统集成能力，是否能够打破依赖进口产线导致的技术拓展壁垒？

5. 您认为贵公司/行业所需的核心人才或者核心岗位是哪些，认定标准是怎样的？

6. 您认为目前对公司发展不可或缺的人才/人员有哪些/哪几个？理由是什么？

7. 目前公司的年净收入是多少？未来的增长态势是什么样的？导致增长态势是行业特点的原因，还是公司具有核心竞争力？

8. 您认为制约或促进贵公司未来发展的主要因素是什么？是行业特点的因素、公司核心技术积累的因素抑或核心技术人才流失的因素？

9. 目前公司的收入分配体系/分配模式是什么样的，是否公平，是否存在可以改进的地方？

10. 贵公司拟进行股权激励，公司其他股东的态度是怎么样的？贵公司拟实施股权激励，是否取得公司所有股东的同意？

11. 您认为如果对激励对象进行考核，考核的标准或参数应该是什么，在确定上是否存在难度？

四、新能源行业（以汽车燃料电池企业为例)

1. 公司为什么想做股权激励？能释放多少股权用于股权激励？（针对

控股股东或实际控制人)

2. 公司的股权结构 (是否存在代持, 是否存在同股不同权等特殊安排), 股东之间的关系如何?

3. 公司所处行业与主营业务是什么? 是否计划开发新的产品? 是否存在发展别的主营业务的计划, 例如向上下游行业渗透?

4. 您认为贵公司/行业所需的核心人才或者核心岗位是哪些, 认定标准是什么?

5. 您认为目前对公司发展不可或缺的人才/人员有哪些/哪几个? 理由是什么?

6. 目前公司的年净收入是多少? 未来的增长态势是什么样的? 导致增长态势是行业的原因, 还是公司具有核心竞争力?

7. 您认为制约或促进贵公司未来发展的主要因素是什么? 是否针对相关的制约因素有相应的改进或突破的策略? 在计划或已经采取的相关策略中, 对人才的要求如何?

8. 目前公司的收入分配体系/分配模式是什么样的, 是否公平, 是否存在可以改进的地方?

9. 贵公司拟进行股权激励, 公司其他股东的态度是怎么样的? 贵公司拟实施股权激励, 是否取得公司所有股东的同意?

10. 您认为如果对激励对象进行考核, 考核的标准或参数应该是什么, 在确定上是否存在难度?

11. 您认为在公司未来的发展中, 市场开拓、技术研发等环节之间, 哪个环节更重要? 在此环节中, 什么是最重要的因素? 人员因素的重要性有多大? 股权激励是否有利于该环节的提升?

12. 针对上游 (如关键材料生产企业、核心零部件生产企业)、下游 (如车企) 等同行业链企业渗透产生的竞争, 是否存在技术壁垒或制定相关的防御措施? 请评估相关技术壁垒的强度 (包括但不限于列示已经取得的关键知识产权, 以及对知识产权的保护措施和相关的法律法规规定); 提供为维持技术壁垒已经投入或计划投入的成本明细, 请特别列明针对人力资源的投入成本明细，以及未来为维持技术壁垒计划投入的人力资源的成本。

13. 请评估企业与国际同行业企业的技术差距，以及主要的国际企业竞争者在中国市场上竞争的威胁性大小。企业针对国际竞争者进入中国市场是否制定了防御的计划或策略，是否建立专门的项目或计划以缩短与国际竞争者之间的技术差距，如有，请针对人力资源的投入，并评估相关岗位的可替代性以及现有员工的忠诚度。

五、节能环保行业

1. 公司为什么想做股权激励？能释放多少股权用于股权激励？（针对控股股东或实际控制人)

2. 公司的股权结构（是否存在代持，是否存在同股不同权等特殊安排)，股东之间的关系如何？

3. 公司所处行业与主营业务是什么？是否计划开发新的产品？是否存在发展别的主营业务的计划？

4. 您认为贵公司/行业所需的核心人才或者核心岗位是哪些，认定标准是什么？

5. 您认为目前对公司发展不可或缺的人才/人员有哪些/哪几个？理由是什么？

6. 目前公司的年净收入是多少？未来的增长态势是什么样的？导致增长态势是行业的原因，还是公司具有核心竞争力？

7. 目前公司的收入分配体系/分配模式是什么样的，是否公平，是否存在可以改进的地方？

8. 您认为制约或促进贵公司未来发展的主要因素是什么？是否针对相关的制约因素制定相应的改进或突破的策略？在计划或已经采取的相关策略中，对人才的要求如何？

9. 您认为在公司未来的发展中，市场开拓、技术研发等环节之间，哪个环节更重要？在此环节中，什么是最重要的因素？人员因素的重要性有多大？

10. 是否存在对重要零部件的研发和生产的项目或相关计划？如果存在，评价在此计划中人力资源的重要性程度。

11. 是否有研发新产品的布局和规划，如有请描述实施情况或计划，请说明相关的布局和规划中是否存在关键环节或岗位，并评价该岗位员工的可替代性和忠诚度。

12. 公司针对核心技术人员的流失风险以及技术开发的人员需求是否制定了相关策略，如有实施情况如何，是否达到预期效果。

13. 针对上市后公司的业务和资产规模的扩大，是否制定了相应的公司经营管理的方针和计划，经营管理、内部控制及财务规范等相关计划中是否存在关键岗位及核心员工，并评估岗位的可替代性和员工的忠诚度。

14. 贵公司拟进行股权激励，公司其他股东的态度是怎么样的？贵公司拟实施股权激励，是否取得公司所有股东的同意？

15. 您认为如果对激励对象进行考核，考核的标准或参数应该是什么，在确定上是否存在难度？

六、生物医药行业

1. 公司为什么想做股权激励？能释放多少股权用于股权激励？（针对控股股东或实际控制人）

2. 公司的股权结构（是否存在代持，是否存在同股不同权等特殊安排），股东之间的关系如何？

3. 公司所处行业与主营业务是什么？是否计划开发新的产品？是否存在发展别的主营业务的计划，例如向上下游行业渗透？

4. 您认为贵公司/行业所需的核心人才或者核心岗位是哪些，认定标准是什么？

5. 您认为目前对公司发展不可或缺的人才/人员有哪些/哪几个？理由是什么？

6. 目前公司的年净收入是多少？未来的增长态势是什么样的？导致增长态势是行业的原因，还是公司具有核心竞争力？

7. 您认为制约或促进贵公司未来发展的主要因素是什么？是否针对相关的制约因素有相应的改进或突破的策略？在计划或已经采取的相关策略中，对人才的要求如何？

8. 目前公司的收入分配体系/分配模式是什么样的，是否公平，是否存在可以改进的地方？

9. 您认为在公司未来的发展中，市场开拓、技术研发等环节之间，哪个环节更重要？在此环节中，什么是最重要的因素？人员因素的重要性有多大？

10. 是否存在对重要零部件（医疗器械生产企业）的研发和生产的项目或相关计划？如果存在，评价在此计划中人力资源的重要性程度，并列明计划投入的人力资源成本。

11. 原材料的稳定供应是否存在风险？是否有相关的策略或计划控制供应未达预期的风险？

12. 是否有研发新产品的布局和规划，如有请描述实施情况或计划，并说明相关的布局和规划中是否存在关键环节或岗位，并评价该岗位员工的可替代性和忠诚度。

13. 是否有已经在研制或者研制成功，但是未能面世的产品？如果有，是因为什么原因？是否能如期上市？

14. 公司针对核心技术人员的流失风险以及技术开发的人员需求是否制定了相关策略，如有实施情况如何，是否达到预期效果。

15. 针对上市后公司的业务和资产规模的扩大，是否制定了相应的公司经营管理的方针和计划，经营管理、内部控制及财务规范等相关计划中是否存在关键岗位及核心员工，并评估岗位的可替代性和员工的忠诚度。

16. 贵公司拟进行股权激励，公司其他股东的态度是怎么样的？贵公司拟实施股权激励，是否取得公司所有股东的同意？

17. 您认为如果对激励对象进行考核，考核的标准或参数应该是什么，在确定上是否存在难度？

第二章　科技创新公司股权激励模式的选择及方案的定制

一、科技创新企业上市前股权激励方案简介

（一）标准化是理想，定制化才是现实：根据上市前公司的不同发展阶段制定股权激励方案

法律与税务方案最显著的特点是在标准化流程下针对行业及具体个案出具定制化解决方案。

科技创新企业上市前的股权激励方案应当针对科技创新企业高投入、高风险以及亟需吸引核心人才和技术的特点，从激发企业整体创造力并最终达到财务和业务指标优异表现的目标来设计股权激励方案。

创业期的科技型企业设置和分配股权时要充分考虑预留股权激励事项，围绕该事项，评估股权激励方案对公司所要达到的目的、对公司本身、对员工的影响，并通过每个细小环节的设置为后续融资、资本运作、人才储备、科技成果转化作充分的准备。既要针对初创科技型公司的特点，也要兼顾保证创始人的控制权。对前期股权激励份额的预留一般通过股权池的方式，并注重后期股权激励方案与公司拟 IPO 的衔接。

1. 企业选择实施股权激励的时点

公司逐渐步入成长期以后，公司具备较为稳定的营利能力，开始确立

行业核心竞争力，体量和价值处于稳定状态，这个时点是正式实施股权激励比较合适的时机，可以开始制定针对核心高管、核心技术（业务）人员和中层管理人员实施的股权激励计划。

当公司成长到一定阶段，引起外部资本注意，在外部资本进入前，这个时候有必要考虑通过持股平台的方式再做一轮股权激励。当公司准备上市前，是否再做一轮或几轮的股权激励，需要考虑的因素是多方面的，需要结合投融资双方需求并且要符合 IPO 申报要求。另外，员工入股、供应商、合作伙伴等低于公允价值入股适用股份支付的会计处理，可能对公司当年的盈利造成较大影响，进而可能影响公司 IPO 发行的业绩条件。因此我们在制定不同的股权激励方案时将充分考虑股权激励模式、时间、比例、价格与申报 IPO 的衔接时符合 IPO 的法律规定。

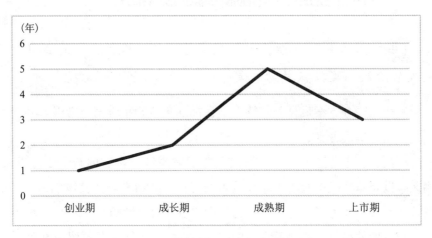

图 2-1　企业选择实施股权激励的时点

2. 股权激励在公司不同发展阶段的表现内容

初建：创始合伙人团队的搭建，主要在于创始合伙人之间的股权设置，并且考虑预留后续合伙人加入和团队股权激励因素，预留股权一般由大股东所代持。

天使轮-A 轮-B 轮：投资机构进入，一般都需要企业做一轮或多轮股权激励计划，多为持股平台+期权模式。

Pre-IPO 轮：上市前的融资及考虑是否再做一轮股权激励。如果做，需要充分考虑后续 IPO 申报的一些合规性要求及股权激励实施对公司净利润影响是否符合 IPO 申报要求。

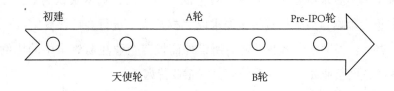

图 2-2　股权激励方案在公司不同发展阶段的动态模型

（二）公司实施股权激励前的准备事项

我们在上面介绍科创型公司上市前不同发展阶段的特点以及与公司实施股权激励计划的关系，并给出简要的实务指引，接下里我们继续介绍公司实施股权激励计划前应当做好的准备条件。

1. 非上市公司股东持股比例与股权结构调整

（1）非上市公司股东不同持股比例对公司的影响

非上市公司股东的持股比例有几个关键并且可以影响公司经营的百分比：67%（绝对控制权）、51%（相对控制权）、34%（一票否决权）、10%（申请解散公司）、20%（重大影响线）、25%（外资待遇线）。非上市公司股权的持股比例一定程度上也显示了该股东对公司的控制力，特别是在实施股权激励项目时，本来就会产生直接或间接改变原股东持股比例的情况，因此更需要公司在实施股权激励项目前对公司股权架构进行调整。我们简单介绍这几个百分比的法律含义：

67%：公司股东持股比例达到67%的时候，该股东对股东会的所有决策，均有一票通过权。

51%：股权持有比例为51%的股东除7类事项外，拥有决策权。

34%：对股东会的7类事项决策拥有一票否决权。

10%：股东拥有申请法院解散公司和召开临时股东会的权利。

20%：根据《企业会计准则第2号——长期股权投资》（2014年修订）及《〈企业会计准则第2号——长期股权投资〉应用指南》（2014年修订）的规定，当股东持股比例超过20%但低于50%时，通常被认为对被投资公司有重大影响，该项投资将被要求以"权益法"进行会计核算。

25%：外国投资者在并购后所设外商投资企业注册资本中的比例高于25%的，该企业才可以享受外商投资企业待遇。

*上文提到的7类事项是：修改公司章程、增加注册资本、减少注册资本、公司合并、公司分立、公司解散、变更公司形式。

【法规链接】

1.《公司法》

第三十九条 股东会会议分为定期会议和临时会议。

定期会议应当依照公司章程的规定按时召开。代表十分之一以上表决权的股东，三分之一以上的董事，监事会或者不设监事会的公司的监事提议召开临时会议的，应当召开临时会议。

第四十三条 股东会的议事方式和表决程序，除本法有规定的外，由公司章程规定。

股东会会议作出修改公司章程、增加或者减少注册资本的决议，以及公司合并、分立、解散或者变更公司形式的决议，必须经代表三分之二以上表决权的股东通过。

第一百八十条 公司因下列原因解散：

（一）公司章程规定的营业期限届满或者公司章程规定的其他解散事由出现；

第一百八十一条 公司有本法第一百八十条第（一）项情形的，可以通过修改公司章程而存续。

依照前款规定修改公司章程，有限责任公司须经持有三分之二以上表决权的股东通过，股份有限公司须经出席股东大会会议的股东所持表决权的三分之二以上通过。

第一百八十二条　公司经营管理发生严重困难，继续存续会使股东利益受到重大损失，通过其他途径不能解决的，持有公司全部股东表决权百分之十以上的股东，可以请求人民法院解散公司。

第二百一十六条　本法下列用语的含义：

（二）控股股东，是指其出资额占有限责任公司资本总额百分之五十以上或者其持有的股份占股份有限公司股本总额百分之五十以上的股东；出资额或者持有股份的比例虽然不足百分之五十，但依其出资额或者持有的股份所享有的表决权已足以对股东会、股东大会的决议产生重大影响的股东。

2.《最高人民法院关于适用〈中华人民共和国公司法〉若干问题的规定（二）》

第一条　单独或者合计持有公司全部股东表决权百分之十以上的股东，以下列事由之一提起解散公司诉讼，并符合公司法第一百八十二条规定的，人民法院应予受理：

（一）公司持续两年以上无法召开股东会或者股东大会，公司经营管理发生严重困难的；

（二）股东表决时无法达到法定或者公司章程规定的比例，持续两年以上不能做出有效的股东会或者股东大会决议，公司经营管理发生严重困难的；

（三）公司董事长期冲突，且无法通过股东会或者股东大会解决，公司经营管理发生严重困难的；

（四）经营管理发生其他严重困难，公司继续存续会使股东利益受到重大损失的情形。

股东以知情权、利润分配请求权等权益受到损害，或者公司亏损、财产不足以偿还全部债务，以及公司被吊销企业法人营业执照未进行清算等为由，提起解散公司诉讼的，人民法院不予受理。

3.《企业会计准则第2号——长期股权投资》（2014年修订）

第二条 本准则所称长期股权投资，是指投资方对被投资单位实施控制、重大影响的权益性投资，以及对其合营企业的权益性投资。

在确定能否对被投资单位实施控制时，投资方应当按照《企业会计准则第33号——合并财务报表》的有关规定进行判断。投资方能够对被投资单位实施控制的，被投资单位为其子公司。投资方属于《企业会计准则第33号——合并财务报表》规定的投资性主体且子公司不纳入合并财务报表的情况除外。

重大影响，是指投资方对被投资单位的财务和经营政策有参与决策的权力，但并不能够控制或者与其他方一起共同控制这些政策的制定。在确定能否对被投资单位施加重大影响时，应当考虑投资方和其他方持有的被投资单位当期可转换公司债券、当期可执行认股权证等潜在表决权因素。投资方能够对被投资单位施加重大影响的，被投资单位为其联营企业。

第七条 投资方能够对被投资单位实施控制的长期股权投资应当采用成本法核算。

第九条 投资方对联营企业和合营企业的长期股权投资，应当按照本准则第十条至第十三条规定，采用权益法核算。

4.《〈企业会计准则第2号——长期股权投资〉应用指南》（2014年修订)

二、关于适用范围

（三）投资方对被投资单位具有重大影响的权益性投资，即对联营企业投资。重大影响，是指对一个企业的财务和经营政策有参与决策的权力，但并不能够控制或者与其他方一起共同控制这些政策的制定。实务中，较为常见的重大影响体现为在被投资单位的董事会或类似权力机构中派有代表，通过在被投资单位财务和经营决策制定过程中的发言权实施重大影响。

投资方直接或通过子公司间接持有被投资单位20%以上但低于50%的表决权时，一般认为对被投资单位具有重大影响，除非有明确的证据表明该种情况下不能参与被投资单位的生产经营决策，不形成重大影响。在确定能否对被投资单位施加重大影响时，一方面应考虑投资方直接或间接持有被投资单位的表决权股份，同时要考虑投资方及其他方持有的当期可执行潜在表决权在假定转换为对被投资单位的股权后产生的影响，如被投资单位发行的当期可转换的认股权证、股权期权及可转换公司债券等的影响。

5.《中华人民共和国中外合资经营企业法》（2016 年修订）

第四条 合营企业的形式为有限责任公司。

在合营企业的注册资本中，外国合营者的投资比例一般不低于百分之二十五。

合营各方按注册资本比例分享利润和分担风险及亏损。

合营者的注册资本如果转让必须经合营各方同意。

6.《商务部关于外国投资者并购境内企业的规定》（商务部令 2009 年第 6 号）

第九条 外国投资者在并购后所设外商投资企业注册资本中的出资比例高于 25% 的，该企业享受外商投资企业待遇。

外国投资者在并购后所设外商投资企业注册资本中的出资比例低于 25% 的，除法律和行政法规另有规定外，该企业不享受外商投资企业待遇，其举借外债按照境内非外商投资企业举借外债的有关规定办理。审批机关向其颁发加注"外资比例低于 25%"字样的外商投资企业批准证书（以下称"批准证书"）。登记管理机关、外汇管理机关分别向其颁发加注"外资比例低于 25%"字样的外商投资企业营业执照和外汇登记证。

境内公司、企业或自然人以其在境外合法设立或控制的公司名义并购与其有关联关系的境内公司，所设立的外商投资企业不享受外商投资企业待遇，但该境外公司认购境内公司增资，或者该境外公司向并购后所设企业增资，增资额占所设企业注册资本比例达到 25% 以上的除外。根据该款所述方式设立的外商投资企业，其实际控制人以外的外国投资者在企业注册资本中的出资比例高于 25% 的，享受外商投资企业待遇。

外国投资者并购境内上市公司后所设外商投资企业的待遇，按照国家有关规定办理。

第十六条 外国投资者并购境内企业设立外商投资企业，如果外国投资者出资比例低于企业注册资本25%，投资者以现金出资的，应自外商投资企业营业执照颁发之日起3个月内缴清；投资者以实物、工业产权等出资的，应自外商投资企业营业执照颁发之日起6个月内缴清。

（2）股权激励方案实施前进一步优化股权结构

结合上文我们介绍的股权比例在法律上的含义，公司如果是2个股东，我们建议大股东比例不低于67%或52%；如果是3个股东，大股东的比例不低于51%；如果是4个或4个以上股东，大股东与任何一个股东股份比例相加不低于51%或33%。

股权结构设计更复杂一点就是引入持股平台的方式，通过设置有限合伙企业的方式，解决科技创新企业的初创团队在不失去对企业的经营决策权同时，通过将投资方或员工引入持股平台成为有限合伙人的方式间接持有核心公司的股权，普通合伙人在这个架构中则由创业团队来担任，通过这种方式完成不同发展阶段的外部融资以及核心人才引进及退出问题，也更适于科创类企业技术周期长的特点。

股权架构的合理性关系科创型公司管理团队的稳定和效率，科创型公司的股东持股比例设置应避免两种情况：第一，股权过度分散，所有股东里没有持股超过1/3股份比例的大股东；第二，股权分配平均化，所有股东持股比例一样。

2. 通过对标公司科创板发行指标进一步确认公司是否适合实施股权激励项目①

从公司所在行业和科技创新能力判断，拥有自主知识产权的核心技术，拥有研发体系和核心技术人才储备，拥有市场认可的研发成果的高科技企业为实施股权激励计划的首选公司，聚焦领域包括信息技术、高端装

---

① 根据《证券法》《上海证券交易所科创板企业发行上市申报及推荐暂行规定》《科创属性评价指引（试行）》归纳总结。

备、新材料、新能源、节能环保、生物医药。其科创能力参照指标：

（1）公司研发成果是与主营业务相关的发明专利、软件著作权及新药批件等；

（2）公司有能力独立或牵头承担重大科研项目；

（3）公司主持或参与制定国家标准、行业标准，获得过国家科学技术奖项及行业权威奖项。

从公司经营情况判断，公司类型为轻资产的研发型企业，商业模式（有明确的营利模式）稳定的成长型企业，具备持续经营能力的企业。其经营能力参考指标：

（1）最近3年累计研发投入占最近3年累计营业收入比例5%以上，或者最近3年研发投入金额累计在6000万元以上；其中软件企业最近3年累计研发投入占最近3年累计营业收入比例10%以上。

（2）最近3年营业收入复合增长率达到20%，或者最近1年营业收入金额达到3亿元。

（3）注册资本并没有硬性要求（一般都是1000万以上），主要还是看营业收入规模和增长情况。

另外，公司治理能力作为辅助参考指标：

（1）组织机构健全、持续经营满3年；

（2）会计基础工作规范，有初步的内控制度；

（3）业务完整并具有直接面向市场的能力，在行业中具有相对管理与竞争优势。

＊上述参考指标参照科创板对高科技类企业的评价指标，上市前的公司可适当降低标准。

二、科技创新公司股权激励模式的选择和方案定制

公司做好实施股权激励计划的准备后，下一步是了解不同股权激励模式的特点，结合公司实际情况和需求确定适合本公司的股权激励方案。我们从公司本身和激励对象两个角度对不同股权激励模式进行比较，一个硬

币有 AB 面，股权激励模式对公司和激励对象也有 AB 面的影响。通过比较每一种股权激励模式的优劣，同时向公司揭示各个激励模式的法律风险及财税考量，相信对身处科创行业的公司最终定制股权激励方案有所裨益。

（一）股权激励的实股模式

1. 直接持股模式的股权激励（表 2-1）

激励对象用自有资金或技术交换激励标的，直接持有核心公司股权，根据对价方式的不同，最常见的有出资入股、科技成果入股、赠与股份。

表 2-1　直接持股模式股权激励方案的比较

公司视角		激励对象视角		法律风险提示	财税考量
A 面	B 面	A 面	B 面		
有利于锁定优秀人才，共担公司运营风险	不利于控制权集中，可能影响经营决策	获得公司股权，享有真正股东权利	可能需要资金，承担公司运营风险	a. 保证公司内部程序正当性 b. 技术价值及知识产权归属约定 c. 股东权利限制的合法性 d. 区分股东权利和劳动法律关系	a. 股东变动频繁 b. 公司利润涉及25%企业所得税 c. 分红涉及20%个人所得税 d. 股权转让涉及20%个人所得税 e. 存在双重征税问题，税负高达40% f. 税务筹划空间不大
有利于激励并锁定技术人才，获得知识产权	改变原有股权结构，原股东利益会受到影响	受《公司法》和《劳动法》双重保护	技术专利归公司所有		
激励效果好	技术价值评估困难		离职成本高		

2. 直接持股模式的优化：搭建有限合伙企业持股平台间接持股模式

对科技创新企业而言，在准备 IPO 的时候，科创板是允许员工以科技成果入股持股平台的。如以科技成果出资，应注意用以出资的科技成果权属是否清晰，科技成果出资的评估作价是否合理，是否办理了产权转移手续以及是否完成了出资财产的交付等。

优化的间接持股模式方案是指激励对象不直接持有核心公司股权，通过设立合伙企业作为持股平台的方式间接持有核心公司股权。

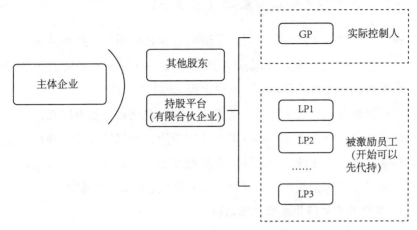

图 2-3　通过有限合伙企业实施股权激励的基本架构

表 2-2　有限合伙企业作为持股平台间接持股模式的比较

公司视角		激励对象视角		法律风险提示	财税考量
A 面	B 面	A 面	B 面		
保持核心公司原股东的控制权,核心公司架构稳定	搭建持股平台与设计核心公司股权结构较繁琐	股权变现更为灵活	不直接持有核心公司股权,不参与核心公司决策	a. 合伙人协议是最重要的法律文件 b. 地方政府承诺的税收优惠是否与现行法规相冲突 c. 考量当地工商变更的便利性、税收福利的可操作性	a. 解决双重征税问题 b. 可以利用税收洼地税收返还,以及核定征收方式,可以大大降低税负 c. 税务筹划空间大
一次性留出激励份额,避免核心公司股东频繁变动	创始人长期持股没有套现意愿非最佳选择				
解决有限责任公司持股人数问题	从参与核心公司运营的角度,激励强度稍弱				

（二）虚拟模式的股权激励（表 2-3）

虚拟模式股权激励是指公司授予激励对象具有股权某些特征的虚拟化股权。持虚拟股权的人不在股东名册上登记，不是法律意义上的公司股东，如果激励对象离开公司，一般设定虚拟股权自动失效。

虚拟股权激励模式不需要发生实质上的股权变动，也可以在一定程度上满足科技创新企业激发核心技术人才创造力，发挥核心员工标杆示范作用的目的，公司在业绩增长和税负考量的基础上，通常会考虑虚拟记账股份股权激励模式作为成熟期科技型企业的股权激励备选方案之一。

1. 虚拟模式的股权激励方案比较

表 2-3　虚拟模式的股权激励方案比较

公司视角		激励对象视角		法律风险提示	财税考量
A 面	B 面	A 面	B 面	a. 授予条件的设定必须与公司战略相关的指标挂钩，如利润增长率、市场占有率、新产品研发情况 b. 激励方案制度化、规范化、透明化 c. 委托持股下隐名股东实名化风险 d. 劳动关系争议风险	a. 税务上，被视为奖金处理 b. 适用于"工资薪金"的税率 3%~45% c. 税负高，筹划空间不大
公司不发生总股本和持股比例变更	激励方案可能需要进行动态调整，对后期管理要求高	无须支付成本，可获得与其虚拟股权比例对应的收益	不持有核心公司股权，只享有经济收益		
未来可以将虚拟股权实股化	对公司财务安排的要求更高，公司资金压力较大	随着公司发展，财富增长稳定	不与经营行为直接挂钩		
	激励效果不显著				

2. 虚拟模式股权激励主要类型

（1）委托持股模式

委托持股并不是严格意义上的虚拟模式股权激励方案。委托持股人为隐名股东，既不在工商登记机关公示，也不在公司股东名册上，这是我们将它归为"虚拟"的主要原因。但在法律上，委托持股人仍享有部分股东权利，而且也存在显名化的可能。

委托持股的实施要"慎重"：委托持股人和受托持股人的权利义务体现在委托持股协议上，要同时遵守公司法和合同法的规定才具有可操作性。

关于委托持股，我们提示以下法律风险：

①受托持股人承担被公司其他股东或债权人追索的风险。

②受托持股人在经营过程中造成的损失存在被委托持股人追偿的风险。

③委托持股人要求显名的风险。

④委托持股人收益风险。

⑤委托持股人的股份被擅自转让或质押的风险。

⑥受托持股人滥用股东权利的风险。

⑦代持股权被强制执行的风险。

（2）虚拟记账股份股权激励模式

虚拟记账股份股权激励模式是指公司为激励核心员工，通过在公司内部记账的方式，而不是在工商登记机关变更股份的方式，授予公司核心员工一定数量的股份，虚拟股份的持有者可以按照持有虚拟股份的数量，享有一定比例的公司税后利润分配的权利（利润分红型）或者取得相对应公司净资产增值（账面增值型）的权利。

关于虚拟记账股份股权激励方案，我们提示以下法律风险：

①虚拟记账股份的授予总额与公司注册资本额以及公司净资产挂钩可能存在虚拟实股化后原股东股份稀释。

②虚拟记账股份一般每年都要进行分红。

③与劳动关系联系紧密，激励对象应与公司签订劳动关系配套协议，如保密协议、竞业禁止协议等。

④坚持"人在股在，人走股留"的原则。

（3）成熟期科技创新企业实施虚拟股权激励模式（利润分红型）的案例分析

【公司基本情况】

该企业是一家科创型有限公司，法人股东占75%股权比例，自然人股东占25%股权比例；专业从事新能源汽车、智能轨道交通产品和系统的研发、生产和销售。公司已经有了部分核心技术和产品，在公司发展的成熟阶段，需要避免员工对现有业绩产生懈怠，激发员工新的创造力。在公司聘请的律师等专业中介机构组成的服务团队尽调、出具法律意见的基础上，公司股东会决议拟采用虚拟股权激励模式，对核心技术骨干进行长期激励。

【方案思路】

方案流程如下图：

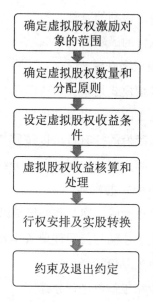

确定虚拟股权激励对象的范围

确定虚拟股权数量和分配原则

设定虚拟股权收益条件

虚拟股权收益核算和处理

行权安排及实股转换

约束及退出约定

该案例中，设定了虚拟股权收益条件，激励对象只有在满足收益条件后方可享有虚拟股权的利润分配权，否则不得进行利润分配。对于管理层人员，以每年公司的税后利润作为收益条件，对于业务部门员工，以各业务部门自身税后利润作为收益条件。公司为激励对象设置个人虚拟账户，该账户为公司内部名义账户，用于记录各激励对象每年虚拟股权收益金额。账户内资金在激励对象行权前不得进行提取，只能用于行权时购买公司实股时使用。

该案例中，公司比较关注不同情形下激励对象的退出时的处理方式，如下表：

表 2-4　不同情形下激励对象的退出时的处理方式

退出情形	不同阶段的处理方式	
	虚拟股权的处理（行权前）	股权的处理（行权后）
法定禁止行为	激励对象所持有的虚拟股权由公司收回，同时其个人虚拟账户中的相关收益纳入公司当年利润，不得提取	由公司股权激励专门管理机构决定是否回购
正常离职		
辞职		授予对象可按规定申请转让，但转让须在公司内部（受让人为公司股东）进行，价格参照公司公布的最近一次经审计的净资产进行核算，最终由转让双方协商确定，若无受让人则原持有人继续持有
解聘		
退休		
丧失劳动能力		
死亡		

【案例评析】

利润分红型虚拟股权激励模式属于虚拟记账股份股权激励方式的一种，虚拟股份的持有者可以按照持有虚拟股份的数量，享有一定比例的公司税后利润分配的权利，但是不享有表决权等其他实际持股股东享有的权利的股权激励模式。从该公司股权激励方案概况中可以得出以下启示：

第一，股权激励计划应明确不同管理机构的管理职责，将公司股东会、董事会和薪酬委员会（或类似机构）在股权激励项目中负责的具体工作进行明示，避免股权激励实施过程中出现权责不清的现象。从该案例的方案设计流程看，并没有将管理机构权责的内容设置进来。

第二，利润分红型虚拟股权激励模式下，公司应当按照约定将公司利润予以分配，但根据大多数创业期的科创型企业惯例，创业期往往不分配利润，而是将利润留存作为公司发展的资金，处于创业期的科创公司对于采取该种股权激励模式应当结合公司需求慎重考虑。

第三，合理的约束条件和行权安排相辅相成，既要对激励对象产生鞭策作用，又不能让激励对象对股权激励计划丧失信心，反而达不到股权激励的效果。

（三）科技创新企业股权激励模式的典型：期股和期权

期权股权激励模式或者"期权+期股股权"激励模式是科技创新企业实施的更为适合该行业公司特点的股权激励模式，上市前的科技创新企业可以通过借鉴参考科创板的新规则，灵活设置股权激励方案，且在税务筹划上可以根据具体情况适用《财政部、国家税务局关于完善股权激励和技术入股有关所得税政策的通知》（财税〔2016〕101号）的规定。

1. 期股模式

（1）特质：实股。

（2）特点：授予激励对象在约定时间点上购买一定数量的股权，可分期付款，款项付清之日才能拥有股份所有权。

表 2-4 期股股权激励模式的比较

公司视角		激励对象视角		法律风险提示	财税考量
A 面	B 面	A 面	B 面		可以套用有限合伙企业为持股平台的方式，利用税收洼地政策进行税务筹划。如公司符合一定条件，可以适用财税〔2016〕101号文，可实行递延纳税政策优惠
约束激励对象，减轻公司资金流压力	方案设计相对复杂，股价不容易确定	缓解购股资金压力	短期内没有收益，离职成本高	a. 激励对象中途离职风险 b. 分期付款风险 c. 股东人数限制风险 d. 上市时审批风险	

2. 期权模式

（1）特质：先虚后实。

（2）特点：事先确定好股权价格，授予激励对象未来可以购买公司一定数量的股份的选择权。

表 2-5　期权股权激励模式的比较

公司视角		激励对象视角		法律风险提示	财税考量
A 面	B 面	A 面	B 面	a. 签订期权授予协议 b. 等待期一般不超过 4 年 c. 分期行权期不超过 3 年 d. 禁售期一般为 1 年 e. 上市审批风险	可以套用有限合伙企业为持股平台的方式，利用税收洼地政策进行税务筹划。如公司符合一定条件，可以适用财税〔2016〕101 号文，可实行递延纳税政策优惠
不影响公司资金流，保证激励效果的同时降低用人成本	没有约束力；一旦公司 IPO 会受政策限制	有选择权，投资风险较小	购股价格与行权时的股权价值可能存在预期差异		

3. 某高科技上市公司控股子公司期权模式股权激励方案案例分析

【公司基本情况】

该公司是某通信导航上市公司控股的非上市公司，专业从事高性能卫星定位与多源融合核心算法、高集成度芯片研发，致力于成为世界领先的时空感知传输核心产品和解决方案提供者。为了稳定与激励核心员工，促进公司经营目标的实现，公司实施了期权股权激励计划，分两期实施，有效期至 2028 年，自首期股权认购权授予之日计算。

【方案思路】

方案流程如下图：

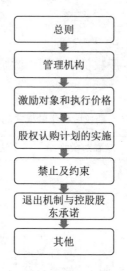

（1）激励对象。适用于公司经营管理团队和核心技术骨干，不包括上市公司董事、监事、高级管理人员，但由集团公司派驻到该公司任职高管的上市公司董事、监事、高级管理人员除外。

（2）激励额度。该公司注册资本 31830.411 万元人民币，计划执行股权认购所需股权为 1500 万份，股权认购权的每份行权价格为人民币 1.53 元。

（3）权益授予：公司通过与被售予人签订《股权认购授予协议》《股权认购协议》及其附件向激励对象授予期权。

（4）权益实现方式。①激励对象被授予股权认购权后行权之前，不享有针对该笔股权认购权所指向股权的相应的股东权利；②股权认购权只接受现金行权；③以第二期股权激励计划为例，2019 年至 2021 年每年可行权被授予总额的三分之一，其中 250 万份认购权用于特定团队激励，依据被激励对象的个人意愿，可提前 1 年行权及退出，即 2018 年至 2020 年每年行权被授予总额的三分之一，行权次年可申请退出。计划授予的股权认购权每年的行权时间集中在当年 10 月份，每年可行权而未行权部分，自动失效，直接注销。

该计划的实施与激励对象的个人考核相结合，按照激励对象的上一年度综合考核评价结果。如考核得分小于 70 分，则按照 0.8 系数确定最终当年可行权数量，剩余未行权认购权根据董事会决议可以另行分配或作废。

激励对象因为不胜任工作而降级，导致岗位责任降低并且不再在本激励对象范围之内的，自不胜任工作之日起自动退出本计划，已经授予且并未行权的股权认购权不予以保留，自动放弃。

（5）禁止及约束。"禁止及约束"专指股权认购计划中针对激励对象出现若干禁止行为或离职等情况时的约束机制和相关退出机制的规定。

（6）退出机制和控股股东承诺。激励对象行权后可通过股权转让退出，在同等条件下，公司控股股东享有第一优先受让权，且其他转让对象只能是公司股权认购权激励范围内的公司正式员工；针对激励对象已认购股权，如果没有其他更优的退出方式，公司控股股东承诺按持股比例的同比例进行购买；公司其他股东没有意愿按持股比例进行购买，控股股东可全部购买。

从该公司母公司披露的信息显示，该公司的母公司是通过实施股权激励计划进入行业头部公司并成功上市的高科技公司典型范例，因此针对母公司控股的非上市子公司进行类似的股权激励计划，自股权激励计划实施后，该公司的研发水平和商业应用领跑行业多个技术领域，拥有多项自主研发的知识产权和核心技术人才，一直保持强劲的发展势头和企业创新活力。

【案例评析】

实施期权模式的目的，是要在公司核心人员与企业长期利益之间建立一种资本纽带，将个人利益与企业发展牢牢捆绑在一起。从该公司股权激励方案概况中可以得出以下启示：

第一，实施期权模式的公司具备一定的技术创新能力，拥有部分核心技术人员，具有自主研发能力。

第二，应考虑公司未来上市时监管部门的规定，激励对象的选择、股权激励的价格、激励标的的来源等应保持合法、公允和透明，符合相关的政策法规。

第三，明确约定在股权激励计划有效日至授权日各种可能取消获授权资格的行为，这种明确约定能够避免约定不明产生的纠纷问题。

第四，把大多数的股权激励标的授予核心技术人员，体现期权分享的公平性和合理性。

【法规链接】

《国有科技型企业股权和分红激励暂行办法》（财资〔2016〕4号）

第四条 国有科技型企业实施股权和分红激励应当遵循以下原则：

（一）依法依规，公正透明。严格遵守国家法律法规和本办法的规定，有序开展激励工作，操作过程公开、公平、公正，坚决杜绝利益输送，防止国有资产流失。

（二）因企制宜，多措并举。统筹考虑企业规模、行业特点和发展阶段，采取一种或者多种激励方式，科学制定激励方案。建立合理激励、有序流转、动态调整的机制。

（三）利益共享，风险共担。激励对象按照自愿原则，获得股权和分红激励，应当诚实守信，勤勉尽责，自觉维护企业和全体股东利益，共享改革发展成果，共担市场竞争风险。

（四）落实责任，强化监督。建立健全企业内部监督机制，依法维护企业股东和员工的权益。履行国有资产监管职责单位及同级财政、科技部门要加强监管，依法追责。

第七条 激励对象为与本企业签订劳动合同的重要技术人员和经营管理人员，具体包括：

（一）关键职务科技成果的主要完成人，重大开发项目的负责人，对主导产品或者核心技术、工艺流程做出重大创新或者改进的主要技术人员。

（二）主持企业全面生产经营工作的高级管理人员，负责企业主要产品（服务）生产经营的中、高级经营管理人员。

（三）通过省、部级及以上人才计划引进的重要技术人才和经营管理人才。

企业不得面向全体员工实施股权或者分红激励。

企业监事、独立董事不得参与企业股权或者分红激励。

第八条 企业可以通过以下方式解决激励标的股权来源：

（一）向激励对象增发股份。

（二）向现有股东回购股份。

（三）现有股东依法向激励对象转让其持有的股权。

第十三条 企业用于股权奖励的激励额不超过近3年税后利润累计形成的净资产增值额的15%。企业实施股权奖励，必须与股权出售相结合。

股权奖励的激励对象，仅限于在本企业连续工作3年以上的重要技术人员。单个获得股权奖励的激励对象，必须以不低于1 :1 的比例购买企业股权，且获得的股权奖励按激励实施时的评估价值折算，累计不超过300万元。

附：实施股权激励方案标准化法律文件参考（部分）

附件1：《增资协议》

（持股平台向目标公司增资）

《增资协议》

甲方：＿＿＿＿＿（有限合伙）

执行事务合伙人（委派代表）：

主要经营场所：

电子邮箱：

送达地址：

乙方（现有股东1）：

身份证号：

电子邮箱：

送达地址：

丙方（现有股东2）：

身份证号：

电子邮箱：

送达地址：

（乙方、丙方合称"现有股东"）

丁方（目标公司）：＿＿＿＿＿＿＿

统一社会信用代码：

住所：

法定代表人：

鉴于：丁方（以下简称"公司"）为用于股权激励而设立的持股平台，乙方、丙方为公司现有股东。现激励对象通过持有持股平台的出资份额，以间接持有公司股权，作为对激励对象的股权激励方式。

各方经充分协商，根据《中华人民共和国公司法》《中华人民共和国民法典》及相关法律法规的规定，就公司增资及相关事宜达成本协议。

一、增资与认购

1. 增资前公司股权结构

股东名称	认缴注册资本	实缴注册资本	持股比例
合计			

2. 增资安排

各方同意，甲方以_____方式向公司增资人民币_____元，现有股东对本次增资放弃优先认购权，增资后公司股权结构为：

股东名称	认缴注册资本	实缴注册资本	持股比例
合计			

二、增资时各方的义务

在本协议签署后，各方应当履行以下义务：

1. 公司批准交易

公司在本协议签订之日起_____个工作日内，作出股东会决议，批准本次增资并对公司章程进行修订，公司确保股东会适当通过有效决议批准签署、交付或履行本协议及其附件；公司股东会批准本协议后，本协议生效。

2. 股东支付增资款

甲方应在本协议签署后_____日内，将增资款全部汇入公司指定的如下账户：_____；开户行：_____；户名：_____；账号：_____。

3. 公司工商变更登记

在甲方支付增资款后_____个工作日内，公司应向工商行政机关申请并完成办理工商变更登记，甲方、现有股东应当配合办理工商登记所需事宜。

三、各方的陈述和保证

1. 增资款的合法性。甲方保证其依据本协议认购公司相应股权的增资款来源合法。

2. 税务。若本次交易依法需要缴纳税费，则依据法律规定各方承担。

四、违约责任

1. 违约条件

若本协议的任何一方违反或未能及时履行其本协议项下的任何义务、陈述与保证，均构成违约。

2. 违约责任

任何一方违反本协议的约定，而给其他方造成损失的，应就其损失向守约方承担赔偿责任。赔偿责任范围包括守约方的直接损失、间接损失以及因主张权利而发生的费用。

五、保密条款

本协议各方均应就本协议的签订和履行而知悉的公司及其他方的保密

信息，向相关方承担保密义务。在没有得到本协议相关方的书面同意之前，各方不得向任何第三人披露前述保密信息，并不得将其用于本次增资以外的目的。本条款的规定在本协议终止或解除后继续有效。虽有上述规定，在合理期限内提前通知相关方后，各方有权将本协议相关的保密信息。

依照法律或业务程序要求，披露给政府机关或往来银行；及在相对方承担与本协议各方同等的保密义务的前提下，披露给员工、律师、会计师及其他顾问。

六、变更或解除

1. 本协议经各方协商一致，可以变更或解除。

2. 如任何一方严重违反本协议的约定，导致协议目的无法实现的，相关方可以以书面通知的方式，单方面解除本协议。

七、适用法律及争议解决

1. 本协议经各方签署后生效。

2. 本协议的制定、解释及其在执行过程中出现的、或与本协议有关的纠纷之解决，受中华人民共和国现行有效的法律的约束。

3. 如果本协议各方因本协议的签订或执行发生争议的，应通过友好协商解决；协商未能达成一致的，任何一方均可向公司所在地的人民法院提起诉讼。

八、其他事项

1. 本协议一式____份，各方各持____份，具有同等法律效力。

2. 任何一方未行使、迟延行使任何本协议下的权利，不构成对该权利的放弃。任何一方对本协议任一条款的弃权不应被视为对本协议其他条款的放弃。

3. 如果本协议的任何条款因任何原因被判定为无效或不可执行，并不影响本协议中其他条款的效力；且该条款应在不违反本协议目的的基础上进行可能、必要的修改后，继续适用。

签署地点： 省 市 区

签署时间： 年 月 日

甲方（盖章）：

法定代表人或授权代表（签字）：

乙方（签字）：

丙方（签字）：

丁方（盖章）：

法定代表人或授权代表（签字）：

附件2：《股权转让协议》

（转让至持股平台）

《股权转让协议》

甲方（出让方）：

身份证号：

乙方（受让方）：

执行事务合伙人：

主要经营场所：

甲乙双方经平等自愿协商，签订本合同以共同遵守。

鉴于：

1. 甲方于＿＿＿年＿＿＿月＿＿＿日投资成立＿＿＿公司（以下简称"标的公司"）。甲方合法持有标的公司＿＿＿%的股权。

2. 甲方有意向将持有的标的公司的＿＿＿%的股权转让给乙方；乙方有意向受让前述该等股权。

3. 标的公司为依照《中华人民共和国公司法》依法登记注册的有限责任公司，注册资本为人民币＿＿＿元，实缴资本为人民币＿＿＿元。

一、股权转让事宜及转让标的

双方一致确认：甲方同意将其持有的标的公司＿＿＿%的股权转让给乙方，乙方同意受让前述股权。为防止歧义，特别明确，如果标的公司注册资本尚未完全缴纳，则本协议转让的标的股权视为未缴纳出资部分的股权；标的股权的出资义务由乙方承担。

二、转让价款及支付方式

1. 甲方转让给乙方的股权转让价款为人民币＿＿＿元。

2. 价款支付方式为：本协议签订之日起 3 日内一次性支付上述全部股权转让价款，收款账号为：户名：_____ 开户行：_____ 账号：_____。

三、承诺与保证

1. 为保证股权转让合法有效，甲方保证：

（1）股权取得过程合法；

（2）行使股东权利过程符合《公司法》的规定，不存在违反《公司法》规定的事实；

（3）股权无抵押，也不存在限制或者禁止转让股权的其他情形；

（4）保守该公司的商业秘密。

2. 为保证股权转让合法有效，乙方保证：

（1）乙方购买股权的款项为乙方自有资金，不存在非法资金的任何情形；

（2）乙方按照本合同约定按时、足额向甲方支付股权转让款项。

四、股东变更登记

本协议生效且全部支付完毕股权转让款项后_____内办理股权变更工商登记手续，双方均应予以配合。

五、税费承担

因履行本协议项下股权转让事宜产生的税费由甲乙双方根据相关税收法律法规及规定各自承担。

六、违约责任

一方违反本合同约定给另一方造成损失的，违约方应向非违约方赔偿该等损失，损失以实际损失为限。

七、争议解决方式

各方因本协议发生争议的，应协商解决。协商不成的，任何一方可以向目标公司所在地法院起诉。

八、协议的效力

1. 本协议一式四份，甲方执一份，乙方持一份，公司和当地工商管理部门备案一份，具有同等法律效力。

2. 本协议自双方签署之日起生效。

签署时间：　年　月　日

甲方（签字）：

乙方（盖章）：

执行事务合伙人/授权代表（签字）：

附件3：《合伙协议》

（设立持股平台）

《合伙协议》

本合伙协议由以下各方＿＿＿年＿＿＿月＿＿＿日共同签署：

普通合伙人：

有限合伙人：

第1条　定义与解释

1.1 定义

除非上下文另有要求，在本协议中下列词语应具有如下规定的含义：

本协议：指《＿＿＿（有限合伙）合伙协议》及其经适当程序通过的修正案或修改后的版本。

《合伙企业法》：指《中华人民共和国合伙企业法》，由中华人民共和国第十届全国人民代表大会常务委员会第二十三次会议于2006年8月27日修订通过，自2007年6月1日起施行。

合伙企业：指本协议各方根据《合伙企业法》及相关法律法规及本协议约定共同设立的＿＿＿（有限合伙）。

普通合伙人：指经公司董事会批准，向合伙企业出资、对合伙企业的债务承担连带责任的人士。本合伙企业的普通合伙人见附件1.1。

有限合伙人：指经公司董事会批准，向合伙企业出资、以其出资额为限对合伙企业的债务承担有限责任的人士。本合伙企业的有限合伙人见附件1.2。

合伙人：包括普通合伙人与有限合伙人。

出资额：指合伙人按照本协议约定向合伙企业缴付的现金金额，每位合伙人具体缴纳的出资额见附件2。

合伙企业财产：指合伙人的出资额及因对该等资金管理、运用、处分或者其他情形而取得的财产。

公司股份比例：指合伙人在合伙企业中所持公司股份数量除以合伙企业所持公司股份数量的结果。

入伙：指根据本协议第9.1条规定的程序，本协议确定的合伙人以外的投资人签订入伙协议成为新合伙人。

退伙：指根据本协议第9.2条规定的程序，合伙企业的合伙人终止其合伙人身份而不再持有任何出资额的情形。

执行事务合伙人：指根据本协议的约定执行合伙企业合伙事务的普通合伙人。

登记机关：指合伙企业的工商注册登记机关。

合伙人会议：指本协议中由全体合伙人组成的合伙企业的议事机构。

合伙费用：指本协议第8.1条规定的因执行合伙事务而发生的需由合伙企业承担的相关费用。

法律：指中国的法律、行政法规、规章和相关主管部门颁布的对合伙企业有强制约束力的规范性文件。

工作日：指中国法定节假日、休息日之外的日期。

人：指任何自然人、合伙企业、法人或依法设立的其他组织。

元：若非特别指出币种，指人民币元。

1.2 解释

在本协议中，条款及标题仅为查阅之便，不影响本协议的意思。

第2条 合伙目的和经营范围

2.1 合伙目的

作为＿＿＿有限公司（"公司"）实施员工持股计划的持股平台，持有公司的股权，通过合法经营实现资本增值。

2.2 经营范围

合伙企业的经营范围为：＿＿＿＿＿＿＿＿。

第3条　名称、住所、组织形式和经营期限

3.1 名称

合伙企业的名称为＿＿＿＿＿＿＿（有限合伙）。

3.2 住所

合伙企业的住所为：＿＿＿＿＿＿＿＿。

3.3 组织形式

合伙企业为本协议的全体合伙人根据《合伙企业法》及其他法律规定共同发起设立之有限合伙企业；其中，普通合伙人对合伙企业的债务承担连带责任，有限合伙人以其出资额为限对合伙企业的债务承担责任。

3.4 经营期限

合伙企业的经营期限为自取得营业执照之日起至无期限。

第4条　合伙人

4.1 经公司董事会批准的人员可以成为合伙企业的合伙人。

4.2 普通合伙人

合伙企业普通合伙人不超过＿＿＿人，本协议签署时确定的普通合伙人见附件1.1。

4.3 有限合伙人

本协议签署时确定的有限合伙人名单见附件1.2。

4.4 合伙人姓名、住所或联系地址发生变更，该合伙人应根据变更后的信息填写《合伙人信息变更表》并提交执行事务合伙人，由执行事务合伙人签署后作为本协议附件提交登记机关进行变更登记。

第5条　合伙人的出资方式、金额和缴付期限

5.1 出资规模

合伙企业的总认购出资额为普通合伙人认购出资额与有限合伙人认购出资额之总和。合伙企业的总认购出资额为人民币＿＿＿＿＿元。所有合伙人均应以人民币现金对合伙企业出资。各合伙人的认购出资额和拥有的公司股份见附件2。

5.2 出资用途

（1）合伙人在合伙企业的认购出资额用于认购公司的股份；

（2）合伙人认购的公司股份少于合伙企业所持公司股份的，差额部分由合伙人_____认购，经公司董事会决定，_____应当将该差额部分股份以其初始出资成本转让给公司董事会指定的新的有限合伙人或者现有合伙人。

5.3 出资额的增加

5.3.1 执行事务合伙人有权按照公司董事会的决议决定接纳新的合伙人或由现有合伙人通过以下方式认购公司股份（"后续入伙"）：

（1）认购合伙企业新增出资额，合伙企业使用新增出资额认购公司新发行的股份；

（2）认购合伙企业新增出资额，合伙企业使用新增出资额购买其他股东所持公司的股份。

5.3.2 后续入伙中，新的合伙人或现有合伙人的认购合伙企业的出资额和公司股份数量由公司董事会根据公司年度考核结果决定。

5.3.3 后续入伙后，全体合伙人均应当按照其在合伙企业所持公司股份的比例承担合伙企业自成立之日起发生的合伙费用。

5.3.4 发生后续入伙情形的，执行事务合伙人有权代表合伙企业和其他合伙人签署后续入伙相关的文件。其他合伙人没有优先认购权，且应当配合执行事务合伙人签署必要的文件办理后续入伙的工商变更登记。

5.4 出资的缴付

（1）各合伙人应当在其签署本协议或后续入伙的补充协议之日起____个工作日内将认购出资额缴纳至合伙企业的银行账户，执行事务合伙人与相关合伙人另行约定的除外。

（2）合伙人没有按期缴付出资额的，视为放弃出资，其出资额由____认购、缴纳。

第6条 利润分配

6.1 分配原则

（1）合伙企业应当按照各合伙人所持公司股份比例分享合伙企业的经营成果、分担合伙企业的经营风险，分配合伙企业的收益并在合伙终止时分配合伙企业资产。

（2）合伙企业可供分配的财产应在扣除合伙费用后方可向合伙人分配。

6.2 分配方式

（1）合伙企业的分配应当以现金方式进行。

（2）合伙企业对可分配现金进行分配时，按照每位合伙人所持公司股份比例进行分配，执行事务合伙人负责执行。

6.3 亏损的分担

（1）所有合伙人按各自所持公司的股份比例分担亏损。

（2）有限合伙人不承担超过其认购出资额的亏损。

（3）合伙企业根据本协议第6.1条、6.2条之规定向合伙人进行分配后，如合伙企业发生的债务超出合伙企业剩余财产，则合伙企业先以剩余财产承担债务，不足部分由有限合伙人以其认缴的出资额为限分担；超出合伙企业财产规模的部分由普通合伙人承担无限连带责任。

第7条 合伙事务的管理

7.1 合伙事务的执行

7.1.1 全体合伙人有权在普通合伙人中选举一名执行事务合伙人，负责执行合伙企业的事务，执行事务合伙人任期为_____年，到期连选可以连任。

7.1.2 普通合伙人中的非执行事务合伙人有权监督执行事务合伙人的工作。

7.1.3 执行事务合伙人对外代表合伙企业、执行合伙事务。执行事务合伙人有权：

（1）召集、主持合伙人会议，并向合伙人会议报告工作；

（2）执行合伙人会议的决议；

（3）对合伙人出资进行收集和管理；

（4）制作、保管合伙人名册，发放出资证明及资料账单；

（5）办理合伙企业变更登记、备案事宜；

（6）办理合伙企业收益、财产分配事宜；

（7）代表合伙企业出席公司股东会/股东大会并行使表决权；

（8）决定合伙企业的日常管理事宜；

（9）为实现合伙目的及履行本协议，拥有完全的权利和授权代表合伙企业缔结合同及达成其他约定、承诺，管理及处分合伙企业的财产，从事所有其他必要的行动，并对合伙企业产生约束效力；

（10）安排其代理人、顾问或雇员在其管理和执行上述事务时提供必要的协助；

（11）履行《合伙企业法》规定的执行事务合伙人应履行的职责。

7.1.4 全体合伙人通过签署本协议向执行事务合伙人进行一项不可撤销的特别授权，授权执行事务合伙人代表全体及任一合伙人在下列文件上签字：

（1）使合伙企业主体资格存续、能够继续以有限合伙企业名义行动并符合相关监管规定的登记、备案文件，包括但不限于合伙企业符合本协议约定之变更事项的企业登记、备案文件；

（2）有关符合本协议约定的合伙人入伙、退伙、变更出资额、合伙权益转让事项的文件，包括但不限于入伙协议、退伙协议、变更出资额、合伙权益转让协议等工商变更登记所需各项文件；

（3）当执行事务合伙人担任合伙企业的清算人时，合伙企业根据本协议约定及《合伙企业法》的要求解散和终止的相关文件。

7.2 普通合伙人的权利和义务

7.2.1 普通合伙人享有如下权利

（1）有权了解合伙企业的经营状况和财务状况，查阅合伙企业会计账簿等财务资料；

（2）有权被选举为执行事务合伙人；

（3）有权监督执行事务合伙人执行合伙企业事务的情况；

（4）根据本协议规定提请召开、参加或委派代理人参加合伙人会议，并行使相应的表决权；

（5）有权按照本协议的规定转让其持有的合伙财产；

（6）按照本协议的规定享有对合伙企业收益的分配权；

（7）合伙企业解散清算时按照本协议的规定参与合伙企业财产的分配。

7.2.2 普通合伙人的义务

（1）按照本协议规定缴付出资；

（2）不得从事损害合伙企业及公司利益的活动；

（3）在公司任职期间，遵守《劳动合同》及公司的各项规章制度；

（4）遵守并严格执行公司董事会、股东会/股东大会的决议；

（5）根据本协议的规定，配合执行事务合伙人办理合伙企业变更登记、备案事宜；

（6）从公司离职后，不得在与公司相竞争的企业任职或为其提供服务；

（7）不得自营或者同他人合作经营与公司相竞争的业务；

（8）不得以雇佣、聘用、合作等任何方式鼓励、诱导或促使公司员工终止其与公司的劳动关系以及鼓励、诱导或促使公司的客户终止与公司的合作；

（9）不得泄露公司的技术秘密和商业秘密；

（10）不得将合伙企业的出资额进行质押；

（11）法律及本协议规定的其他义务。

7.3 有限合伙人的权利和义务

7.3.1 有限合伙人享有如下权利：

（1）有权了解合伙企业的经营状况和财务状况，查阅合伙企业会计账簿等财务资料；

（2）根据本协议规定提请召开、参加或委派代理人参加合伙人会议，并行使相应的表决权；

（3）有权按照本协议的规定转让其持有的合伙财产；

（4）按照本协议的规定享有对合伙企业收益的分配权；

（5）合伙企业解散清算时按照本协议的规定参与合伙企业财产的分配；

（6）法律及本协议规定的其他权利。

7.3.2 有限合伙人的义务：

（1）按照本协议规定缴付出资；

（2）不得从事损害合伙企业及公司利益的活动；

（3）在公司任职期间，遵守《劳动合同》及公司的各项规章制度；

（4）遵守并严格执行公司董事会、股东会/股东大会的决议；

（5）根据本协议的规定，配合执行事务合伙人办理合伙企业变更登记、备案事宜；

（6）从公司离职后，不得在与公司相竞争的企业任职或为其提供服务；

（7）不得自营或者同他人合作经营与公司相竞争的业务；

（8）不得以雇佣、聘用、合作等任何方式鼓励、诱导或促使公司员工终止其与公司的劳动关系以及鼓励、诱导或促使公司的客户终止与公司的合作；

（9）不得泄露公司的技术秘密和商业秘密；

（10）不得将合伙企业的出资额进行质押；

（11）法律及本协议规定的其他义务。

7.4 合伙人的转换

7.4.1 普通合伙人出现下列情形之一的，应当转为有限合伙人：

（1）从公司离职的；

（2）被依法认定为无民事行为能力人或者限制民事行为能力人的。

合伙企业存续期间，作为普通合伙人的自然人死亡、被依法宣告死亡的，其继承人或权利承受人可以成为合伙企业的有限合伙人，承继该普通合伙人在合伙企业拥有的出资额和公司股份。

7.4.2 若基于本协议的规定，普通合伙人退伙或转为有限合伙人导致普通合伙人数量少于_____名的，由所持公司股份数量最多的有限合伙人变更为普通合伙人，该有限合伙人拒绝担任的，由持有股份数量在后的有限合伙人担任，以此类推。

7.5 减少出资额

（1）合伙企业存续期间，合伙人可以通过转让的方式出售公司股份减少在合伙企业的出资额。

（2）合伙企业持有的公司股份在法律规定的禁售期内不能出售。

合伙人在公司任职的，自向合伙企业缴纳认购公司股份的出资额之日起应当在公司继续任职满_____年方可出售该部分公司股份。

（3）在符合本协议约定的前提下，合伙人决定出售公司股份的应当向执行事务合伙人出具书面通知，告知拟出售的公司股份数量和价格，执行事务合伙人应当在收到书面通知之日起_____个工作日内，将合伙企业所持公司股份进行出售，所得价款扣除相关税费后支付给该合伙人。因为价格等原因导致公司股份未能出售的，执行事务合伙人应当书面通知合伙人。

（4）执行事务合伙人有权代表合伙企业、其他合伙人签署修改后的合伙协议等变更文件，其他合伙人应当配合执行事务合伙人完成出资额变更的工商变更登记事宜。合伙人出售其全部公司股份的，按照合伙人退伙处理。

7.6 转让出资额

（1）合伙人可以将其全部或部分出资额转让给现有合伙人或者公司董事会同意的合伙人以外的人。与出资额对应的公司股份随出资额一同转让。

（2）合伙人向合伙人以外的人转让出资额的，合伙人应当在转让出资额_____日前以书面形式通知其他合伙人，通知内容包括转让的出资额、转让对价等必要内容，其他合伙人享有优先购买权。

（3）合伙人转让出资额的，应当与受让人、执行事务合伙人签署合伙权益转让协议，其他合伙人应当配合执行事务合伙人办理出资额转让的工商变更登记事宜。

7.7 合伙人会议

7.7.1 合伙人会议的组成

合伙人会议为合伙企业的最高权力机构，由全体普通合伙人和有限合伙人组成。

7.7.2 合伙人会议的职权及表决程序

合伙人会议实行一人一票表决制度，合伙人会议决定的事项及相应的表决程序如下：

（1）合伙人被除名退伙的，应当由执行事务合伙人进行提议，经其他合伙人三分之二以上表决通过；

（2）选举执行事务合伙人的，应当在普通合伙人中选任，由全体合伙人三分之二以上表决通过；

（3）修改或补充合伙协议的，除本协议另有约定外，应当由执行事务合伙人提出建议，经全体合伙人表决通过；

（4）合伙企业终止清算的，应当经全体合伙人表决通过；

（5）以合伙企业的名义为他人提供担保的，应当经全体合伙人表决通过；

（6）普通合伙人转为有限合伙人或者有限合伙人转为普通合伙人的，除本协议另有约定以外，应当经全体合伙人表决通过；

（7）执行事务合伙人认为需要提请合伙人会议讨论的其他事宜，应经全体合伙人的过半数表决通过。

7.7.3 合伙人会议的召集

执行事务合伙人、单独或合计持有10%以上公司股份比例的合伙人可以提议召集合伙人会议。执行事务合伙人应于合伙人会议召开＿＿＿＿＿日前发出召集会议的通知。执行事务合伙人不能召集或不召集的，提议召开会议的合伙人可自行召集。

7.7.4 合伙人会议的召开

合伙人会议由执行事务合伙人主持，执行事务合伙人不能主持或不主持的，半数以上的合伙人可以推举一名合伙人主持。合伙人可以自行出席合伙人会议，也可以委托其他合伙人代理出席合伙人会议，代理人应当提交授权委托书，并在授权范围内行使权利。合伙人会议可以现场、电话等通讯方式召开。

7.7.5 合伙人会议的决议

合伙人会议决议对全体合伙人有约束力。合伙人会议应对会议所议事项的决议作成会议记录，出席会议的合伙人应当在会议记录上签名。

第8条　费用和支出

8.1 合伙费用

8.1.1 合伙企业应承担与合伙企业之设立、运营、终止、解散、清算等相关的费用（"合伙费用"），包括但不限于：

（1）开办费；

（2）合伙人会议费用（但不包括各合伙人为参加会议所支出的差旅费、住宿费、通信费等费用）；

（3）政府部门对合伙企业、合伙企业的收益或资产、合伙企业交易和运作所收取的税、费及其他费用；

（4）由合伙企业发起或针对合伙企业的诉讼、仲裁或其他司法或行政程序的费用，与该等诉讼、仲裁或程序相关的律师费，以及行使由此产生的任何权利的成本；

（5）合伙企业清算、解散相关的费用；

（6）其他未明确列出，但合伙企业发生的，或执行事务合伙人为管理合伙企业而发生的，与合伙企业的业务和运营有关的费用。

8.1.2 合伙费用由合伙企业支付，由各合伙人按其所持公司比例分担。执行事务合伙人或其关联方为合伙企业垫付合伙费用的，合伙企业应予报销。

第9条　入伙、退伙

9.1 入伙及其程序

9.1.1 公司董事会有权根据公司年度考核结果批准新的有限合伙人认购公司股份，新的有限合伙人可以如下方式认购公司股份：

（1）认购合伙企业新增的公司股份；

（2）按照本协议 5.2（2）的规定，受让_____持有的公司股份；

（3）受让其他合伙人拥有的公司股份。

执行事务合伙人有权代表合伙企业和其他合伙人与新的有限合伙人签署入伙协议。新的有限合伙人应按照入伙协议规定的时间和方式向合伙企业出资。全体合伙人应当配合执行事务合伙人签署必要的法律文件，办理入伙的工商变更登记。

9.1.2 通过本协议第 9.1.1 条第 1 项方式认购股份的，出资额由公司董事会决定，合伙企业应当以该出资额认购公司新发行的股份，新的有限合伙人拥有该公司股份；通过本协议第 9.1.1 条第 2 项方式认购公司股份的，转让价款为_____的初始认购出资额；通过本协议第 9.1.1 条第 3 项规定的方式认购公司股份的，转让价款由转让双方协商确定。

9.1.3 有限合伙人通过 9.1.1 条第 1、2 项方式认购公司股份的，其他合伙人均没有优先认购权。

9.2 退伙及其程序

9.2.1 在以下情形全部满足的情况下，合伙人可以退伙：

（1）合伙企业持有的公司股份不在禁售期内；

（2）合伙人在公司的任职时间满足出售股份的要求。

9.2.2 合伙人在合伙企业中的全部合伙财产被人民法院强制执行，合伙人当然退伙。

作为有限合伙人的自然人死亡、被依法宣告死亡时，其继承人或者权利承受人可以依法取得该有限合伙人在有限合伙企业中的资格；作为普通合伙人的自然人死亡、被依法宣告死亡时，其继承人或者权利承受人可以依法取得普通合伙人在合伙企业的合伙财产并成为合伙企业的有限合伙人。

9.2.3 合伙人有以下情形之一的，执行事务合伙人应当按照公司董事会的决议提请召开合伙人会议，经全体合伙人三分之二以上同意，可以决议将其除名：

（1）没有按照本协议约定履行出资义务；

（2）因故意或重大过失给合伙企业、公司造成损失的；

（3）没有遵守或执行公司董事会、股东会/股东大会的决议；

（4）拒绝根据本协议的规定配合执行事务合伙人办理合伙企业变更登记、备案事宜；

（5）从公司离职后，在与公司相竞争的企业任职或为其提供服务；

（6）自营或者同他人合作经营与公司相竞争的业务；

（7）以雇佣、聘用、合作等任何方式鼓励、诱导或促使公司员工终止其与公司的劳动关系以及鼓励、诱导或促使公司的客户终止与公司的合作；

（8）泄露公司的技术秘密或商业秘密的。

对合伙人的除名决议应当书面通知被除名人。被除名人接到除名通知之日，除名生效，被除名人退伙。

9.2.4 因除名退伙以外的合伙人退伙，执行事务合伙人应当按照本协议第7.5条的规定处置退伙人的公司股份，与退伙人进行清算，退还退伙人的财产份额。

9.2.5 因合伙人被合伙人会议除名退伙的，执行事务合伙人应当与该退伙人按照退伙人初始认缴出资额和届时其所持公司股份市场价值孰低的标准进行清算，退还退伙人的财产份额。退伙人持有的公司股份由_____按照退伙人初始认缴出资额认购。

9.2.6 退伙人对给合伙企业造成的损失负有赔偿责任的，相应扣减其应当赔偿的数额。退伙时有未了结的合伙企业事务的，待该事务了结后进行结算。

第 10 条　合伙企业的解散与清算

10.1 解散条件

有下列情形之一的，合伙企业应当解散：

（1）合伙期限届满，合伙人决定不再经营；

（2）全体合伙人决定解散；

（3）依法被吊销营业执照、责令关闭或者被撤销；

（4）本合伙协议约定的合伙目的已经实现或无法实现；

（5）法律规定的其他原因。

10.2 清算程序、清偿及分配

10.2.1 合伙企业解散的，应当由清算人进行清算。

10.2.2 合伙企业清算人由执行事务合伙人担任。

10.2.3 清算程序

（1）清算人自解散事由被确定之日起 10 日内将合伙企业解散事项通知债权人，并于 60 日内在报纸上公告。债权人应当自接到通知书之日起 30 日内，未接到通知书的自公告之日起 45 日内，向清算人申报债权。

（2）清算人负责清理合伙企业财产，分别编制资产负债表和财产清单、处理与清算有关的合伙企业未了结事务、清缴所欠税款、清理债权、债务、处理合伙企业清偿债务后的剩余财产、代表合伙企业参加诉讼或者仲裁活动。

（3）清算结束后，清算人应当编制清算报告，经合伙人会议一致批准并经全体合伙人签名和盖章后，在 15 日内向企业登记机关报送清算报告，申请办理合伙企业注销登记。

10.2.4 合伙企业资产在支付清算费用以及缴纳所欠税款、清偿债务后的剩余财产，应依照本协议第 6.1、6.2 条的规定进行分配。

10.2.5 清算结束，清算人应当编制清算报告，经全体合伙人签名、盖章后，在 15 日内向企业登记机关报送清算报告，申请办理合伙企业注销登记。

第 11 条　违约

11.1 违约救济措施

(1) 除本协议其他条款另有规定外，如果一方（"违约方"）未履行其在本协议项下任何一项主要义务或根本违反了本协议，则他方（"受损害方"）仅可要求违约方承担违约责任，不得请求解除本协议。

(2) 执行事务合伙人执行合伙事务违反本协议约定的，除应按照本协议第9.2.3条规定除名外，还应承担本条项下规定的违约责任。

11.2 损害赔偿

违约方应向受损害方赔偿其所遭受的损失。

第 12 条　争议解决

12.1 本协议的签订、解释及其在履行过程中出现的、或与本协议有关的纠纷之解决，受中华人民共和国现行有效的法律约束。

12.2 因本协议引起的或与本合同有关的任何争议，由协议各方协商解决，也可由有关部门调解。协商或调解不成的，按下列第_____种方式解决：

(1) 提交位于_____（地点）的_____仲裁委员会仲裁。仲裁裁决是终局的，对各方均有约束力；

(2) 依法向_____所在地有管辖权的人民法院起诉。

第 13 条　成立及生效

本协议在全体合伙人签署本协议后生效。

第 14 条　其他

14.1 所得税

根据《合伙企业法》之规定，有限合伙并非所得税纳税主体，合伙人所获分配的资金中，在投资成本收回之后的收益部分，由各合伙人自行申报缴纳所得税。如法律法规要求合伙企业为合伙人实施代扣代缴的，合伙企业应在代扣代缴相关税款后向合伙人分配收益。

14.2 不可抗力

(1) "不可抗力"指在本协议签署后发生的、本协议签署时不能预见的、其发生与后果无法避免或克服的、妨碍任何一方全部或部分履约的所有事件。

（2）如果发生不可抗力事件，影响一方履行其在本合同项下的义务，则在不可抗力造成的延误期内中止履行，而不视为违约。宣称发生不可抗力的一方应迅速书面通知另一方，并在其后的15天内提供证明不可抗力发生及其持续的充分证据。

（3）如果发生不可抗力事件，各合伙人应立即互相协商，以找到公平的解决办法，并且应尽一切合理努力将不可抗力的后果减小到最低限度。如不可抗力的发生或后果对合伙企业运作造成重大妨碍，时间超过6个月，并且各合伙人没有找到公平的解决办法，则该方可按照本协议约定要求退伙。

14.3 文件提交方式

本协议涉及文件可以通过传真、邮寄或电子邮件的方式递交相关方。

14.4 可分割性

本协议的各部分应是可分割的。如果本协议中任何条款、承诺、条件或规定由于无论何种原因成为不合法的、无效的或不可执行的，该等不合法、无效或不可执行并不影响本协议的其他部分，本协议所有其他部分仍应是有效的、可执行的，并具有充分效力，如同并未包含任何无效的或不可执行的内容。

14.5 文本及效力

本协议一式_____份，协议各方各执一份，合伙企业存档一份，工商备案一份，各份均具有同等法律效力。

普通合伙人：

姓名/名称	身份证号/法定代表人

有限合伙人：

姓名/名称	身份证号/法定代表人

附件 1.1：普通合伙人名单

序号	姓名	身份证号码	住址	联系方式
1				
2				
3				
4				
5				
6				
7				
8				
9				
10				

附件 1.2：有限合伙人名单

序号	姓名	身份证号码	住址	联系方式
1				
2				
3				
4				
5				

（续表）

序号	姓名	身份证号码	住址	联系方式
6				
7				
8				

附件2：合伙人出资情况

序号	姓名	认缴出资额	认购公司股份	公司股份比例	身份
1					普通合伙人/执行事务合伙人
2					普通合伙人
3					普通合伙人
4					普通合伙人
5					普通合伙人
6					普通合伙人
7					普通合伙人
8					普通合伙人
9					普通合伙人
10					普通合伙人
11					有限合伙人
12					有限合伙人
13					有限合伙人
14					有限合伙人
15					有限合伙人
16					有限合伙人
17					有限合伙人
18					有限合伙人
19					有限合伙人

附件4：《合伙企业财产份额转让协议》

《合伙企业财产份额转让协议》

甲方（转让方）：

身份证号/统一社会信用代码：

乙方（受让方）：

身份证号/统一社会信用代码：

鉴于：

1. _____（下称"合伙企业"）系一家根据中华人民共和国法律设立并有效存续的 __普通/有限__ 合伙企业。合伙企业认缴出资总额为人民币_____万元，注册地址为_____。

2. 甲方为合伙企业的普通/有限合伙人，认缴出资人民币_____万元，持有合伙企业全部合伙份额的_____%。

3. 甲方有意向乙方转让其在合伙企业的合伙份额_____%（指占整个合伙企业的合伙份额比例）；乙方有意从甲方处受让该等合伙份额，并成为合伙企业的普通/有限合伙人。

甲乙双方经平等自愿协商，签订本协议以共同遵守。

一、出让合伙份额的比例、价格和支付方式

1. 经双方协商，甲方向乙方出让其所持有的合伙企业_____%（指占整个合伙企业的合伙份额比例）的合伙份额。乙方在上述合伙份额受让完成后即成为合伙企业的普通/有限合伙人。

2. 本协议项下合伙份额的出让价为人民币_____元（以下简称"转让款"），乙方应按以下第_____种方式支付：

（1）___年___月___日前付清；

（2）合伙企业办理相应工商变更手续之后_____个工作日内付清；

（3）其他：_____。

3. 合伙企业现状的说明，已进行下列第_____种方式的处理：

（1）乙方已经详细了解合伙企业的原合伙协议内容，并同时在受让后签署按原合伙协议签署；

（2）甲方已明确向乙方告知合伙企业的经营范围、经营风险和运营现状，乙方已明确了解上述内容，并自愿加入合伙企业；

（3）请见本协议附件：_____合伙协议、合伙企业现状说明。

二、甲方保证

甲方保证对其拟转让给乙方的出资额拥有完全处分权，保证该出资没有设定质押，保证其出资未被查封，并免遭第三人追索，否则甲方应当承担由此引起一切经济和法律责任。

三、盈亏（含债权债务）分担

本协议自双方签字之日生效，合伙企业自双方签字之日起_____日内到工商机关办理变更登记手续，办理变更登记后，乙方成为上述受让"合伙企业"财产的合法出资者，本协议书生效后，乙方按《中华人民共和国合伙企业法》的规定和合伙人之间的合伙人协议的约定分享合伙企业的利润，分担相应的风险及亏损。

四、生效、变更和终止

1. 本协议自经各方或其授权代表共同签字盖章之日起生效。

2. 协议履行过程中如需变更，应由各方或其授权代表签署相应补充协议。经各方签署的补充协议，与本协议具有同等效力。

3. 各方同意，本协议自以下任何情形之一发生之日起终止或中止：

（1）各方协商一致以书面形式终止本协议；

（2）本协议经各方履行完毕；

（3）本协议依法解除；

（4）依据有关法律、法规和本协议的其他规定而中止或终止本协议的其他情形。

4. 乙方逾期付款的，每逾期一日，应按逾期金额的<u>千分之一</u>向甲方支付违约金。

乙方逾期付款超过 15 日的，甲方有权解除本合同。

5. 有如下情形之一的，乙方有权解除本合同：

（1）因合伙协议的限制或其他合伙人的原因，导致本合同无法履行的；

（2）甲方向乙方作出的陈述或保证有重大不实的。

（3）其它：＿＿＿＿＿＿＿＿＿＿＿＿＿＿。

五、争议解决

1. 本合同的签订、解释及其在履行过程中出现的、或与本合同有关的纠纷之解决，受中华人民共和国现行有效的法律约束。

2. 因本合同引起的或与本合同有关的任何争议，由合同各方协商解决，也可由有关部门调解。协商或调解不成的，按下列第＿＿＿＿＿＿种方式解决：

（1）提交位于＿＿＿＿＿＿（地点）的＿＿＿＿＿＿仲裁委员会仲裁。仲裁裁决是终局的，对各方均有约束力；

（2）依法向＿＿＿＿＿＿所在地有管辖权的人民法院起诉。

六、附则

1. 乙方成为合伙人后，应按合伙协议享有权利和承担义务。

2. 在本次出资份额转让过程中发生的有关费用（如见证、评估或审计、工商变更登记等费用），由＿＿＿＿＿＿承担。

3. 本协议一式＿＿＿＿＿＿份，各方各执壹份，并报企业登记机关壹份。每份协议具有同等法律效力。

4. 未尽事宜，各方另行订立补充协议。

签署时间：　年　月　日

甲方（签字或盖章）：

法定代表人或授权代表（签字）：

乙方（签字或盖章）：

法定代表人或授权代表（签字）：

附件：《其他合伙人同意本次转让的声明》

本人（本单位）同意上述合伙份额转让，并同意配合办理相关手续。

签署时间：　年　月　日

签字（或盖章）：

第三章 科技创新公司股权激励模式及方案的财税考量

一、不同类型股权激励的税务相关规定

股权激励，是一项允许公司将其股权或股权的收益权以某种方式授予其企业的中高层管理人员和业务、技术骨干，从而激励和留住核心人才的长期激励机制安排。

针对我国上市公司的股权激励，中国证券监督管理委员会于 2016 年通过《上市公司股权激励管理办法》（2018 年修订），详细规范了上市公司实施股权激励的规章制度。

然而，关于非上市公司，我国尚未颁布针对非上市公司股权激励的相关明确的规章制度。由于目前缺乏可参照的文件，并且股权激励的实施过程相对繁琐且容易发生纠纷，因此，更应重视并拟定符合企业自身的股权激励方案，确保激励的目标能顺利达成，方能达到促进企业良好发展的最终目的。

同样，从税务的角度看，近年的非上市公司，尤其是科创企业，业务模式发展迅速，股权激励也有不同的类型。我国有针对上市企业的股权激励税收政策，虽然其中也有部分相关政策适用于非上市企业，但在实际操作中仍存在较多的不确定性。

如前文所述，非上市公司股权激励的方式一般分为：实股、虚拟股、期股/期权、限制性股票、业绩股票、股票增值权等，每一种都因应其性

质不同，归属于不同的税务处理。以下是根据实际操作经验分享的关于非上市公司股权激励税务处理。

（一）实股

实际股权即企业授予激励对象（经营者/员工）一定数量的公司股票/股权，代表股票持有者获得公司的所有权，包括参加股东大会、投票表决、参与公司的各项重大决策、收取股息或分享红利等综合性权利。

针对实股形式的股权激励，根据《中华人民共和国个人所得税法》的规定，激励对象在持有股权期间，如果企业分红给自然人股东，自然人股东需要缴纳20%的"股息红利"个人所得税。

当激励对象退出并进行股权转让时，根据国家税务总局〔2014〕67号《股权转让所得个人所得税管理办法（试行）》（以下简称《2014年67号文》）规定，个人转让股权应按"财产转让所得"缴纳20%个人所得税。

（二）虚拟股

虚拟股权指公司授予激励对象一定数额的虚拟股份，在税务上一般会被认定实质为奖金，因此激励对象被授予此虚拟股权后，一般需按工资薪金3%~45%缴纳个人所得税。

与实股的区别是，激励者一般没有虚拟股份的表决权、转让权和继承权，只有分红权。

虚拟股的激励形式是通过虚拟股份使其持有者获得企业股权的分红及其股权在股票市场的升值收益。其特点为操作灵活、不影响其他股东控制决策的权利以及其他利益，但也可能因公司现金支付压力大而缺乏长期激励效果。

虚拟股权激励的实施以劳动关系为前提，而劳动关系中的薪酬概念通常由基本工资、奖金、福利计划和股权激励组成，虚拟股权赋予职工的分红权应属于公司薪酬体系的组成部分，这种分红权与《公司法》上的股权无关，一般不会转化为正式的股权，属于劳动报酬范畴。

(三) 期权

企业员工股票期权是指上市公司按照规定的程序授予本公司及其控股企业员工的一项权利，该权利允许被授权员工在未来时间内以某一特定价格购买本公司一定数量的股票。

期权是最常被企业采用的一种股权激励模式。激励对象在期权计划中拥有更高的灵活性和自主选择权，一旦行权便拥有这个公司的一部分股权，因此期权往往在估值或市值增长较快的企业中发挥有效的激励作用。

根据财政部、国家税务总局〔2005〕35 号《关于个人股票期权所得征收个人所得税问题的通知》规定，激励对象接受实施股票期权计划企业授予的股票期权时，除另有规定外，一般不作为个人所得税应税所得征税。

同时，期权激励对象的个人所得税纳税义务发生时间为激励对象行权购入股票的日期，需按"工资、薪金所得"适用的规定缴纳 3%~45%个人所得税。

激励对象将股权再转让时，应按照"财产转让所得"适用的征免规定缴纳 20%的个人所得税。

(四) 限制性股票

限制性股票的定义，早期可在国务院证券管理委员会发布的证监公司字〔2005〕151 号《上市公司股权激励管理办法（试行）》中找到，指激励对象按照股权激励计划规定的条件，从上市公司获得的一定数量的本公司股票。

在财政部、国家税务总局发布的财税〔2016〕101 号《关于完善股权激励和技术入股有关所得税政策的通知》（以下简称《2016 年 101 号文》）中，对限制性股票有了更进一步的解释，即公司按照预先确定的条件授予激励对象一定数量的本公司股权，激励对象只有工作年限或业绩目标符合股权激励计划规定条件的才可以处置该股权；所称股权奖励是指企业无偿授予激励对象一定份额的股权或一定数量的股份。

根据国税函〔2009〕461号《关于股权激励有关个人所得税问题的通知》（以下简称《2009年461号文》），企业如采用限制性股票的股权激励方式，解禁时激励对象应就解禁部分按"工资、薪金所得"缴纳3%～45%个人所得税，纳税义务发生时间为每一批次限制性股票解禁的日期。

（五）业绩股票

业绩股票是企业用普通股作为长期激励性报酬支付给激励对象的股票。企业在年初确定一个相较合理的业绩目标，如果到年末时激励对象达到预定的目标，企业即授予其一定数量的股票或提取一定的奖励基金购买公司股票。

业绩股票通常设置禁售期，激励对象拿到股票之后不得立即出售，需经过规定的一定年限，到解锁期时方可自由买卖。

从税务处理的角度看，业绩股票的性质与限制性股票类似，可参照其税务处理办法进行操作。

（六）股票增值权

股票增值权是指上市公司授予公司员工在未来一定时期和约定条件下，获得规定数量的股票价格上升所带来收益的权利。被授权人在约定条件下行权，上市公司按照行权日与授权日二级市场股票差价乘以授权股票数量，发放给被授权人现金。

按照《2009年461号文》的规定，个人因任职、受雇从上市公司取得的股票增值权所得和限制性股票所得，由上市公司或其境内机构按照"工资、薪金所得"项目和股票期权所得个人所得税计税方法，依法扣缴其个人所得税（3%-45%）。纳税义务发生时间为上市公司向被授权人兑现股票增值权所得的日期。

除了以上针对各种股权激励类型的税务处理外，根据《2016年101号文》，对符合条件的非上市公司股票期权、股权期权、限制性股票和股权奖励实行递延纳税政策。

根据规定，非上市公司授予本公司员工的股票期权、股权期权、限制性股票和股权奖励，符合规定条件的，经向主管税务机关备案，可实行递延纳税政策，即员工在取得股权激励时可暂不纳税，递延至转让该股权时纳税；股权转让时，按照股权转让收入减除股权取得成本以及合理税费后的差额，适用"财产转让所得"项目，按照20%的税率计算缴纳个人所得税。

二、股权激励实现方式的常见税务处理方式

一般股权激励的实现方式按照持股方式的不同包括直接持股和间接持股。以下是对这两种处理方式的分析。

（一）直接持股

直接持股，也可称为持有实股。直接授予股权是指激励对象以自己的名义直接登记或间接登记为公司股东，不加任何限制性条件，可理解为企业对员工前期工作良好表现的一种奖励。限制性股权是指先授予激励对象一定数量的股权，但附有考核条件，如达到约定条件的，可以解禁股权，如未达到条件的，公司向激励对象回购已授予的股权并办理注销手续，回购价格为授予价格。实股不因激励对象劳动关系的解除而自然丧失股东权利，若需解除，企业可采用事先约定劳动关系终止的方式来处理。

直接持股方式架构可参照图3-1：

直接持股的优点是员工可成为与大股东法律地位平等的股东，从而此激励方式更受员工欢迎，激励性强，效果明显。缺点是企业股东人数的限制，以及股东进入容易退出困难的局面，存在股东难以把握控制权、变动频繁、决策程序复杂化的风险。

企业如采用直接持股方式的股权激励，激励对象从企业分得的股息红利，要缴20%的个人所得税。当激励对象退出时，应按"财产转让所得"缴纳20%个人所得税。

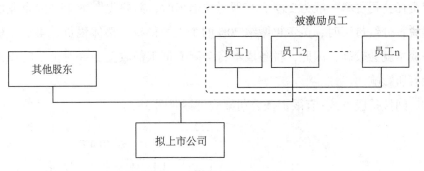

图 3-1　直接持股方式架构

（二）间接持股

间接持股是指一种激励对象通过员工持股平台间接持有公司股权的方式，持股平台没有实际业务，只是为了分配员工股权而设立的有限合伙企业或有限责任公司形式。员工通过成为持股平台的股东而对本公司间接持股，由于不是直接持有本公司股权，所以无法直接控制本公司的经营决策。同时，一般公司大股东也会成为持股平台的大股东/普通合伙人，或者持股平台的大股东/普通合伙人由公司大股东任命及委派，这样公司大股东对公司及持股平台拥有绝对控制权。如此一来，既不会分散本公司的管理权，又达到了对员工分红进行股权激励的目的。

间接持股可分为两种持股形式：

1. 有限责任公司持股平台架构

核心员工设立有限责任公司，通过受让原股东股权或对拟上市主体增资扩股，使该有限责任公司成为拟上市主体的股东。以有限责任公司作为持股平台，在拟上市主体分红至持股平台时，根据《中华人民共和国企业所得税法》规定，在中国境内设立机构、场所的非居民企业从居民企业取得与该机构、场所有实际联系的股息、红利等权益性投资收益的收入为免税收入。

在持股对象退出股权时，需要同时征收公司和个人层面的所得税，有限责任公司税率一般为25%，持股对象退出时，需要先缴纳25%的企业所得税，分红员工时，员工再缴纳20%的个人所得税，整体税负是40%，税务成本就会较高，因此，税务成本将会降低员工的收益，并对员工的积极性有所影响。

间接持股方式-有限责任公司架构可参照图3-2：

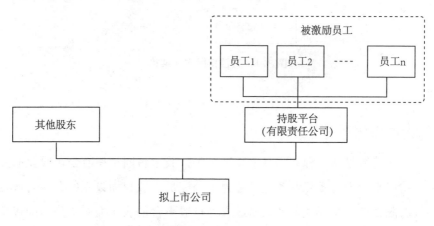

图3-2 间接持股方式——有限责任公司架构

通过有限责任公司作为持股平台间接持股的优点是员工所需承担的法律责任有限，在拟上市公司分红到有限责任公司时免征企业所得税；对拟上市公司来说，可规避因员工流动对拟上市公司层面的股权结构调整，可保持稳定的股权架构调整、健全的法规体系，公司的法律法规更健全，政策风险较小。缺点是该持股方式在员工退出时需双重征税，税务成本较高，对员工的积极性影响较大。

2. 合伙企业持股平台架构

根据《中华人民共和国合伙企业法》中第6条对合伙企业的相关规定，合伙企业的生产经营所得和其他所得，按照国家有关税收规定，由合伙人分别缴纳所得税。

合伙企业持股平台由有限合伙人（LP）与普通合伙人（GP）共同组成，有限合伙人对合伙债务承担有限责任，作为代价，有限合伙人不具有管理合伙事务的权利。

普通合伙人行使有限合伙事务的管理权，而且也只有普通合伙人有权代表全体合伙人约束合伙组织。有限合伙人只有对合伙事务的检查监督权。

通过有限合伙企业的持股方式，更有利于保障实际控制人对公司的控制权。而且合伙企业理论上属于税收透明体，税负较低，与有限责任公司持股方式相比，在员工退出时，有限合伙企业不用缴纳25%的企业所得税，员工只需缴纳5%~35%的个人所得税。

间接持股方式-有限合伙企业架构可参照下图：

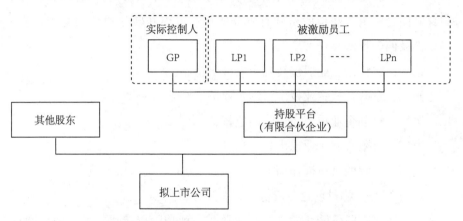

* *LP* = 有限合伙人（即员工）；*GP* = 普通合伙人

图3-3　间接持股方式——有限合伙企业架构

以有限合伙企业作为持股平台方式的优点是，在员工退出时无需双重征税，税务优化的空间更大，也能灵活利用地方性税收优惠政策，税收返还；实际控制人担任普通合伙人决策，以少量的出资控制合伙企业，使得控制权更为集中，且设立方便，设立成本低。

以有限合伙企业作为持股平台的缺点是要解决普通合伙人连带法律责任，需要借助一定的优化措施，税务成本取决于当地的政策，以及合伙税制的不完善和不健全，员工退出周期长，未来面临的政策变动风险高。

综上所述，考虑到税务和法律的问题，目前比较常见的员工股权激励实现方式为以有限合伙企业作为持股平台进行股权激励的安排。

在以下章节，我们以有限合伙企业作为持股平台为例，分析股权激励各个环节的税务处理的要点。

三、利用有限合伙企业作为持股平台的税收优化方案

（一）科创企业股权激励各环节的涉税关键点

以设立有限合伙企业对员工进行股权激励的方式为例，该方式的实施贯穿有限合伙企业获得股份到有限合伙企业退出并转让股权的整个过程。具体涉及四个步骤：

第一，将科创企业股份转到有限合伙企业；

第二，有限合伙企业授予科创企业员工份额；

第三，科创企业员工离职收回股权；

第四，有限合伙企业退出并转让股权。

此四个步骤的具体操作如下：

1. 步骤一：将科创企业股份转到有限合伙企业

此步骤实现股份转让的方式有两种：一种是股权转让，另一种是增资扩股。

（1）实现方式一：股权转让

根据《2014年67号文》的规定，个人转让股权应按"财产转让所得"缴纳个人所得税，计算公式如下：

应纳税所得额＝转让收入－股权原值－合理费用①

应纳所得税额＝应纳税所得额×20%

①针对此法下的股权转让价的选择：

股权转让收入应当按照公平交易原则确定。一般而言，如果原股东按

---

① 合理费用：指股权转让时按照规定支付的有关税费。

投资成本（股权原值）确定转让价，按照上述公式计算，应纳税所得额为0元，原股东无个人所得税负。然而，如果股权转让价高于投资成本，则原股东应按差额部分缴纳20%的个人所得税，原股东将产生个人所得税负。

根据《2014年67号文》的规定，申报的股权转让收入明显偏低且无正当理由的，主管税务机关有权核定股权转让收入，该政策规定如果符合下列情形之一，视为股权转让收入明显偏低：

A. 低于股权对应的净资产份额的；

B. 低于初始投资成本或低于取得该股权所支付的价款及相关税费的；

C. 低于相同或类似条件下同一企业同一股东或其他股东股权转让收入的；

D. 收入低于相同或类似条件下同类行业的企业股权转让收入的；

E. 不具合理性的无偿让渡股权或股份；

F. 主管税务机关认定的其他情形。

②如果原股东的股权转让收入低于上述六种情况描述的金额，可能会被主管税务机关按净资产核定法或类比法重新核定。所以企业需要评估此步骤的转让价格，以降低相应的税务风险及合理合规地降低税务成本。针对股权转让方式下科创企业的税务优化方法：

A. 关于转让时间点的考虑：

科创企业可以考虑在以下三个时点进行股权转让：科创企业核心股东调整架构后；科创企业在盈利初期；外部资本进入科创企业之前，以合理地降低股权转让价格以及相应的股权转让税负。

B. 关于适用个税条文的选择：

根据《2014年67号文》规定，对于符合相关法律、政府文件或企业章程规定，并有相关资料充分证明转让价格合理且真实的本企业员工持有的不能对外转让股权的内部转让，视为有正当理由，不作为股权转让收入偏低处理。企业可以根据自身情况考虑是否适用该条款。

③针对此方法举例：

假设某科创企业的注册资本为 1000 万元（共 1000 万股，1 元/股），净资产为 5000 万元，外部投资者溢价入股价格为 10 元/股。某企业打算通过持股平台（有限合伙企业）股权转让的方式对员工进行股权激励，计划由原股东转让 10% 的股份到持股平台。如按以下三种价格设定转让价格，相应的税务处理如下：

A. 按投资成本：1 元/股转让，科创企业原股东不涉及纳税，由于价格明显偏低，需解释价格的合理性；

B. 按净资产：5 元/股转让，科创企业原股东涉及纳税；

C. 按市场价格：10 元/股转让，科创企业原股东涉及纳税。

（2）实现方式二：增资扩股

增资扩股方式一般不涉及个人所得税及企业所得税，但需考虑增资的每股价格是否合理。由于股权支付可能导致企业利润下降（具体可参考会计处理部分），影响科创企业上市，所以建议尽早设立员工持股平台，以降低对拟上市公司财务方面的影响。

2. 步骤二：有限合伙企业授予科创企业员工份额

（1）针对转让份额的原合伙人的税务处理

有限合伙企业向员工转让有限合伙企业份额，可以采用份额转让或增资的方式，下面继续以某科创企业的例子进行分析：

某科创企业的注册资本为 1000 万元（共 1000 万股，1 元/股），净资产为 5000 万元，外部投资者溢价入股价格为 10 元/股。某企业通过持股平台（有限合伙企业）股权转让的方式对员工进行股权激励，原股东转让了 10% 的股份到持股平台。接下来打算授予员工份额，考虑采用份额转让或增资的方式：

方法一：份额转让

合伙人将持股平台 10% 的份额（相当于某科创企业股权的 1%）转让给科创企业员工，假设当初原股东是按净资产（5 元/股）将股权转让给持股平台的。

对于合伙人来说，如果份额的转让价格按某科创注册资本价值 10 万元确定的话，不涉及交税；如果按净资产价值 50 万元确定的话，由于持股平台取得某科创企业的股权成本是按 5 元/股受让的，因此不涉及交税；如果按市场价格 100 万元确定的话，需要缴纳个人所得税，这种情况下的税务成本较重。

方法二：增资

科创企业员工向有限合伙企业增资，获得有限合伙企业 10%的份额。

增资方式下原合伙人不涉及个人所得税。

（2）针对接受份额的员工的税务处理

对于接受有限合伙企业股权转让份额的员工而言，每份额的转让/增资价格低于市场价格的差额部分，属于员工的个人收益，根据国税函〔2006〕902 号《关于个人股票期权所得缴纳个人所得税有关问题的补充通知》的规定，员工可能需在实际行权时对差额部分按"工资、薪金所得"缴纳个人所得税。

以股权激励类型是股权期权为例，员工在股权授予时暂不缴纳个人所得税，在行权时对差额按"工资、薪金所得"缴纳个人所得税。举例：科创企业技术人员 A 获得的股权期权情况及税务处理如下：

2016 年 9 月 1 日，授予员工 A 股权期权 10 万股，约定员工 A 可以在 2019 年 9 月 1 日以 4 元/股的价格购买公司的股权，该阶段不涉及交税；

2019 年 11 月 1 日，员工 A 行权，科创企业的一家外部投资者入股价格为 15 元/股，员工 A 就差额部分（15-4 元）按"工资、薪金所得"缴纳个人所得税；

员工 A 在 2020 年 4 月 1 日以 16 元/股的价格将股权全部内部转让，应就差额部分（16-15 元）按"财产转让所得"缴纳个人所得税。

（3）科创企业股权激励优惠政策相关法律文件

为了支持国家"大众创业、万众创新战略"，对实施股权激励的企业和员工给予税收优惠，促进股权激励发挥积极作用，针对非上市企业员工的股权激励，国家也出台了相关的税务优惠。根据《2016 年 101 号文》规定，非上市公司授予本公司员工的股票期权、股权期权、限制性股票和股

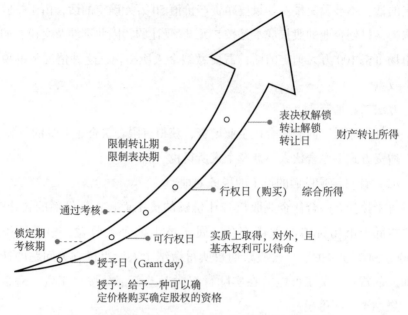

图 3-4 以股权期权为例，员工激励计划的各时点图示

权奖励，符合规定条件的，经向主管税务机关备案，可实行递延纳税政策。即员工在取得股权激励时可暂不纳税，递延至转让该股权时纳税。具体条件规定如下（须同时满足）：

A. 属于境内居民企业的股权激励计划。

B. 股权激励计划经公司董事会、股东（大）会审议通过。未设股东（大）会的国有单位，经上级主管部门审核批准。股权激励计划应列明激励目的、对象、标的、有效期、各类价格的确定方法、激励对象获取权益的条件、程序等。

C. 激励标的应为境内居民企业的本公司股权。股权奖励的标的可以是技术成果投资入股到其他境内居民企业所取得的股权。激励标的股票（权）包括通过增发、大股东直接让渡以及法律法规允许的其他合理方式授予激励对象的股票（权）。

D. 激励对象应为公司董事会或股东（大）会决定的技术骨干和高级

管理人员，激励对象人数累计不得超过本公司最近 6 个月在职职工平均人数的 30%。

E. 股票（权）期权自授予日起应持有满 3 年，且自行权日起持有满 1 年；限制性股票自授予日起应持有满 3 年，且解禁后持有满 1 年；股权奖励自获得奖励之日起应持有满 3 年。上述时间条件须在股权激励计划中列明。

F. 股票（权）期权自授予日至行权日的时间不得超过 10 年。

G. 实施股权奖励的公司及其奖励股权标的公司所属行业均不属于《股权奖励税收优惠政策限制性行业目录》范围（见该行业目录附件）。公司所属行业按公司上一纳税年度主营业务收入占比最高的行业确定。

如《2016 年 101 号文》上市 C 条款规定，"激励标的应为境内居民企业的本公司股权"，而通过有限合伙企业作为持股平台是否可以享受递延政策，目前各地操作有所差异，建议在设计架构前预先和相关税务部门沟通确认。同时，如可享受上述优惠的情况下，从合规性的角度，在拟定股权激励相关协议时，也需要参照以上条款进行。

根据 2020 年最新案例，以有限合伙企业作为持股平台的股权激励递延纳税获得成功备案的案例，案例具体如下：

A 公司为一家新创的高新技术企业，随着其业务规模持续地扩大，盈利能力快速地提升，为了吸引留住骨干员工，让他们能分享到公司经营发展的成果，A 公司决定实施股权激励政策，授予其骨干员工股份。

按照《2016 年 101 号文》的规定，A 公司向主管税务机关对所有获得股权激励的员工（包括通过员工持股平台获得股权激励的员工）进行了非上市公司股权激励个人所得税递延纳税备案登记，并获得税务机关备案登记完备证明。

由于并没有明确文件表明，激励对象通过有限合伙企业作为持股平台的方式持股是否符合《2016 年 101 号文》中"激励标的应为境内居民企业的本公司股权"的条件要求，但此案例是有得到当地主管税务机关认可的成功案例，鉴于各城市地区操作有所差异，建议在设计架构前预先与相关部门沟通确认。

3. 步骤三：科创企业员工离职收回股权

科创企业员工离职时，由企业回购员工持有的股份，一般回购价格等于授予价格，在此情况下科创企业员工没有差额收益，无须缴纳个人所得税；如果回购价高于行权价，科创企业员工应就差额部分缴纳个人所得税。

合伙人收回股权后，将股权再次转让的，会涉及税务处理（如上述步骤一的实现方法一：股权转让部分的分析），如果转让价格低于市场价转让，还需向税务机关解释转让价格的合理性。

4. 步骤四：有限合伙企业退出并转让股权

如果科创企业施行员工股权激励后成功上市，上市之后员工获得了股票增值，并且限售期已度过，现在可以对外转让股票。有限合伙企业转让股票后再把收益分给科创企业员工，员工需要对该收益交个人所得税。一般而言，由于增值金额较高，所以针对这个阶段的税务成本较高，但如经过合理的税务安排，也有可能降低相应的税务成本。能降低的税务成本需根据具体项目情况而定。

（二）科创企业技术人员以技术成果入股的税务优化

由于科创企业的行业特殊性以及国家对科创企业的重视，在制定相关税收政策时，国家也给予了一些政策优惠，相关的税收优惠具体如下：

根据财税〔2015〕41号《关于个人非货币性资产投资有关个人所得税政策的通知》的相关规定，个人以非货币资产（含以技术成果投资）作价入股获得公司的股权，按照应纳税所得额的20%缴纳个人所得税。如一次性缴纳有困难的，经税务机关备案，可以在5年内分期缴纳。因此，如果技术人员以技术成果入股，在入股的时候就需要以"非货币性资产转让收入-资产原值-转让时按规定支付的合理税费"的余值，按20%缴纳个人所得税，即使可以分5年缴纳，但技术人员在入股时并没有任何的现金得益，如果在入股时就需要缴纳个税，必然大大增加技术人员的压力，也削弱了科创企业对技术人员股权的激励作用。考虑到这点，国家在制定相关政策时，针对科创企业员工以技术成果入股给予了一定的税收优惠，具体情况如下：

根据优惠政策相关法律文件《2016年101号文》，对技术成果投资入股实施选择性税收优惠政策有以下规定：

1. 企业或个人以技术成果投资入股到境内居民企业，被投资企业支付的对价全部为股票（权）的，企业或个人可选择继续按现行有关税收政策执行，也可选择适用递延纳税优惠政策。

选择技术成果投资入股递延纳税政策的，经向主管税务机关备案，投资入股当期可暂不纳税，允许递延至转让股权时，按股权转让收入减去技术成果原值和合理税费后的差额计算缴纳所得税。

2. 企业或个人选择适用上述任一项政策，均允许被投资企业按技术成果投资入股时的评估值入账并在企业所得税前摊销扣除。

3. 技术成果是指专利技术（含国防专利）、计算机软件著作权、集成电路布图设计专有权、植物新品种权、生物医药新品种，以及科技部、财政部、国家税务总局确定的其他技术成果。

4. 技术成果投资入股，是指纳税人将技术成果所有权让渡给被投资企业、取得该企业股票（权）的行为。

因此，科创企业技术人员入股时，可以考虑适用上述条款的"递延政策"，待技术人员转让股权，实现了股权所得时，再缴纳个人所得税，这样可以增加科创企业的股权激励效果。需要注意的是，如需要享受"递延纳税"需符合上述条件，并向主管税务机关备案。

（三）境外上市科创企业利用境外持股平台问题

部分科创企业会考虑通过在境外设立持股平台来避税，一般操作为在境外设立持股平台，持有境外上市主体的股份，上市后在境外套取资金，在境外分给员工，以达到规避在国内缴纳个人所得税的目的。

然而，我们认为以上方式是一个风险较高的税务优化方法，其主要原因是在企业方面，上市企业信息透明，股票股权激励方案都是被披露的公开信息。

在员工个人方面，境内居民的境外所得也需要在国内纳税，并且，由于激励的标的是国外公司，未必能享受《2016年101号文》个税递延政策，需在行权时（还没有实现收益），就要按"工资、薪金所得"（最高税率45%）纳税。

在税务机关方面，OECD提出了共同申报准则（Common Reporting Standard，简称"CRS"），旨在推动国与国之间税务信息自动交换。根据CRS的规定，境外金融机构会把相关信息交换回来中国税务机关，利用此方式，不能规避员工的中国纳税义务。

因此，利用境外持股平台进行税务优化的方案可能具有较大的操作风险。

（四）总结

综上所述，科创企业股权激励的各个环节需要重点关注的税务问题如下：

1. 科创企业股权激励多个环节涉及税务问题，每个环节一环扣一环，不能只从股权授予或行权环节考虑。

2. 科创企业尽早实施股权激励，可以合理地降低税务成本。

3. 科创企业实施激励时，应该充分利用税务优惠政策。

4. 出售科创企业股权可考虑运用合规的地方性税收政策，而适用地方性优惠政策需提前策划及执行。

5. 境外设立持股平台作为税务优化的方式未必合适。

四、股权激励的股份支付的会计处理和案例

根据2006年公布的《企业会计准则第11号——股份支付》规定，股份支付是指企业为获取职工和其他方提供服务而授予权益工具或者承担以权益工具为基础确定的负债的交易。股份支付分为以权益结算的股份支付

和以现金结算的股份支付，本处主要讲述以权益结算的股份支付。

（一）以权益结算的股份支付的会计分录

授予后立即可行权的股份支付，应当在授予日按照权益工具的公允价值计入相关成本或费用，相应增加资本公积。

授予后立即可行权的会计分录如下：

分录一：

借：营业成本/费用

贷：资本公积—其他资本公积

分录二：

借：银行存款

资本公积—其他资本公积

贷：股本

资本公积金—股本溢价

授予后有等待期①的，在等待期内的每个资产负债表日，应当以对可行权权益工具数量的最佳估计为基础，按照权益工具授予日的公允价值，将当期取得的服务计入相关成本或费用和资本公积。在资产负债表日，后续信息表明可行权权益工具的数量与以前估计不同的，应当进行调整，并在可行权日调整至实际可行权的权益工具数量。

有等待期的股权激励会计分录如下：

（1）授予日：

不属于立即可行权，不作会计处理

（2）等待期内的每年年末：

借：营业成本/费用

贷：资本公积—其他资本公积

金额＝当年受激励员工人数（减去实际当年离职＆预计离职人数）×

---

① 等待期：介于授予日与行权日之间的时期，是指可行权条件得到满足的期间。

每人授予股票期权份数×每份期权在授予日的公允价值×授予日至今年年份数/等待期总年数-之前年度已确认费用

（3）行权日：

借：银行存款

资本公积—其他资本公积

贷：股本

资本公积金—股本溢价

（二）股权支付对企业将来上市的利润影响

股权支付在会计处理上企业按授予日的公允价值计入相关成本或费用，相应地会造成企业当期利润的减少。由于企业上市前一定期间内（如3年）的利润额需达到一定的量化指标要求，所以需要对股份支付对利润额的影响进行考量。

结合上文提到的"股权期权等待期"及"股权激励实施时间点的选择"，首先，建议可以利用等待期（3年以上）分摊费用的方式，减少股份支付费用对上市前3年对利润的影响。在此基础上，结合时间点进一步考虑，企业应该尽早实施股权激励计划，在公允价值较低时实施，可以通过按较低的行权时的公允价值来减少股权支付费用对利润的影响。

同时，根据财政部2021年发布的《股份支付准则应用案例——以首次公开募股成功为可行权条件》（应用案例），以明确如何界定等待期及相关会计处理，具体应用案例如下：

案例：甲公司实际控制人设立员工持股平台（有限合伙企业）以实施一项股权激励计划。实际控制人作为该持股平台的普通合伙人将其持有的部分甲公司股份以名义价格转让给持股平台，甲公司员工作为该持股平台的有限合伙人以约定价格（认购价）认购持股平台份额，从而间接持有甲公司股份。该股权激励计划及合伙协议未对员工的具体服务期限作出专门约定，但明确约定如果自授予日至甲公司成功完成首次公开募股时员工主动离职，员工不得继续持有持股平台份额，实际控制人将以自有资金按照员工认购价回购员工持有的持股平台份额，回购股份是否再次授予其他员工由实际控制人自行决定。

　　分析：本例中，甲公司实际控制人通过持股平台将其持有的部分甲公司股份授予甲公司员工，属于企业集团内发生的股份支付交易。接受服务企业（甲公司）没有结算义务，应当将该交易作为权益结算的股份支付处理。根据该股权激励计划的约定，甲公司员工须服务至甲公司成功完成首次公开募股，否则其持有的股份将以原认购价回售给实际控制人。该约定表明，甲公司员工须完成规定的服务期限方可从股权激励计划中获益，属于可行权条件中的服务期限条件，而甲公司成功完成首次公开募股属于可行权条件中业绩条件的非市场条件。甲公司应当合理估计未来成功完成首次公开募股的可能性及完成时点，将授予日至该时点的期间作为等待期，并在等待期内每个资产负债表日对预计可行权数量作出估计，确认相应的股权激励费用。等待期内甲公司估计其成功完成首次公开募股的时点发生变化的，应当根据重估时点确定等待期，截至当期累计应确认的股权激励费用扣减前期累计已确认金额，作为当期应确认的股权激励费用。

　　从以上案例可看出，在考虑员工股权激励的股份支付问题时，除了关注等待期及实施时点，也需关注股权激励计划及相关协议的约定，即使合同中没有明确表明员工必须完成的具体服务期限，但由于被激励员工无法在上市前按公允价值退出，奖励无法实现，则视同于有等待期，等待期的波动会带来相应的费用调整，因此企业不应忽视合理处理股份支付对拟上市公司报告期内的利润影响。

五、非上市公司股权激励的企业所得税扣除问题

　　国家税务总局公告〔2012〕18 号《国家税务总局关于我国居民企业实行股权激励计划有关企业所得税处理问题的公告》（以下简称《2012 年18 号公告》）对上市公司采用限制性股票、股票期权以及其他法律法规规定的方式，对企业职工进行股权激励的企业所得税扣除问题做出了规定。

　　同时，根据《2012 年18 号公告》的规定非上市公司凡建立的职工股

权激励计划符合相关规定，且在企业会计处理上，也按我国会计准则的有关规定处理的，其股权激励计划有关企业所得税处理问题，可以按照《2012年18号公告》规定执行。

在会计处理上，由于股权激励计划的实质为上市公司通过股份支付换取激励对象提供服务，所以被认定为企业的成本费用。在企业所得税上，可税前扣除的费用需要按实际情况做调整。

1. 直接行权的

对股权激励计划实行后立即可以行权的，上市公司可以根据实际行权时该股票的公允价格与激励对象实际行权支付价格的差额和数量，计算确定作为当年上市公司工资薪金支出，依照税法规定进行税前扣除。公式如下：扣除额＝（实际行权时该股票的公允价格-实际行权时的支付价格）×实际行权的数量。

2. 有等待期的

对股权激励计划实行后，需待一定服务年限或者达到规定业绩条件（以下简称等待期）方可行权的。上市公司等待期内会计上计算确认的相关成本费用，不得在对应年度计算缴纳企业所得税时扣除。在股权激励计划可行权后，上市公司方可根据该股票实际行权时的公允价格与当年激励对象实际行权支付价格的差额及数量，计算确定作为当年上市公司工资薪金支出，依照税法规定进行税前扣除，扣除额计算公式同上。

在计算员工个人所得税时，也依据个人实际行权时的价格及数量，按工资薪金缴纳个人所得税。因此，个人确认收入，与企业确认成本费用，形成相互匹配。

案例：以权益结算的股份支付为例，假设A公司为一非上市公司，2018年1月1日，公司向其100名管理人员每人授予100股股权期权，该部分职员从2018年1月1日起在该公司连续服务3年，即可以4元每股的价格购买100股A公司股权。公司估计该期权在授予日的公允价格为15元。从授予日起的3年时间内，共有45名职员离开A公司。假设全部55名职员都在2020年12月31日行权，A公司股份面值为1元，行权日的公允价值为 10 元。

1. 按照会计准则相关规定，企业会计账务处理

（1）A 公司在 3 年间共确认管理费用 82500 元（55×15×100），在授予日，不做账务处理；

（2）在等待期 3 年内，每年 A 公司的账务处理如下：

借：管理费用 27500（82500/3）

贷：资本公积——其他资本公积 27500

（3）职工行权时，A 公司的账务处理如下：

借：银行存款 22000（4×55×100）

　　资本公积——其他资本公积 82500

贷：股本 5500（1×55×100）

　　资本公积——股本溢价 99000

2. 企业所得税处理

企业所得税税前扣除金额 =（职工实际行权时该股权的公允价格−职工实际支付价格）×行权数量，即：（10-4）×55×100 = 33000 元。

A 公司可以在职工实际行权时，允许当年在企业所得税税前扣除 33000 元。

关于在设立持股平台的情况下，采用《2016 年 101 号文》中的"递延纳税政策"后，这些费用还是否能扣除的问题。按照纳税义务发生时间，员工应该在行权时按"工资、薪金所得"缴纳个人所得税，但采用递延政策后，员工在转让时按"财产转让所得"缴纳个人所得税。这使得个税的性质由"工资、薪金所得"转变为了"财产转让所得"，不属于了企业的费用层面，而是股东的资本层面，所以未必能适用按费用作税前扣除的逻辑，具体情况还需与主管税务机关沟通确定。

第四章　科技创新企业股权激励方案的内容和实施

一、科技创新企业股权激励方案的必备内容

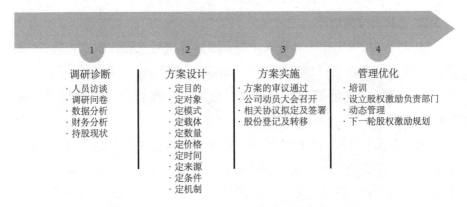

图 4-1　科技创新企业股权激励方案的内容和实施

（一）激励模式

实股还是虚拟股权？直接持股还是间接持股？企业选择不同的激励模式，关系到股权激励方案具体内容的设定、激励成本以及激励效果。通过前面章节我们对不同股权激励模式的比较，公司确定激励模式后，将结合尽职调查内容进一步定制公司专属的股权激励方案。

（二）激励对象（授予条件）

股权激励方案激励对象的范围是有限制的，公司在确定激励对象时要避免两种倾向：一种是人人都可参与，另一种是只授予极少数人。特别是在科创型的企业中，高管激励对象占的激励额度太高，可能会产生其他员工对股权激励计划公平性的质疑，对股权激励效果产生负面影响。

1. 确定激励对象的原则、标准和方式

（1）基本原则：公平公正、不可替代、贡献程度、公司未来规划。

（2）一般标准：职务性质（董事、总裁、财务负责人等）/核心业务骨干/销售骨干+职业年限+其他。

（3）确定方式：管理岗位经理层+关键岗位工作人员+董事会推荐。

2. 法律风险提示：不宜成为非上市公司的激励对象

（1）公司监事。

（2）具有《公司法》第 146 条规定的不得担任公司董事、高级管理人员情形的人。

（3）结合未来 IPO 的考量，法律法规规定不得参与上市公司股权激励的人：单独或合计持有上市公司 5% 以上股份的股东或实际控制人及其配偶、父母、子女。

（三）激励额度（举例仅供参考）

1. 激励额度分"总额度"和"单个激励对象额度"

（1）基本原则：

①确保激励对象积极性。

②确保公司治理安全性。

（2）一般标准：

①非上市公司法律对激励额度没有强制性规定，科技创新企业在上市前可根据企业发展阶段、整体薪酬、福利、业绩和竞争对手情况酌情决定激励额度。绝大多数企业发放的激励额度占到公司申报上市时总股比的 10%

-15%。

②激励总额度和单个激励对象额度的设定与激励对象数量结合考量。

（3）确定方式：

①先分别确定激励总额度、激励对象人数、职位/岗位激励总额度。

②获得激励对象个人工资系数：激励对象个人月工资/激励对象平均月工资。

③激励对象不可替代性系数：激励对象的专门技术、研发能力、专门管理才能等是不可替代性平均水平（比如设定为1）的加分项（比如取值范围在0.1-2之间）。

④激励对象个人分配系数：个人工资系数×40%＋个人不可替代系数×60%。

激励对象个人分配系数的计算应根据公司具体情况设计，上述公式仅供参考。除工资和不可替代性外，激励对象的工作年限、利润贡献等也可以列为计算元素。

⑤职位或岗位总分配系数：该职位或岗位的激励对象个人分配系数相加总额；

通过①—⑤的步骤，计算单个激励对象额度：职位或岗位分配的激励总额度×激励对象个人分配系数÷职位/岗位总分配系数。

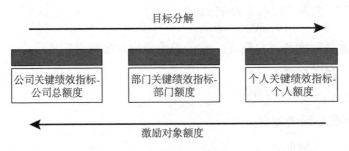

图4-2 激励对象额度的确定方式

2. 法律风险提示

①前期释放的激励总额度一般不超过注册资本的1/3，发展期公司创始人保持控股52%，扩张期创始人建议持股比例占35%以上。

②股权激励额度的释放应考虑公司创始人在修改公司章程、公司兼并重组、公司定向增发等重大事项中控制权。

③激励总额度的确定应考虑公司未来IPO的情况下，公司股份可能至少经过两轮稀释。

④子公司股权激励额度要考虑财务报表是否可以与母公司合并的问题。

（四）权益实现方式

1. 行权时间

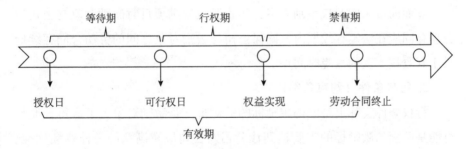

图4-3 权益实现的时间点与期间

（1）根据不同的股权激励模式，在股权激励方案中约定权益实现过程的每个时间点和期间（图4-3）：

①授权日：授权日是授予股权激励对象满足行权条件后能够取得股权激励标的权利的时间点，需签订股权激励相配套的法律文件。

②可行权日：可行权日是指动态股权激励模式下等待期满次日，激励对象满足行权条件开始行权或者选择是否购买公司股权的时间点。

③等待期：等待期是指激励对象参与公司股权激励后，需要等待一段时间，达到约定的行权条件，才可以实际取得对激励标的完全处分权的一

段等待期间。

④禁售期：禁售期又称强制持有期，是指激励对象成为公司股东后必须在一定时期内持有股权，不得转让、出售。

（2）法律风险提示：

①股权支付类的行权时间不要选择公司工商年检备案时期或年底财务结算时间。

②现金支付类标的不要选择在公司现金流需求较大的时期行权。

③非上市公司行权时间点最好与公司业绩指标达成时间挂钩。

④联合创始股东禁售期约定尽量长，最好不少于 3 年，可以通过公司章程及股东协议进行约定。

⑤实股模式股权激励方案，禁售期一般不少于 3 年，不长于 5 年，可以通过股权激励授予协议或公司章程、合伙协议进行约定。

⑥面向员工的股权激励方案，实施股权激励项目时激励对象与公司的劳动合同应在法定存续期内，确保公司与激励对象之间的劳动合同存续期长于其股权变现的最晚时间点。

2. 行权条件（约束条件）

行权条件实际上是取得激励标的的对价，是激励对象为了取得长期且可能是巨额的激励标的需要达到让公司及公司股东满意的一种业绩标准。非上市公司股权激励方案的行权条件规定比上市公司灵活，但基本内容一致，一般也是要求激励对象在行权的上一年度根据公司股权激励实施考核办法绩效考核合格或者良好；根据公司自身情况，设定适合本公司的业绩考核指标。公司业绩考核的常用指标主要有以下三种：

（1）净利润增长率。该指标是反映公司营利能力及市场价值等成长性指标。

（2）净资产收益率。该指标是反映股东回报和公司价值创造等的综合性指标。

（3）主营业务利润占利润总额比重、现金营运指数等。该指标反映公司收益质量。

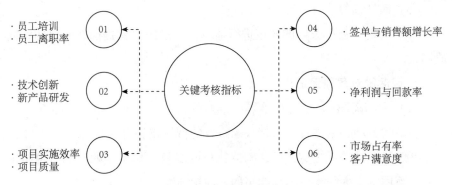

图 4-4　关键考核指标

（五）退出机制

公司上市和公司被收购是非上市公司股权激励较理想的退出结果，激励对象一般可以实现股权溢价收益；对不同的退出原因设置不同的退出条款，激励标的最终通过注销、回购、取消等处理方式失去效力，激励对象退出公司股权激励项目。

1. 因公司原因退出

（1）公司上市

激励对象不同的持股方式对未来交易流程和相应手续、赋税都有不同的处理结果。

（2）公司被收购

公司被收购，激励对象受让的股份可同其他股东同股同权，一同转让给收购方。

（3）被吊销

股权激励的主体被工商机构吊销营业执照的，尽量采取相应补救措施，可考虑用其他经营主体机构股份补偿或购买激励对象股权。

（4）合法注销

提前与激励对象约定其获得的股份可通过价值折算后置换至公司所属的其他经营主体中。

（5）破产清算

根据《企业破产法》的规定进行清算，与激励对象提前在协议约定同股同权。

2. 因激励对象原因退出

（1）主动离职

①解除劳动关系之日，获授权未行权的行权权利自动丧失。

②解除劳动关系之后，已认购或行权的股权支付本金购买的，由指定股东进行回购；无须支付本金购买的，注销。

③回购价格根据解除劳动关系的时间点可以约定认购本金回购、认购本金+全国银行间同业拆借中心公布的贷款市场报价利率（LPR）支付利息、溢价回购等。

（2）被动辞退

由于激励对象不能胜任工作、严重违纪、劳动合同期满继续履行的客观条件发生重大变化等情形，公司可能需要支付激励对象相应的补偿金或赔偿金，如处理不当，还存在诉讼风险。

①激励对象不能胜任工作解除的，自劳动关系解除之日，已支付股权对价获得的股权激励标的，由指定股东按本金回购其全部股份；无须支付购买的股权激励标的，由公司收回注销。

②激励对象严重违纪，激励对象所获得的股权激励标的通过支付购买的，无条件由公司指定股东原价回购；无须购买的，由公司收回。公司可保留或行使追偿已归权股权标的及收益的权利。

③继续履行劳动合同的条件发生变化的，公司根据自身情况与激励对象在协议中提前约定。

（3）退休

公司根据约定给一段时期的经济收益权或继续保留股份至某一时间点；如回购应根据经营效益或股权当期实际公允价值由公司或指定股东溢价回购。

（4）死亡

建议约定股权标的的不可继承性，相关人员可根据当时股权价值溢价回购，法定继承人根据法定程序继承股权被回购的经济价值；或全体股东表决通过在同股同权前提下，约定去世后将股份赠与公司。

（5）违反法律规定

公司有权取消激励对象股权激励标的受让资格，公司有权追偿已受让或归权的股份收益，有权强制以股权受让时的价格回购受让标的。

【法规链接】

1.《公司法》

第一百四十六条　有下列情形之一的，不得担任公司的董事、监事、高级管理人员：

（一）无民事行为能力或者限制民事行为能力；

（二）因贪污、贿赂、侵占财产、挪用财产或者破坏社会主义市场经济秩序，被判处刑罚，执行期满未逾五年，或者因犯罪被剥夺政治权利，执行期满未逾五年；

（三）担任破产清算的公司、企业的董事或者厂长、经理，对该公司、企业的破产负有个人责任的，自该公司、企业破产清算完结之日起未逾三年；

（四）担任因违法被吊销营业执照、责令关闭的公司、企业的法定代表人，并负有个人责任的，自该公司、企业被吊销营业执照之日起未逾三年；

（五）个人所负数额较大的债务到期未清偿。

公司违反前款规定选举、委派董事、监事或者聘任高级管理人员的，该选举、委派或者聘任无效。

2.《上市公司股权激励管理办法》

第八条　激励对象可以包括上市公司的董事、高级管理人员、核心技术人员或者核心业务人员，以及公司认为应当激励的对公司经营业绩和未来发展有直接影响的其他员工，但不应当包括独立董事和监事。外籍员工任职上市公司董事、高级管理人员、核心技术人员或者核心业务人员的，可以成为激励对象。

单独或合计持有上市公司 5% 以上股份的股东或实际控制人及其配偶、父母、子女，不得成为激励对象。下列人员也不得成为激励对象：

（一）最近 12 个月内被证券交易所认定为不适当人选；

（二）最近 12 个月内被中国证监会及其派出机构认定为不适当人选；

（三）最近 12 个月内因重大违法违规行为被中国证监会及其派出机构行政处罚或者采取市场禁入措施；

（四）具有《公司法》规定的不得担任公司董事、高级管理人员情形的；

（五）法律法规规定不得参与上市公司股权激励的；

（六）中国证监会认定的其他情形。

3.《股权激励有关事项备忘录 1 号》（2008 年）

二、主要股东、实际控制人成为激励对象问题

持股 5% 以上的主要股东或实际控制人原则上不得成为激励对象。除非经股东大会表决通过，且股东大会对该事项进行投票表决时，关联股东须回避表决。

持股 5% 以上的主要股东或实际控制人的配偶及直系近亲属若符合成为激励对象的条件，可以成为激励对象，但其所获授权益应关注是否与其所任职务相匹配。同时股东大会对该事项进行投票表决时，关联股东须回避表决。

七、激励对象资格问题

激励对象不能同时参加两个或以上上市公司的股权激励计划。

二、科技创新企业股权激励方案实施的程序事项

（一）一次决策分析引导

股权激励从形式上看涉及公司未来利润分配的财务问题、绩效考核的人力资源问题、创始股东寻求战略合作伙伴和员工培养问题，但从实际实

施内容看，股权激励方案的设计和实施每一个环节都涉及法律关系的调整与变更，涉及《公司法》《证券法》里关于公司治理结构的法律规定，因此，股权激励实质上是一个法律问题。在公司确定实施股权激励项目后，律师或公司法律顾问将对公司定制股权激励方案进行一次决策分析引导：

1. 通过前期尽职调查结果，分析公司所有权安排与治理结构现状，回答公司的核心问题之一：如何使企业成员（激励对象）有积极性的努力工作，并对自己的行为负责？

2. 梳理公司潜在的股东之间、公司与员工的知识产权保护、经济、劳动争议，提示法律风险。

3. 在对公司情况和未来战略安排充分了解的基础上，提供专业法律分析意见，并定制公司个性化股权激励方案。

（二）两个权力机构

1. 股东会是决定是否实施股权激励项目的最高权力机构，股权激励方案可能直接关系到股东现有股权的稀释问题，关系到各个股东的切身利益，只有通过代表 2/3 以上表决权的股东表决通过方可实施。股东会在股权激励实施中应履行以下职责：

（1）授权董事会组织股权激励方案的制定与实施。

（2）直接聘任股权激励项目实施中介机构，比如，律师事务所、税务筹划咨询机构等，也可以授权董事会聘任。

（3）审议董事会通过的股权激励方案，提出通过或否定意见。

（4）审议董事会办理有关股权激励实施相关事宜的授权。

（5）审议监事会关于股权激励方案实施情况的报告。

2. 股权激励方案的制定和实施是董事会，股权激励日常管理机构直接对董事会负责。董事会获得股东会授权后，应履行以下职责：

（1）审议股权激励方案的草案、修改，报股东会审批。

（2）负责筹建股权激励日常管理机构。

（3）审议、批准股权激励方案相关配套规章制度。

（4）审议专业股权激励法律和咨询顾问的聘请事宜。

（5）执行其他由股东会授权的有关股权激励项目相关事项。

（三）重要的事情说三遍：培训

股权激励方案定制完毕，批准通过后，股权激励项目正式上线前，我们有必要对即将组建的股权激励日常管理机构成员、公司高层领导、员工采取一次或分批次的项目实施培训，确保不同的对象不同程度了解或掌握股权激励相关常识和信息。不同对象培训的侧重点不同：

1. 股权激励日常管理机构成员

（1）详细了解股权激励方案涉及的基本概念、条款和机制。

（2）掌握常用的股权分配和兑现方式、持股方式、退出机制等。

（3）熟悉股权激励项目实施的全部流程和工具。

（4）学习其他与股权激励相关的必备知识和信息。

2. 公司高层领导

（1）了解股权激励的基本原理和不同激励模式的优劣。

（2）了解股权激励对股权架构和公司治理的影响。

（3）了解激励标的的来源和相关信息。

（4）了解不同激励模式的税务筹划。

（5）了解本公司股权激励方案的实施流程和项目周期。

3. 其他员工

（1）了解股权激励对激励对象产生的价值。

（2）了解不同股权激励模式下激励标的取得方式。

（3）了解不同情形下的退出机制。

（4）了解授予条件和行权条件。

（5）了解股权激励方案的责任条款。

（四）设立股权激励项目日常管理机构

股权激励项目日常管理机构的组建，如同公司内部任何一个管理机构的组建，要遵守两个基本原则：一是与公司的管理现状相适应；二是要遵守公司法等相关法律法规的规定。股权激励项目日常管理机构对董事会负责，其组成成员可以有部分董事或外部董事。日常管理机构履行以下职责：

（1）与负责股权激励项目的中介机构对接、沟通股权激励方案具体实施事宜。

（2）负责具体实施股权激励方案的相关条件授予、业绩考核、行权和退出处理。

（3）负责初步处理激励对象在项目实施过程中产生的争议和纠纷，与法律顾问对接。

（4）负责股权激励方案配套规章制度的制定、公布和实施。

（5）负责股权激励方案实施的其他日常管理事项。

（6）执行董事会有关股权激励项目的决议。

（五）正式上线：股权激励方案进入后管理阶段

股权激励方案正式上线实施后是一个动态发展和调整的过程，掌握公司经营状况的变化，对激励对象和行权条件的动态考量是后管理阶段的共同要点，专业机构的后期管理对股权激励目标的实现和激励效果非常关键，我们将在第五章以专章进行介绍，本章节仅对不同激励模式的后管理要点进行概述。

1. 实股模式激励方案后管理重点

（1）根据股权获得方式进行相应评估、财税处理和工商变更。

（2）监督激励对象对持有股权履行义务的情况。

（3）根据股权激励方案、授予协议、配套规章制度对激励标的变现、转让、退出行为进行管理。

2. 虚拟模式激励方案后管理重点

（1）联合财务部门进行利润和账面价值的计算并安排权益兑付。

（2）做好兑付手续办理和财务处理，登记造册存档。

（3）处理权益兑付产生的相关争议。

3. 科技创新企业典型股权激励方案的管理重点

（1）期股分期付款的履行情况管理：总分期数、每期付款额度、付款方式、支付凭证提供等。

（2）对期权方案的实施环节进行监控：授权时、行权时、禁售期、变现期等环节的管理。

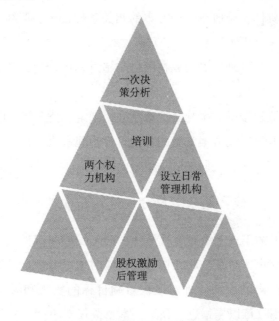

图 4-5　科技创新企业股权激励方案实施的程序事项

三、科技创新公司上市后股权激励方案典型范例（节选）①

绝大数科创型公司在上市前已经实施股权激励，科技创新公司上市前实施股权激励不受上市公司监管规定限制，但在制定股权激励方案时，可以借鉴、参考科创板的新规则，灵活设置方案内容，以更好实现激励目的，获得最佳激励效果。我们特别选取了部分在科创板上市的公司（主要

---

① 所有案例数据来源于上海证券交易所公开披露信息。

为生物医药、节能环保、通信技术相关的公司）所披露的股权激励方案（草案）作为典型范例，节选了这些公司股权激励草案最核心的内容，即关于激励对象选择、激励额度、行权条件、业绩考核以及退出机制的安排，结合前面我们对非上市科创公司股权激励方案的介绍，可以更清晰的了解股权激励在科创型公司全生命周期发展过程中的重要作用。

（一）【范例一】《上海××生物医药科技股份有限公司2020年限制性股票激励计划（草案）》

上海××生物医药科技股份有限公司2020年限制性股票激励计划

（草案）

……

特别提示

一、《上海××生物医药科技股份有限公司2020年限制性股票激励计划（草案）》（以下简称"本激励计划"）由上海××生物医药科技股份有限公司（以下简称"××生物""公司"或"本公司"）依据《中华人民共和国公司法》《中华人民共和国证券法》《上海证券交易所科创板股票上市规则》《上市公司股权激励管理办法》《科创板上市公司信息披露业务指南第4号——股权激励信息披露》和其他有关法律、行政法规、规范性文件，以及《公司章程》等有关规定制订。

二、本激励计划采取的激励形式为限制性股票（第二类限制性股票），股票来源为公司向激励对象定向发行的本公司人民币A股普通股股票。符合本激励计划授予条件的激励对象，在满足相应归属条件和归属安排后，在归属期内以授予价格获得公司A股普通股股票，该等股票将在中国证券登记结算有限公司上海分公司进行登记。激励对象获授的限制性股票在归属前，不享有公司股东权利，且上述限制性股票不得转让、用于担保或偿还债务等。

三、本激励计划拟授予激励对象的限制性股票数量为3573.65万股，占本激励计划草案公告日公司股本总额87127.65万股的4.10%。其中，首次授予限制性股票2858.95万股，占本激励计划草案公告日公司股本总额的3.28%，占本激励计划拟授予限制性股票总数的80.00%；预留714.70万股，占本激励计划草案公告日公司股本总额的0.82%，预留部分占本激励计划拟授予限制性股票总数的20.00%。

截至本激励计划草案公告日，公司全部有效期内的股权激励计划所涉及的标的股票总数累计未超过本激励计划提交股东大会时公司股本总额的20.00%。本激励计划中任何一名激励对象通过全部有效期内的股权激励计划获授的公司股票数量累计未超过公司股本总额的1.00%。

四、本激励计划授予的激励对象共计2004人，包括公司公告本激励计划时在公司（含子公司，下同）任职的董事、高级管理人员、核心技术人员以及董事会认为需要激励的其他人员。不含××生物独立董事、监事。

预留激励对象指本计划获得股东大会批准时尚未确定但在本计划存续期间纳入激励计划的激励对象，由本计划经股东大会审议通过后12个月内确定。预留激励对象的确定标准参照首次授予的标准确定。

五、本激励计划授予激励对象限制性股票的授予价格为55.50元/股。预留部分限制性股票授予价格与首次授予的限制性股票授予价格相同。在本激励计划公告当日至激励对象完成限制性股票归属登记前，若公司发生资本公积转增股本、派发股票红利、派息、股份拆细或缩股、配股等事宜，限制性股票的授予价格和权益数量将根据本激励计划做相应的调整。

六、本激励计划的有效期为自限制性股票授予之日起至激励对象获授的限制性股票全部归属或作废失效之日止，最长不超过48个月。

七、本激励计划首次授予的限制性股票在授予日起满12个月后分三期归属，每期归属的比例分别为40%、30%、30%；预留的限制性股票在预留授予日起满12个月后分两期归属，每期归属的比例分别为50%、50%。

授予的限制性股票的归属安排、业绩考核目标及归属系数如下表所示：

归属安排		业绩考核目标 A	业绩考核目标 B	业绩考核目标 C
		公司归属系数 100%	公司归属系数 80%	公司归属系数 60%
首次授予的限制性股票	第一个归属期	公司需同时满足以下条件： 1. 营业收入：2020 年度，公司营业收入不低于 14.5 亿元； 2. 临床前项目：2020 年度，申报并获得受理的公司占有不低于 50% 权益的药物 IND 申请不少于 2 个； 3. 临床开发：2020 年度，申报并获得受理的公司占有不低于 50% 权益的新药物 NDA 或者扩展适应症（sNDA）不少于 2 项。	公司需同时满足以下条件： 1. 营业收入：2020 年度，公司营业收入不低于 13.5 亿元； 2. 临床前项目：2020 年度，申报并获得受理的公司占有不低于 50% 权益的药物 IND 申请不少于 2 个； 3. 临床开发：2020 年度，申报并获得受理的公司占有不低于 50% 权益的新药物 NDA 或者扩展适应症（sNDA）不少于 2 项。	公司需同时满足以下条件： 1. 营业收入：2020 年度，公司营业收入不低于 12 亿元； 2. 临床前项目：2020 年度，申报并获得受理的公司占有不低于 50% 权益的药物 IND 申请不少于 1 个； 3. 临床开发：2020 年度，申报并获得受理的公司占有不低于 50% 权益的新药物 NDA 或者扩展适应症（sNDA）不少于 2 项。
	第二个归属期	公司需同时满足以下条件： 1. 营业收入：2020 – 2021 年度，公司累积营业收入不低于 36 亿元； 2. 临床前项目：2020 – 2021 年度，累积申报并获得受理的公司占有不低于 50% 权益的药物 IND 申请不少于 9 个； 3. 临床开发：2020 – 2021 年度，累积申报并获得受理的公司占有不低于 50% 权益的新药物 NDA 或者扩展适应症（sNDA）不少于 6 项。	公司需同时满足以下条件： 1. 营业收入：2020 – 2021 年度，公司累积营业收入不低于 33 亿元； 2. 临床前项目：2020 – 2021 年度，累积申报并获得受理的公司占有不低于 50% 权益的药物 IND 申请不少于 7 个； 3. 临床开发：2020 – 2021 年度，累积申报并获得受理的公司占有不低于 50% 权益的新药物 NDA 或者扩展适应症（sNDA）不少于 5 项。	公司需同时满足以下条件： 1. 营业收入：2020 – 2021 年度，公司累积营业收入不低于 28 亿元； 2. 临床前项目：2020 – 2021 年度，累积申报并获得受理的公司占有不低于 50% 权益的药物 IND 申请不少于 6 个； 3. 临床开发：2020 – 2021 年度，累积申报并获得受理的公司占有不低于 50% 权益的新药物 NDA 或者扩展适应症（sNDA）不少于 4 项。

（续表）

归属安排		业绩考核目标 A	业绩考核目标 B	业绩考核目标 C
		公司归属系数 100%	公司归属系数 80%	公司归属系数 60%
首次授予的限制性股票	第三个归属期	公司需同时满足以下条件： 1. 营业收入：2020－2022 年度，公司累积营业收入不低于 66 亿元； 2. 临床前项目：2020－2022 年度，累积申报并获得受理的公司占有不低于 50% 权益的药物 IND 申请不少于 16 个； 3. 临床开发：2020－2022 年度，累积申报并获得受理的公司占有不低于 50% 权益的新药物 NDA 或者扩展适应症（sNDA）不少于 11 项。	公司需同时满足以下条件： 1. 营业收入：2020－2022 年度，公司累积营业收入不低于 57 亿元； 2. 临床前项目：2020－2022 年度，累积申报并获得受理的公司占有不低于 50% 权益的药物 IND 申请不少于 13 个； 3. 临床开发：2020－2022 年度，累积申报并获得受理的公司占有不低于 50% 权益的新药物 NDA 或者扩展适应症（sNDA）不少于 9 项。	公司需同时满足以下条件： 1. 营业收入：2020－2022 年度，公司累积营业收入不低于 48 亿元； 2. 临床前项目：2020－2022 年度，累积申报并获得受理的公司占有不低于 50% 权益的药物 IND 申请不少于 11 个； 3. 临床开发：2020－2022 年度，累积申报并获得受理的公司占有不低于 50% 权益的新药物 NDA 或者扩展适应症（sNDA）不少于 7 项。
预留授予的限制性股票	第一个归属期	公司需同时满足以下条件： 1. 营业收入：2020－2021 年度，公司累积营业收入不低于 36 亿元； 2. 临床前项目：2020－2021 年度，累积申报并获得受理的公司占有不低于 50% 权益的药物 IND 申请不少于 9 个； 3. 临床开发：2020－2021 年度，累积申报并获得受理的公司占有不低于 50% 权益的新药物 NDA 或者扩展适应症（sNDA）不少于 6 项。	公司需同时满足以下条件： 1. 营业收入：2020－2021 年度，公司累积营业收入不低于 33 亿元； 2. 临床前项目：2020－2021 年度，累积申报并获得受理的公司占有不低于 50% 权益的药物 IND 申请不少于 7 个； 3. 临床开发：2020－2021 年度，累积申报并获得受理的公司占有不低于 50% 权益的新药物 NDA 或者扩展适应症（sNDA）不少于 5 项。	公司需同时满足以下条件： 1. 营业收入：2020－2021 年度，公司累积营业收入不低于 28 亿元； 2. 临床前项目：2020－2021 年度，累积申报并获得受理的公司占有不低于 50% 权益的药物 IND 申请不少于 6 个； 3. 临床开发：2020－2021 年度，累积申报并获得受理的公司占有不低于 50% 权益的新药物 NDA 或者扩展适应症（sNDA）不少于 4 项。

（续表）

归属安排		业绩考核目标 A	业绩考核目标 B	业绩考核目标 C
		公司归属系数 100%	公司归属系数 80%	公司归属系数 60%
预留授予的限制性股票	第二个归属期	公司需同时满足以下条件： 1.营业收入：2020－2022年度，公司累积营业收入不低于66亿元； 2.临床前项目：2020－2022年度，累积申报并获得受理的公司占有不低于50%权益的药物 IND 申请不少于16个； 3.临床开发：2020－2022年度，累积申报并获得受理的公司占有不低于50%权益的新药物 NDA 或者扩展适应症（sNDA）不少于11项。	公司需同时满足以下条件： 1.营业收入：2020－2022年度，公司累积营业收入不低于57亿元； 2.临床前项目：2020－2022年度，累积申报并获得受理的公司占有不低于50%权益的药物 IND 申请不少于13个； 3.临床开发：2020－2022年度，累积申报并获得受理的公司占有不低于50%权益的新药物 NDA 或者扩展适应症（sNDA）不少于9项。	公司需同时满足以下条件： 1.营业收入：2020－2022年度，公司累积营业收入不低于48亿元； 2.临床前项目：2020－2022年度，累积申报并获得受理的公司占有不低于50%权益的药物 IND 申请不少于11个； 3.临床开发：2020－2022年度，累积申报并获得受理的公司占有不低于50%权益的新药物 NDA 或者扩展适应症（sNDA）不少于7项。

注：上述"营业收入"指经审计的上市公司营业收入。

八、公司不存在《上市公司股权激励管理办法》规定的不得实行股权激励的以下情形：

（一）最近一个会计年度财务会计报告被注册会计师出具否定意见或者无法表示意见的审计报告；

（二）最近一个会计年度财务报告内部控制被注册会计师出具否定意见或无法表示意见的审计报告；

（三）上市后最近36个月内出现过未按法律法规、《公司章程》、公开承诺进行利润分配的情形；

（四）法律法规规定不得实行股权激励的；

（五）中国证监会认定的其他情形。

九、本激励计划的激励对象不存在《上市公司股权激励管理办法》规定的不得成为激励对象的以下情形：

（一）最近 12 个月内被证券交易所认定为不适当人选；

（二）最近 12 个月内被中国证监会及其派出机构认定为不适当人选；

（三）最近 12 个月内因重大违法违规行为被中国证监会及其派出机构行政处罚或者采取市场禁入措施；

（四）具有《公司法》规定的不得担任公司董事、高级管理人员情形的；

（五）法律法规规定不得参与上市公司股权激励的；

（六）中国证监会认定的其他情形。

十、××生物承诺：本公司不为本次限制性股票激励计划的激励对象通过本计划获得限制性股票提供贷款以及其他任何形式的财务资助，包括为其贷款提供担保。

十一、××生物承诺：本激励计划相关信息披露文件不存在虚假记载、误导性陈述或者重大遗漏。

十二、本激励计划的激励对象承诺：若公司因信息披露文件中有虚假记载、误导性陈述或者重大遗漏，导致不符合授予权益或归属权益安排的，激励对象应当自相关信息披露文件被确认存在虚假记载、误导性陈述或者重大遗漏后，将由本激励计划所获得的全部利益返还公司。

十三、本激励计划经公司股东大会特别决议审议通过后方可实施。

十四、本激励计划经公司股东大会审议通过后，公司将在 60 日内（有获授权益条件的，从条件成就后起算）按相关规定召开董事会向激励对象授予权益，并完成公告等相关程序。公司未能在 60 日内完成上述工作的，应当及时披露不能完成的原因，并宣告终止实施本激励计划。根据《上市公司股权激励管理办法》规定不得授出权益的期间不计算在 60 日。

十五、本激励计划的实施不会导致公司股权分布不具备上市条件。

第一章　释义

以下词语如无特殊说明，在本文中具有如下含义：

释义项		释义内容
某某生物、本公司、公司、上市公司	指	上海某某生物医药科技股份有限公司
限制性股票激励计划、本激励计划、本计划	指	上海某某生物医药科技股份有限公司 2020 年限制性股票激励计划
限制性股票、第二类限制性股票	指	符合本激励计划授予条件的激励对象，在满足相应获益条件后分次获得并登记的本公司股票
激励对象	指	按照本激励计划规定，获得限制性股票的公司（含子公司）董事、高级管理人员、核心技术人员以及董事会认为需要激励的其他人员
授予日	指	公司向激励对象授予限制性股票的日期，授予日必须为交易日
授予价格	指	公司向激励对象授予限制性股票时所确定的、激励对象获得公司股份的价格
归属	指	限制性股票激励对象满足获益条件后，上市公司将股票登记至激励对象账户的行为
归属日	指	限制性股票激励对象满足获益条件后，获授股票完成登记的日期，必须为交易日
归属条件	指	限制性股票激励计划所设立的，激励对象为获得激励股票所需满足的获益条件
有效期	指	自限制性股票授予之日起到激励对象获授的限制性股票全部归属或作废失效之日止
薪酬委员会	指	公司董事会薪酬与考核委员会
中国证监会	指	中国证券监督管理委员会
证券交易所	指	上海证券交易所
登记结算公司	指	中国证券登记结算有限责任公司上海分公司
《公司法》	指	《中华人民共和国公司法》
《证券法》	指	《中华人民共和国证券法》
《上市规则》	指	《上海证券交易所科创板股票上市规则》

（续表）

释义项		释义内容
《管理办法》	指	《上市公司股权激励管理办法》
《业务指南》	指	《科创板上市公司信息披露业务指南第4号——股权激励信息披露》
《公司章程》	指	《上海某某生物医药科技股份有限公司章程》
《公司考核管理办法》	指	《上海某某生物医药科技股份有限公司2020年限制性股票激励计划实施考核管理办法》
元/万元/亿元	指	人民币元/万元/亿元，中华人民共和国法定货币单位
IND	指	Investigational New Drug Application，指新药研究申请，于开始人体临床试验之前所需的申请及批准过程
NDA	指	New Drug Application，指新药申请

第二章 本激励计划的目的

为进一步完善公司法人治理结构，建立、健全公司长效激励约束机制，吸引和留住公司管理人员、核心技术人员以及其他人员，充分调动其积极性和创造性，有效提升核心团队凝聚力和企业核心竞争力，有效地将股东、公司和核心团队三方利益结合在一起，使各方共同关注公司的长远发展，确保公司发展战略和经营目标的实现，在充分保障股东利益的前提下，按照收益与贡献对等的原则，根据《公司法》《证券法》《管理办法》《上市规则》《业务指南》等有关法律、行政法规、规范性文件以及《公司章程》的规定，制订本激励计划。

截至本激励计划公告日，本公司同时正在实施2018年股权激励方案。经公司于2019年4月30日召开第二届董事会第十二次会议、第二届监事会第九次会议、2019年6月17日召开的2018年年度股东大会、2020年3

月 27 日召开的第二届董事会第十次会议、第二届监事会第十七次会议、
2020 年 5 月 11 日召开的 2019 年年度股东大会审议通过，合计向 268 名激
励对象授予 602.30 万份股票期权，行权价格为每股 9.20 元。经 2020 年 8
月 28 日召开的第二届董事会第二十六次会议和第二届监事会第二十一次会
议审议通过，2018 年股权激励方案第一个行权期行权条件已经成就。第一
个行权期可行权人数为 207 人，可行权数量 124.55 万份，行权价格为每股
9.20 元。本次激励计划与正在实施的 2018 年股权激励方案相互独立，不
存在相关联系。

……

第四章　激励对象的确定依据和范围

一、激励对象的确定依据

（一）激励对象确定的法律依据

本激励计划激励对象根据《公司法》《证券法》《管理办法》《上市规
则》《业务指南》等有关法律、行政法规、规范性文件和《公司章程》的
相关规定，结合公司实际情况而确定。

（二）激励对象确定的职务依据

本激励计划的激励对象为公司（含子公司，下同）董事、高级管理人
员、核心技术人员以及董事会认为需要激励的其他人员（不包括××生物独
立董事、监事），符合实施股权激励计划的目的。对符合本激励计划的激
励对象范围的人员，由薪酬委员会拟定名单，并经公司监事会核实确定。

二、激励对象的范围

本激励计划首次授予涉及的激励对象共计 2004 人，占公司截至 2020
年 9 月 21 日员工总数 2189 人的 91.55%，包括：

1. 董事、高级管理人员；

2. 核心技术人员；

3. 董事会认为需要激励的其他人员。

以上激励对象中，不包括公司独立董事、监事。以上激励对象中，公司董事和高级管理人员必须经公司股东大会选举或公司董事会聘任。所有激励对象必须在本激励计划的授予时以及考核期内与公司或公司子公司存在聘用或劳动关系。

以上激励对象包含上市公司实际控制人、董事长××。公司将其纳入本激励计划的原因在于：××为公司实际控制人、董事长、核心管理人才，在公司的战略规划、经营管理、业务拓展等方面起到不可忽视的重要作用，公司将其纳入本激励计划有助于促进公司核心人员的稳定性和积极性，从而有助于公司长远发展。

以上激励对象包含部分外籍员工，公司将其纳入本激励计划的原因在于：公司所处的生物制药行业，人才竞争比较激烈；公司致力于国际化发展战略，境外业务是公司未来持续发展中的重要一环，因此吸引和稳定国际高端人才对公司的发展非常重要；激励对象中的外籍员工在公司的技术研发、业务拓展等方面起到不可忽视的重要作用；股权激励是境外公司常用的激励手段，通过本次激励计划将更加促进公司核心人才队伍的建设和稳定，从而有助于公司的长远发展。

预留权益的授予对象应当在本激励计划经股东大会审议通过后 12 个月内明确，经董事会提出、独立董事及监事会发表明确意见、律师发表专业意见并出具法律意见书后，公司在指定网站按要求及时准确披露激励对象相关信息。超过 12 个月未明确激励对象的，预留权益失效。预留激励对象的确定标准参照首次授予的标准确定。

三、不能成为本激励计划激励对象的情形

（一）最近 12 个月内被证券交易所认定为不适当人选；

（二）最近 12 个月内被中国证监会及其派出机构认定为不适当人选；

（三）最近 12 个月内因重大违法违规行为被中国证监会及其派出机构行政处罚或者采取市场禁入措施；

（四）具有《公司法》规定的不得担任公司董事、高级管理人员情形的；

（五）法律法规规定不得参与上市公司股权激励的；

（六）中国证监会认定的其他情形。

若在本激励计划实施过程中，激励对象出现以上任何情形的，公司将终止其参与本激励计划的权利，已获授但尚未归属的限制性股票取消归属，并作废失效。

……

第七章　有效期、授予日、归属安排和禁售期

一、本激励计划的有效期

本激励计划的有效期为自限制性股票授予之日起至激励对象获授的限制性股票全部归属或作废失效之日止，最长不超过 48 个月。

三、本激励计划的归属安排

在上述约定期间因归属条件未成就的限制性股票，不得归属或递延至下一年归属，由公司按本激励计划的规定作废失效。

在满足限制性股票归属条件后，公司将统一办理满足归属条件的限制性股票归属事宜。

四、本激励计划的禁售期

激励对象通过本激励计划所获授公司股票的禁售规定，按照《公司法》《证券法》等相关法律、行政法规、规范性文件和《公司章程》执行，具体内容如下：

（一）激励对象为公司董事和高级管理人员的，其在任职期间每年转让的股份不得超过其所持有本公司股份总数的 25%；在离职后半年内，不得转让其所持有的本公司股份。

（二）激励对象为公司董事、高级管理人员及其配偶、父母、子女的，将其持有的本公司股票在买入后 6 个月内卖出，或者在卖出后 6 个月内又买入，由此所得收益归本公司所有，本公司董事会将收回其所得收益。

（三）在本激励计划的有效期内，如果《公司法》《证券法》等相关法律、行政法规、规范性文件和《公司章程》中对公司董事和高级管理人员持有股份转让的有关规定发生了变化，则这部分激励对象转让其所持有的公司股票应当在转让时符合修改后的《公司法》《证券法》等相关法律、法规、规范性文件和《公司章程》的规定。

第八章　限制性股票的授予价格及确定方法

……

二、限制性股票授予价格的确定方法

（一）定价方法

（二）定价依据

本次限制性股票的授予价格采取自主定价方式，以自主定价方式确定授予价格的目的是为了促进公司发展、维护股东权益，为公司长远稳健发展提供机制和人才保障。

公司属于人才技术导向型企业，充分保障股权激励的有效性是稳定核心人才的重要途径。公司所处经营环境面临诸多挑战，包括行业周期、技术革新、人才竞争、资本市场波动等，本次激励计划授予价格有利于公司在不同周期和经营环境下有效地进行人才激励，使公司在行业竞争中获得优势。

此外，本着激励与约束对等的原则，本次激励计划公司在设置了具有一定挑战性的业绩目标的情况下，采用自主定价的方式确定授予价格，可以进一步激发激励对象的主观能动性和创造性。以此为基础，本次激励计划将为公司未来持续发展经营和股东权益带来正面影响，并推动激励目标的顺利实现。

综上，在符合相关法律法规、规范性文件的基础上，公司决定将限制性股票的授予价格确定为 55.50 元/股，此次激励计划的实施将更加稳定核心团队，实现员工利益与股东利益的深度绑定。

第九章 限制性股票的授予与归属条件

一、限制性股票的授予条件

只有在同时满足下列条件时，公司向激励对象授予限制性股票；反之，若下列任一授予条件未达成，则不能向激励对象授予限制性股票。

（一）公司未发生如下任一情形：

1. 最近一个会计年度财务会计报告被注册会计师出具否定意见或者无法表示意见的审计报告；

2. 最近一个会计年度财务报告内部控制被注册会计师出具否定意见或无法表示意见的审计报告；

3. 上市后最近 36 个月内出现过未按法律法规、《公司章程》、公开承诺进行利润分配的情形；

4. 法律法规规定不得实行股权激励的；

5. 中国证监会认定的其他情形。

（二）激励对象未发生如下任一情形：

1. 最近 12 个月内被证券交易所认定为不适当人选的；

2. 最近 12 个月内被中国证监会及其派出机构认定为不适当人选；

3. 最近 12 个月内因重大违法违规行为被中国证监会及其派出机构行政处罚或者采取市场禁入措施；

4. 具有《公司法》规定的不得担任公司董事、高级管理人员情形的；

5. 法律法规规定不得参与上市公司股权激励的；

6. 中国证监会认定的其他情形。

二、限制性股票的归属条件

归属期内同时满足下列条件时，激励对象获授的限制性股票方可归属：

（一）本公司未发生如下任一情形：

1. 最近一个会计年度财务会计报告被注册会计师出具否定意见或者无法表示意见的审计报告；

2. 最近一个会计年度财务报告内部控制被注册会计师出具否定意见或无法表示意见的审计报告；

3. 上市后最近 36 个月内出现过未按法律法规、《公司章程》、公开承诺进行利润分配的情形；

4. 法律法规规定不得实行股权激励的；

5. 中国证监会认定的其他情形。

公司发生上述第（一）条规定情形之一的，激励对象根据本计划已获授但尚未归属的限制性股票取消归属，并作废失效。

（二）激励对象未发生如下任一情形：

1. 最近 12 个月内被证券交易所认定为不适当人选；

2. 最近 12 个月内被中国证监会及其派出机构认定为不适当人选；

3. 最近 12 个月内因重大违法违规行为被中国证监会及其派出机构行政处罚或者采取市场禁入措施；

4. 具有《公司法》规定的不得担任公司董事、高级管理人员的情形；

5. 法律法规规定不得参与上市公司股权激励的；

6. 中国证监会认定的其他情形。

某一激励对象出现上述第（二）条规定情形之一的，公司将终止其参与本激励计划的权利，该激励对象根据本激励计划已获授但尚未归属的限制性股票取消归属，并作废失效。

（三）激励对象归属权益的任职期限要求：

激励对象归属获授的各批次限制性股票前，须满足 12 个月以上的任职期限。

（四）公司层面的业绩考核要求：

本激励计划在 2020-2022 年会计年度中，分年度对公司的业绩指标进行考核，以达到业绩考核目标作为激励对象当年度的归属条件之一。授予的限制性股票的归属安排、业绩考核目标及归属系数如下表所示：

归属安排		业绩考核目标 A 公司归属系数 100%	业绩考核目标 B 公司归属系数 80%	业绩考核目标 C 公司归属系数 60%
首次授予的限制性股票	第一个归属期	公司需同时满足以下条件： 1. 营业收入：2020 年度，公司营业收入不低于 14.5 亿元； 2. 临床前项目：2020 年度，申报并获得受理的公司占有不低于 50% 权益的药物 IND 申请不少于 2 个； 3. 临床开发：2020 年度，申报并获得受理的公司占有不低于 50% 权益的新药物 NDA 或者扩展适应症（sNDA）不少于 2 项。	公司需同时满足以下条件： 1. 营业收入：2020 年度，公司营业收入不低于 13.5 亿元； 2. 临床前项目：2020 年度，申报并获得受理的公司占有不低于 50% 权益的药物 IND 申请不少于 2 个； 3. 临床开发：2020 年度，申报并获得受理的公司占有不低于 50% 权益的新药物 NDA 或者扩展适应症（sNDA）不少于 2 项。	公司需同时满足以下条件： 1. 营业收入：2020 年度，公司营业收入不低于 12 亿元； 2. 临床前项目：2020 年度，申报并获得受理的公司占有不低于 50% 权益的药物 IND 申请不少于 1 个； 3. 临床开发：2020 年度，申报并获得受理的公司占有不低于 50% 权益的新药物 NDA 或者扩展适应症（sNDA）不少于 2 项。

（续表）

归属安排		业绩考核目标 A	业绩考核目标 B	业绩考核目标 C
		公司归属系数 100%	公司归属系数 80%	公司归属系数 60%
首次授予的限制性股票	第二个归属期	公司需同时满足以下条件： 1. 营业收入：2020－2021 年度，公司累积营业收入不低于 36 亿元； 2. 临床前项目：2020－2021 年度，累积申报并获得受理的公司占有不低于 50% 权益的药物 IND 申请不少于 9 个； 3. 临床开发：2020-2021 年度，累积申报并获得受理的公司占有不低于 50% 权益的新药物 NDA 或者扩展适应症（sNDA）不少于 6 项。	公司需同时满足以下条件： 1. 营业收入：2020－2021 年度，公司累积营业收入不低于 33 亿元； 2. 临床前项目：2020－2021 年度，累积申报并获得受理的公司占有不低于 50% 权益的药物 IND 申请不少于 7 个； 3. 临床开发：2020-2021 年度，累积申报并获得受理的公司占有不低于 50% 权益的新药物 NDA 或者扩展适应症（sNDA）不少于 5 项。	公司需同时满足以下条件： 1. 营业收入：2020－2021 年度，公司累积营业收入不低于 28 亿元； 2. 临床前项目：2020－2021 年度，累积申报并获得受理的公司占有不低于 50% 权益的药物 IND 申请不少于 6 个； 3. 临床开发：2020-2021 年度，累积申报并获得受理的公司占有不低于 50% 权益的新药物 NDA 或者扩展适应症（sNDA）不少于 4 项。
	第三个归属期	公司需同时满足以下条件： 1. 营业收入：2020－2022 年度，公司累积营业收入不低于 66 亿元； 2. 临床前项目：2020－2022 年度，累积申报并获得受理的公司占有不低于 50% 权益的药物 IND 申请不少于 16 个； 3. 临床开发：2020-2022 年度，累积申报并获得受理的公司占有不低于 50% 权益的新药物 NDA 或者扩展适应症（sNDA）不少于 11 项。	公司需同时满足以下条件： 1. 营业收入：2020－2022 年度，公司累积营业收入不低于 57 亿元； 2. 临床前项目：2020－2022 年度，累积申报并获得受理的公司占有不低于 50% 权益的药物 IND 申请不少于 13 个； 3. 临床开发：2020-2022 年度，累积申报并获得受理的公司占有不低于 50% 权益的新药物 NDA 或者扩展适应症（sNDA）不少于 9 项。	公司需同时满足以下条件： 1. 营业收入：2020－2022 年度，公司累积营业收入不低于 48 亿元； 2. 临床前项目：2020－2022 年度，累积申报并获得受理的公司占有不低于 50% 权益的药物 IND 申请不少于 11 个； 3. 临床开发：2020-2022 年度，累积申报并获得受理的公司占有不低于 50% 权益的新药物 NDA 或者扩展适应症（sNDA）不少于 7 项。

（续表）

归属安排		业绩考核目标 A	业绩考核目标 B	业绩考核目标 C
		公司归属系数 100%	公司归属系数 80%	公司归属系数 60%
预留授予的限制性股票	第一个归属期	公司需同时满足以下条件： 1. 营业收入：2020－2021 年度，公司累积营业收入不低于 36 亿元； 2. 临床前项目：2020－2021 年度，累积申报并获得受理的公司占有不低于 50% 权益的药物 IND 申请不少于 9 个； 3. 临床开发：2020－2021 年度，累积申报并获得受理的公司占有不低于 50% 权益的新药物 NDA 或者扩展适应症（sNDA）不少于 6 项。	公司需同时满足以下条件： 1. 营业收入：2020－2021 年度，公司累积营业收入不低于 33 亿元； 2. 临床前项目：2020－2021 年度，累积申报并获得受理的公司占有不低于 50% 权益的药物 IND 申请不少于 7 个； 3. 临床开发：2020－2021 年度，累积申报并获得受理的公司占有不低于 50% 权益的新药物 NDA 或者扩展适应症（sNDA）不少于 5 项。	公司需同时满足以下条件： 1. 营业收入：2020－2021 年度，公司累积营业收入不低于 28 亿元； 2. 临床前项目：2020－2021 年度，累积申报并获得受理的公司占有不低于 50% 权益的药物 IND 申请不少于 6 个； 3. 临床开发：2020－2021 年度，累积申报并获得受理的公司占有不低于 50% 权益的新药物 NDA 或者扩展适应症（sNDA）不少于 4 项。
	第二个归属期	公司需同时满足以下条件： 1. 营业收入：2020－2022 年度，公司累积营业收入不低于 66 亿元； 2. 临床前项目：2020－2022 年度，累积申报并获得受理的公司占有不低于 50% 权益的药物 IND 申请不少于 16 个； 3. 临床开发：2020-2022 年度，累积申报并获得受理的公司占有不低于 50% 权益的新药物 NDA 或者扩展适应症（sNDA）不少于 11 项。	公司需同时满足以下条件： 1. 营业收入：2020－2022 年度，公司累积营业收入不低于 57 亿元； 2. 临床前项目：2020－2022 年度，累积申报并获得受理的公司占有不低于 50% 权益的药物 IND 申请不少于 13 个； 3. 临床开发：2020-2022 年度，累积申报并获得受理的公司占有不低于 50% 权益的新药物 NDA 或者扩展适应症（sNDA）不少于 9 项。	公司需同时满足以下条件： 1. 营业收入：2020－2022 年度，公司累积营业收入不低于 48 亿元； 2. 临床前项目：2020－2022 年度，累积申报并获得受理的公司占有不低于 50% 权益的药物 IND 申请不少于 11 个； 3. 临床开发：2020-2022 年度，累积申报并获得受理的公司占有不低于 50% 权益的新药物 NDA 或者扩展适应症（sNDA）不少于 7 项。

注：上述"营业收入"指经审计的上市公司营业收入。

归属期内，公司为满足归属条件的激励对象办理股票归属登记事宜。若各归属期内，公司当期业绩水平未达到或部分达到业绩考核目标条件的，激励对象对应考核当年不得归属的限制性股票取消归属，并作废失效。

（五）激励对象个人层面的绩效考核要求：

评价标准	优秀	良好	合格	不合格
个人归属系数	100%	80%	60%	0

激励对象个人层面的考核根据公司内部绩效考核相关制度实施。激励对象个人考核评价结果分为"优秀""良好""合格""不合格"四个等级，对应的可归属情况如下：

在公司业绩达到业绩考核目标 C（含）以上的前提下，激励对象当年实际可归属的限制性股票数量＝个人当年计划归属的数量×公司归属系数×个人归属系数。

激励对象当期计划归属的限制性股票因考核原因不能归属或不能全部归属的，作废失效，不可递延至下一年度。

本激励计划具体考核内容依据《公司考核管理办法》执行。

三、公司业绩考核指标设定科学性、合理性说明

公司是一家创新驱动型生物制药公司，产品主要为创新型生物制品，大部分为源头创新、自主研发，同时通过合作开发引进与公司原创产品线有协同作用的产品。截至 2020 年 6 月 30 日，公司有 1 项产品获得国家药监局有条件批准上市；此外，包括此项已上市销售产品的拓展适应症研究在内，公司共有 21 项在研产品，其中 19 项为创新药、2 项为生物类似药。为实现公司战略及保持现有竞争力，本激励计划公司层面的考核指标为营业收入、临床前项目及临床开发项目数量指标，该指标能够真实反映公司的经营情况、市场情况和研发进展情况，是预测企业经营业务拓展趋势、衡量公司成长性的有效性指标。

根据本激励计划业绩指标的设定，公司业绩考核指标包含公司营业收入、公司申报并获得受理的 IND 项目数量、公司申报并获得受理的新药物 NDA 或者扩展适应症（sNDA）项目数量。公司在综合考虑了宏观经济环境、公司历史业绩、行业发展状况、市场竞争情况以及公司未来的发展规划等相关因素的基础上，设定了本次限制性股票激励计划业绩考核指标。本计划设定的考核指标具有一定的挑战性，有助于提升公司竞争能力以及调动员工的积极性，确保公司未来发展战略和经营目标的实现，为股东带来更高效、更持久的回报。

除公司层面的业绩考核外，公司对个人还设置了严密的绩效考核体系，能够对激励对象的工作绩效作出较为准确、全面的综合评价。公司将根据激励对象考核年度绩效考评结果，确定激励对象个人是否达到归属的条件。

综上，公司本次激励计划的考核体系具有全面性、综合性及可操作性，考核指标设定具有良好的科学性和合理性，同时对激励对象具有约束效果，能够达到本次激励计划的考核目的。

……

第十二章　本激励计划实施、授予、归属及变更、终止程序

……

二、限制性股票的授予程序

（一）自公司股东大会审议通过本激励计划之日起 60 日内，公司召开董事会对激励对象进行授予。

（二）公司在向激励对象授出权益前，董事会应当就本激励计划设定的激励对象获授权益的条件是否成就进行审议并公告。独立董事及监事会应当同时发表明确意见。律师事务所应当对激励对象获授权益的条件是否成就出具法律意见。公司监事会应当对限制性股票授予日激励对象名单进行核实并发表意见。

公司向激励对象授出权益与本计划的安排存在差异时，独立董事、监事会（当激励对象发生变化时）、律师事务所、独立财务顾问应当同时发表明确意见。

（三）公司与激励对象签订《限制性股票授予协议书》，约定双方的权利与义务。

（四）公司根据激励对象签署协议及认购情况制作限制性股票计划管理名册，记载激励对象姓名、授予数量、授予日、《限制性股票授予协议书》编号等内容。

（五）股权激励计划经股东大会审议通过后，公司应当在60日内（有获授权益条件的，从条件成就后起算）授予激励对象限制性股票并完成公告。若公司未能在60日内完成授予公告的，本激励计划终止实施，董事会应当及时披露未完成的原因且3个月内不得再次审议股权激励计划。

（六）预留权益的授予对象应当在本激励计划经股东大会审议通过后12个月内明确，超过12个月未明确激励对象的，预留权益失效。

（七）涉及关联人士或其他根据公司证券上市地证券上市规则要求的情况，从其规定，并符合相关要求（包括，如需要的话，事先独立股东批准）。

三、限制性股票的归属程序

（一）在归属前，公司应确认激励对象是否满足归属条件。董事会应当就本激励计划设定的归属条件是否成就进行审议，独立董事及监事会应当同时发表明确意见。律师事务所应当对激励对象归属的条件是否成就出具法律意见。

（二）对于满足归属条件的激励对象，需将认购限制性股票的资金按照公司要求缴付于公司指定账户，并经注册会计师验资确认，逾期未缴付资金视为激励对象放弃认购获授的限制性股票。由公司统一向证券交易所提出申请，经证券交易所确认后，由证券登记结算机构办理股份归属事宜。对于未满足条件的激励对象，当批次对应的限制性股票取消归属，并作废失效。公司应当及时披露相关实施情况的公告。

（三）激励对象可对已归属的限制性股票进行转让，但公司董事和高级管理人员所持股份的转让应当符合有关法律、行政法规和规范性文件的规定。

四、本激励计划的变更、终止程序

（一）激励计划变更程序

1. 公司在股东大会审议通过本激励计划之前可对其进行变更的，变更需经董事会审议通过。公司对已通过股东大会审议的本激励计划进行变更的，变更方案应提交股东大会审议，且不得包括导致加速提前归属和降低授予价格的情形。涉及其他根据公司证券上市地证券上市规则要求的情况，从其规定。

2. 公司应及时披露变更原因、变更内容，公司独立董事、监事会应当就变更后的方案是否有利于公司的持续发展，是否存在明显损害公司及全体股东利益的情形发表明确意见。律师事务所应当就变更后的方案是否符合《管理办法》及相关法律法规的规定、是否存在明显损害公司及全体股东利益的情形发表专业意见。

（二）激励计划终止程序

1. 公司在股东大会审议前拟终止本激励计划的，需董事会审议通过并披露。公司在股东大会审议通过本激励计划之后终止实施本激励计划的，应提交董事会、股东大会审议并披露。

2. 公司应当及时披露股东大会决议公告或董事会决议公告。律师事务所应当就公司终止实施激励计划是否符合《管理办法》及相关法律法规的规定、是否存在明显损害公司及全体股东利益的情形发表专业意见。

第十三章　公司/激励对象的其他权利义务

······

二、激励对象的权利与义务

（一）激励对象应当按公司所聘岗位的要求，勤勉尽责、恪守职业道德，为公司的发展做出应有贡献。

（二）激励对象有权且应当按照本计划的规定获得归属股票，并按规定锁定和买卖股票。

（三）激励对象的资金来源为激励对象自筹资金。

（四）激励对象按照本激励计划的规定获授的限制性股票，在归属前不得转让、用于担保或偿还债务。

（五）激励对象按照本激励计划的规定获授的限制性股票，在归属前不享受投票权和表决权，同时也不参与股票红利、股息的分配。

（六）激励对象因本激励计划获得的收益，应按国家税收法规缴纳个人所得税及其他税费。

（七）激励对象承诺，若因公司信息披露文件中存在虚假记载、误导性陈述或者重大遗漏，导致不符合授予权益安排的，激励对象应当按照所作承诺自相关信息披露文件被确认存在虚假记载、误导性陈述或者重大遗漏后，将因股权激励计划所获得的全部利益返还公司。

（八）激励对象在本激励计划实施中出现《管理办法》第八条规定的不得成为激励对象的情形时，其已获授但尚未归属的限制性股票取消归属，并作废失效。

（九）法律、行政法规、规范性文件及本激励计划规定的其他相关权利义务。

······

第十四章　公司/激励对象发生异动时本激励计划的处理

一、公司发生异动的处理

（一）公司出现下列情形之一的，本计划终止实施，激励对象根据本计划已获授但尚未归属的限制性股票取消归属，并作废失效。

1. 最近一个会计年度财务会计报告被注册会计师出具否定意见或者无法表示意见的审计报告；

2. 最近一个会计年度财务报告内部控制被注册会计师出具否定意见或者无法表示意见的审计报告；

3. 上市后最近 36 个月内出现过未按法律法规、公司章程、公开承诺进行利润分配的情形；

4. 法律法规规定不得实行股权激励的情形；

5. 中国证监会认定的其他需要终止激励计划的情形。

（二）公司发生合并、分立等情形。

当公司发生合并、分立等情形时，由公司董事会在公司发生合并、分立等情形之日起 5 个交易日内决定是否终止实施本激励计划。

（三）公司控制权发生变更。

当公司控制权发生变更时，由公司董事会在公司控制权发生变更之日起 5 个交易日内决定是否终止实施本激励计划。

（四）公司因信息披露文件有虚假记载、误导性陈述或者重大遗漏，导致不符合限制性股票授予条件或归属安排的，激励对象已获授但尚未归属的限制性股票取消归属，并作废失效。

激励对象获授限制性股票已归属的，所有激励对象应当返还已获授权益。对上述事宜不负有责任的激励对象因返还权益而遭受损失的，可按照本计划相关安排，向公司或负有责任的对象进行追偿。董事会应当按照前款规定和本计划相关安排收回激励对象所得收益。

二、激励对象个人情况发生变化的处理

（一）激励对象发生职务变更

1. 激励对象发生职务变更，但仍在本公司或本公司子公司任职的，其已获授的限制性股票仍然按照本激励计划规定的程序进行。

2. 若激励对象担任本公司监事、独立董事或其他不能持有公司限制性

股票的人员，则已归属股票不作处理，已获授但尚未归属的限制性股票取消归属，并作废失效。

3. 激励对象因为触犯法律、违反职业道德、泄露公司机密、因失职或渎职等行为损害公司利益或声誉而导致职务变更的，或因前述原因导致公司解除与激励对象劳动关系的，激励对象应返还其因限制性股票归属所获得的全部收益；已获授但尚未归属的限制性股票取消归属，并作废失效。同时，情节严重的，公司还可就公司因此遭受的损失按照有关法律法规的规定进行追偿。

（二）激励对象离职

1. 激励对象合同到期，且不再续约的或主动辞职的，其已归属股票不作处理，已获授但尚未归属的限制性股票取消归属，并作废失效。

2. 激励对象若因公司裁员等原因被动离职且不存在绩效考核不合格、过失、违法违纪等行为的，其已归属股票不作处理，已获授但尚未归属的限制性股票取消归属，并作废失效。

（三）激励对象退休

激励对象退休返聘的，其已获授的限制性股票将完全按照退休前本计划规定的程序进行。若公司提出继续聘用要求而激励对象拒绝的或激励对象退休而离职的，其已获授但尚未归属的限制性股票取消归属，并作废失效。

（四）激励对象丧失劳动能力

1. 激励对象因工受伤丧失劳动能力而离职的，由薪酬委员会决定其已获授的限制性股票将完全按照情况发生前本激励计划规定的程序进行，其个人绩效考核结果不再纳入归属条件；或其已归属股票不作处理，由公司取消其已获授但尚未归属的限制性股票。

2. 激励对象非因工受伤丧失劳动能力而离职的，对激励对象已归属股票不作处理，已获授但尚未归属的限制性股票取消归属，并作废失效。

（五）激励对象身故

1. 激励对象若因执行职务而身故的，由薪酬委员会决定其已获授的限制性股票将由其指定的财产继承人或法定继承人代为持有，并按照身故前本激励计划规定的程序进行，其个人绩效考核结果不再纳入归属条件；或其已归属股票不作处理，由公司取消其已获授但尚未归属的限制性股票。

2. 激励对象若因其他原因而身故的，其已归属股票不作处理，已获授但尚未归属的限制性股票取消归属，并作废失效。

（六）激励对象所在子公司发生控制权变更

激励对象在公司控股子公司任职的，若公司失去对该子公司控制权，且激励对象仍留在该公司任职的，其已归属股票不作处理，已获授但尚未归属的限制性股票取消归属，并作废失效。

（七）激励对象资格发生变化

激励对象如因出现以下情形之一导致不再符合激励对象资格的，其已归属股票不作处理，已获授但尚未归属的限制性股票取消归属，并作废失效。

1. 最近 12 个月内被证券交易所认定为不适当人选；

2. 最近 12 个月内被中国证监会及其派出机构认定为不适当人选；

3. 最近 12 个月因重大违法违规行为被中国证监会及其派出机构行政处罚或者采取市场禁入措施；

4. 具有《公司法》规定的不得担任公司董事、高级管理人员情形的；

5. 法律法规规定不得参与上市公司股权激励的；

6. 中国证监会认定的其他情形。

三、其他情况

其他未说明的情况由薪酬委员会认定，并确定其处理方式。

……

（二）【范例二】《江苏××环保股份有限公司 2021 年限制性股票激励计划（草案）》

江苏××环保股份有限公司 2021 年限制性股票激励计划（草案）

......

特别提示

一、本激励计划系依据《中华人民共和国公司法》《中华人民共和国证券法》《上海证券交易所科创板股票上市规则》《上市公司股权激励管理办法》《科创板上市公司信息披露业务指南第 4 号——股权激励信息披露》等其他有关法律、法规、规范性文件，以及《江苏××环保股份有限公司章程》制订。

二、本激励计划采取的激励工具为第二类限制性股票。股票来源为江苏××环保股份有限公司（以下简称"公司"或"本公司"）向激励对象定向发行公司 A 股普通股。

符合本激励计划授予条件的激励对象，在满足相应归属条件后，以授予价格分次获得公司增发的 A 股普通股股票，该等股票将在中国证券登记结算有限公司上海分公司进行登记。激励对象获授的限制性股票在归属前，不享有公司股东权利，并且该限制性股票不得转让、用于担保或偿还债务等。

三、本激励计划拟授予的限制性股票数量为 350.00 万股，约占本激励计划草案公告时公司股本总额 10729.35 万股的 3.26%。其中首次授予300.00 万股，约占本激励计划草案公告时公司股本总额的 2.80%，首次授予部分占本次授予权益总额的 85.71%；预留 50.00 万股，约占本激励计划草案公告时公司股本总额的 0.46%，预留部分约占本次授予权益总额的 14.29%。

本计划中任何一名激励对象通过全部在有效期内的股权激励计划获授的本公司股票，累计不超过本计划提交股东大会审议时公司股本总额的 1.00%。

四、本激励计划限制性股票的授予价格为 9.00 元/股。在本激励计划草案公告当日至激励对象完成限制性股票归属登记前，若公司发生资本公积转增股本、派发股票红利、股份拆细或缩股、配股、派息等事宜，限制性股票授予价格和数量将根据本激励计划相关规定予以相应的调整。

五、本激励计划首次授予的激励对象总人数为 34 人，约占本激励计划草案公告时公司员工总数 265 人的 12.83%，包括公司公告本激励计划时在本公司（含分公司及控股子公司）任职的董事、高级管理人员、核心技术人员以及董事会认为需要激励的其他人员，但不包括公司独立董事、监事。

预留授予的激励对象指本激励计划获得股东大会批准时尚未确定但在本激励计划存续期间纳入激励计划的激励对象，由本激励计划经股东大会审议通过后 12 个月内确定。预留授予的激励对象的确定标准参照首次授予的标准确定。

六、本激励计划有效期自限制性股票授予之日起至激励对象获授的限制性股票全部归属或作废失效之日止，最长不超过 60 个月。激励对象获授的限制性股票将按约定比例分次归属，每次权益归属以满足相应的归属条件为前提条件。

七、公司不存在《上市公司股权激励管理办法》第七条规定的不得实行股权激励的下列情形：

（一）最近一个会计年度财务会计报告被注册会计师出具否定意见或者无法表示意见的审计报告；

（二）最近一个会计年度财务报告内部控制被注册会计师出具否定意见或者无法表示意见的审计报告；

（三）上市后最近 36 个月内出现过未按法律法规、公司章程、公开承诺进行利润分配的情形；

（四）法律法规规定不得实行股权激励的；

（五）中国证监会认定的其他情形。

八、参与本激励计划的激励对象不包括公司监事、独立董事。激励对象符合《上市公司股权激励管理办法》第八条的规定，不存在不得成为激励对象的下列情形：

（一）最近 12 个月内被证券交易所认定为不适当人选；

（二）最近 12 个月内被中国证监会及其派出机构认定为不适当人选；

（三）最近 12 个月内因重大违法违规行为被中国证监会及其派出机构行政处罚或者采取市场禁入措施；

（四）具有《公司法》规定的不得担任公司董事、高级管理人员情形的；

（五）法律法规规定不得参与上市公司股权激励的；

（六）中国证监会认定的其他情形。

九、公司承诺不为激励对象依本激励计划获取有关限制性股票提供贷款以及其他任何形式的财务资助，包括为其贷款提供担保。

十、本激励计划经公司股东大会审议通过后方可实施。

十一、本激励计划的实施不会导致股权分布不符合上市条件的要求。

第一章　释义

以下词语如无特殊说明，在本文中具有如下含义：

本公司、公司、上市公司	指	江苏××环保股份有限公司
本激励计划、本计划	指	江苏××环保股份有限公司 2021 年限制性股票激励计划
限制性股票、第二类限制性股票	指	符合本激励计划授予条件的激励对象，在满足相应归属条件后分次获得并登记的本公司股票
激励对象	指	按照本激励计划规定，获得限制性股票的公司（含分公司及控股子公司）董事、高级管理人员、核心技术人员及董事会认为需要激励的其他人员
授予日	指	公司向激励对象授予限制性股票的日期，授予日必须为交易日

（续表）

本公司、公司、上市公司	指	江苏××环保股份有限公司
授予价格	指	公司授予激励对象每一股限制性股票的价格
有效期	指	自限制性股票授予之日起到激励对象获授的限制性股票全部归属或作废失效的期间
归属	指	限制性股票激励对象满足获益条件后，上市公司将股票登记至激励对象账户的行为
归属条件	指	限制性股票激励计划所设立的，激励对象为获得激励股票所需满足的获益条件
归属日	指	限制性股票激励对象满足获益条件后，获授股票完成登记的日期，必须为交易日
《公司法》	指	《中华人民共和国公司法》
《证券法》	指	《中华人民共和国证券法》
《管理办法》	指	《上市公司股权激励管理办法》
《上市规则》	指	《上海证券交易所科创板股票上市规则》
《披露指南》	指	《科创板上市公司信息披露业务指南第4号——股权激励信息披露》
《公司章程》	指	《江苏××环保股份有限公司章程》
中国证监会	指	中国证券监督管理委员会
证券交易所	指	上海证券交易所
元	指	人民币元

注：1. 本草案所引用的财务数据和财务指标，如无特殊说明指合并报表口径的财务数据和根据该类财务数据计算的财务指标。2. 本草案中部分合计数与各明细数直接相加之和在尾数上如有差异，是由于四舍五入所造成。

第二章　本激励计划的目的与原则

为了进一步健全公司长效激励机制，吸引和留住优秀人才，充分调动公司员工的积极性，有效地将股东利益、公司利益和核心团队个人利益结合在一起，使各方共同关注公司的长远发展，在充分保障股东利益的前提下，按照收益与贡献匹配的原则，根据《公司法》《证券法》《管理办法》《上市规则》《披露指南》等有关法律、法规和规范性文件以及《公司章程》的规定，制定本激励计划。

截至本激励计划公告日，公司不存在其他生效执行地对公司董事、监事、高级管理人员、核心技术人员、员工实行的股权激励制度安排。

……

第四章 激励对象的确定依据和范围

一、激励对象的确定依据

1. 激励对象确定的法律依据

本激励计划激励对象根据《公司法》《证券法》《管理办法》《上市规则》《披露指南》等有关法律、法规、规范性文件和《公司章程》的相关规定，结合公司实际情况而确定。

2. 激励对象确定的职务依据

本激励计划首次授予的激励对象为公司（含分公司及控股子公司）董事、高级管理人员、核心技术人员以及董事会认为需要激励的其他人员（不包括独立董事、监事）。

二、激励对象的范围

本激励计划首次授予的激励对象共计为34人，约占本激励计划草案公告时公司员工总数265人的12.83%，具体包括：

1. 董事、高级管理人员；

2. 核心技术人员；

3. 董事会认为需要激励的其他人员。

以上激励对象中，公司高级管理人员必须经公司董事会聘任，所有激励对象必须在公司授予限制性股票时和本激励计划的规定的考核期内与公司或其子公司存在聘用或劳动关系。

预留授予的激励对象指本激励计划获得股东大会批准时尚未确定但在本激励计划存续期间纳入激励计划的激励对象，由本激励计划经股东大会审议通过后 12 个月内确定。经董事会提出、独立董事及监事会发表明确意见、律师发表专业意见并出具法律意见书后，公司按要求及时披露当次激励对象相关信息。超过 12 个月未明确激励对象的，预留权益失效。预留授予的激励对象的确定标准参照首次授予的标准确定。

本激励计划的激励对象包含公司控股股东、实际控制人、董事长、总经理、核心技术人员×××先生，公司将其纳入本激励计划的原因在于：

×××先生为公司董事长、总经理，为公司创始人及科研带头人，其负责引领公司各类核心技术和产品的技术路线和方向，具有 20 年水处理行业运作经验，为公司核心技术工业废水电子絮凝处理技术及高难废水零排放技术研发总负责人。×××先生是公司 5 项发明专利、13 项实用新型的发明人之一，为江苏省诚信企业家、江苏省科技企业家、南通市"226 高层次人才培养工程"首批中青年科学技术带头人、南通市产学研先进工作者以及南通市十大杰出青年企业家。因此，本激励计划将×××先生作为激励对象符合公司实际情况和未来发展需要，符合《管理办法》《上市规则》等相关法律法规的规定，具有必要性和合理性。

本激励计划的首次授予激励对象不包括独立董事、监事，除激励对象×××先生外不包括其他单独或合计持有上市公司 5% 以上股份的股东、上市公司实际控制人及其配偶、父母、子女以及外籍员工。

三、激励对象的核实

1. 本激励计划经董事会审议通过后，公司将在内部公示激励对象的姓名和职务，公示期不少于 10 天。

2. 公司监事会将对激励对象名单进行审核，充分听取公示意见，并在公司股东大会审议本激励计划前 5 日披露监事会对激励对象名单审核及公示情况的说明。经公司董事会调整的激励对象名单亦应经公司监事会核实。

第五章　限制性股票的激励方式、来源、数量和分配

一、本激励计划的股票来源

本激励计划采用的激励工具为第二类限制性股票，涉及的标的股票来源为公司向激励对象定向发行公司 A 股普通股股票。

二、授出限制性股票的数量

本激励计划拟授予的限制性股票数量为 350.00 万股，约占本激励计划草案公告时公司股本总额 10729.35 万股的 3.26%。其中首次授予 300.00 万股，约占本激励计划草案公告时公司股本总额的 2.80%，首次授予部分占本次授予权益总额的 85.71%；预留 50.00 万股，约占本激励计划草案公告时公司股本总额的 0.46%，预留部分约占本次授予权益总额的 14.29%。

三、激励对象获授的限制性股票分配情况

本激励计划授予的限制性股票在各激励对象间的分配情况如下表所示：

姓名	国籍	职务	获授的限制性股票数量（万股）	获授的限制性股票占授予总量的比例	获授的限制性股票占当前总本比例
一、董事、高级管理人员、核心技术人员（共6人）					
×××	中国	董事长、总经理	35.00	10.00%	0.33%
×××	中国	董事、副总经理、核心技术人员	32.00	9.14%	0.30%
×××	中国	董事、董事秘书、副总经理	28.00	8.00%	0.26%

（续表）

姓名	国籍	职务	获授的限制性股票数量（万股）	获授的限制性股票占授予总量的比例	获授的限制性股票占当前总本比例
×××	中国	董事	25.00	7.14%	0.23%
×××	中国	核心技术人员	11.00	3.14%	0.10%
×××	中国	核心技术人员	5.00	1.43%	0.05%
合计			136.00	38.86%	1.27%
二、其他激励对象（共28人）					
董事会认为需要激励的人员(共28人)			164.00	46.86%	1.53%
首次授予部分合计			300.00	85.71%	2.80%
预留部分			50.00	14.29%	0.46%
合计			350.00	100.00%	3.26%

注：1. 上述任何一名激励对象通过全部在有效期内的股权激励计划获授的本公司股票均未超过公司总股本的1%。公司全部有效期内的激励计划所涉及的标的股票总数累计不超过股权激励计划提交股东大会审议时公司股本总额的20%。

2. 以上激励对象中，×××先生为公司控股股东、实际控制人、董事长、总经理、核心技术人员。除×××先生外本计划授予激励对象不包括独立董事、监事、单独或合计持有上市公司5%以上股份的股东、上市公司实际控制人及其配偶、父母、子女。

3. 上表中数值若出现总数与各分项数值之和尾数不符，均为四舍五入原因所致。

4. 预留部分的激励对象由本激励计划经股东大会审议通过后12个月内确定，经董事会提出、独立董事及监事会发表明确意见、律师发表专业意见并出具法律意见书后，公司在指定网站按要求及时披露激励对象相关信息。超过12个月未明确激励对象的，预留权益失效。

第六章　本激励计划的有效期、授予日、归属安排和禁售期

一、本激励计划的有效期

本激励计划有效期自限制性股票首次授予之日起至激励对象获授的限制性股票全部归属或作废失效之日止，最长不超过 60 个月。

二、本激励计划的授予日

授予日在本激励计划经公司股东大会审议通过后由董事会确定。

三、本激励计划的归属安排

本激励计划授予的限制性股票在激励对象满足相应归属条件后将按约定比例分次归属，归属日必须为交易日，且不得在下列期间内归属：

1. 公司定期报告公告前 30 日，因特殊原因推迟定期报告公告日期的，自原预约公告日前 30 日起算，至公告前 1 日；

2. 公司业绩预告、业绩快报公告前 10 日；

3. 自可能对本公司股票及其衍生品种交易价格产生较大影响的重大事件发生之日或者进入决策程序之日，至依法披露后 2 个交易日内；

4. 中国证监会及上海证券交易所规定的其他期间。

上述"重大事件"为公司依据《上海证券交易所科创板股票上市规则（2020 年 12 月修订）》的规定应当披露的交易或其他重大事项。

如相关法律、行政法规、部门规章对不得归属的期间另有规定的，以相关规定为准。

本激励计划首次授予的限制性股票的归属期限和归属安排具体如下：

首次授予归属安排	归属时间	归属权益数量占授予权益总量的比例
第一个归属期	自首次授予日起 12 个月后的首个交易日至首次授予日起 24 个月内的最后一个交易日	30%
第二个归属期	自首次授予日起 24 个月后的首个交易日至首次授予日起 36 个月内的最后一个交易日	30%
第三个归属期	自首次授予日起 36 个月后的首个交易日至首次予日起 48 个月内的最后一个交易日止	40%

若预留部分在 2021 年授予完成，则预留部分归属安排与首次授予部分一致。若预留部分在 2022 年授予完成，则预留部分归属安排如下表所示：

预留授予归属安排	归属时间	归属权益数量占授予权益总量的比例
第一个归属期	自预留授予日起 12 个月后的首个交易日至预留授予日起 24 个月内的最后一个交易日止	50%
第二个归属期	自预留授予日起 24 个月后的首个交易日至预留授予日起 36 个月内的最后一个交易日止	50%

激励对象根据本激励计划获授的限制性股票在归属前不得转让、用于担保或偿还债务。激励对象已获授但尚未归属的限制性股票由于资本公积金转增股本、送股等情形增加的股份同时受归属条件约束，且归属之前不得转让、用于担保或偿还债务，若届时限制性股票不得归属的，则因前述原因获得的股份同样不得归属。

四、本激励计划禁售期

禁售期是指激励对象获授的限制性股票归属后其售出限制的时间段。本次限制性股票激励计划的禁售期规定按照《公司法》《证券法》《上市公司股东、董监高减持股份的若干规定》《上海证券交易所上市公司股东及董事、监事、高级管理人员减持股份实施细则》等相关法律、法规、规范性文件和《公司章程》的规定执行，具体内容如下：

1. 激励对象为公司董事、高级管理人员的，其在任职期间每年转让的股份不得超过其所持有本公司股份总数的 25%，在离职后半年内，不得转让其所持有的本公司股份。

2. 激励对象为公司董事和高级管理人员的，将其持有的本公司股票在买入后 6 个月内卖出，或者在卖出后 6 个月内又买入，由此所得收益归本公司所有，本公司董事会将收回其所得收益。

3. 在本激励计划有效期内，如果《公司法》《证券法》《上市公司股东、董监高减持股份的若干规定》《上海证券交易所上市公司股东及董事、监事、高级管理人员减持股份实施细则》等相关法律、法规、规范性文件和《公司章程》中对公司董事和高级管理人员持有股份转让的有关规定发生了变化，则这部分激励对象转让其所持有的公司股票应当在转让时符合修改后的相关规定。

第七章　限制性股票的授予价格及授予价格的确定方法

一、限制性股票的授予价格

限制性股票的首次授予价格为每股 9.00 元，即满足授予条件和归属条件后，激励对象可以每股 9.00 元的价格购买公司向激励对象增发的公司 A 股普通股股票。

预留部分限制性股票授予价格与首次授予的限制性股票的授予价格相同。

二、限制性股票的授予价格的确定方法

本激励计划限制性股票授予价格的定价方法为自主定价，确定为 9.00 元/股。

（一）本激励计划公告前 1 个交易日公司股票交易均价（前 1 个交易日股票交易总额/前 1 个交易日股票交易总量）为每股 16.13 元，本次授予价格占前 1 个交易日交易均价的 55.78%；

（二）本激励计划公告前 20 个交易日公司股票交易均价（前 20 个交易日股票交易总额/前 20 个交易日股票交易总量）为每股 16.51 元，本次授予价格占前 20 个交易日交易均价的 54.52%；

（三）本激励计划公告前 60 个交易日的公司股票交易均价（前 60 个交易日股票交易总额/前 60 个交易日股票交易总量）为每股 17.11 元，本次授予价格占前 60 个交易日交易均价的 52.60%；

（四）本激励计划草案公布前 120 个交易日公司股票交易均价（前 120 个交易日股票交易总额/前 120 个交易日股票交易总量）为每股 20.74 元，本激励计划限制性股票的授予价格占前 120 个交易日均价的 43.40%。

三、定价依据

公司本次限制性股票的授予价格及定价方法，是以促进公司发展、维护股东权益为根本目的，基于对公司未来发展前景的信心和内在价值的认可，本着激励与约束对等的原则而定。

公司以"市场领先的，全能型水处理整体解决方案提供商"为定位，专注于工业水处理领域。为了保持公司的产品和服务在行业内持续的具有一定的竞争优势，需要持续进行技术创新和丰富的技术准备，这些都离不开核心技术人员及优秀人才的创造和参与。

本次股权激励计划的定价综合考虑了激励计划的有效性和公司股份支付费用影响等因素，并合理确定了激励对象范围和授予权益数量，遵循了激励约束对等原则，不会对公司经营造成负面影响，体现了公司实际激励

需求，具有合理性，且激励对象未来的收益取决于公司未来业绩发展和二级市场股价。

第八章　限制性股票的授予与归属条件

一、限制性股票的授予条件

同时满足下列授予条件时，公司应向激励对象授予限制性股票，反之，若下列任一授予条件未达成的，则不能向激励对象授予限制性股票。

（一）公司未发生如下任一情形：

1. 最近一个会计年度财务会计报告被注册会计师出具否定意见或者无法表示意见的审计报告；

2. 最近一个会计年度财务报告内部控制被注册会计师出具否定意见或者无法表示意见的审计报告；

3. 上市后36个月内出现过未按法律法规、公司章程、公开承诺进行利润分配的情形；

4. 法律法规规定不得实行股权激励的；

5. 中国证监会认定的其他情形。

（二）激励对象未发生如下任一情形：

1. 最近12个月内被证券交易所认定为不适当人选；

2. 最近12个月内被中国证监会及其派出机构认定为不适当人选；

3. 最近12个月内因重大违法违规行为被中国证监会及其派出机构行政处罚或者采取市场禁入措施；

4. 具有《公司法》规定的不得担任公司董事、高级管理人员情形的；

5. 法律法规规定不得参与上市公司股权激励的；

6. 中国证监会认定的其他情形。

二、限制性股票的归属条件

激励对象获授的限制性股票需同时满足以下归属条件方可分批次办理

归属事宜：

（一）公司未发生如下任一情形：

1. 最近一个会计年度财务会计报告被注册会计师出具否定意见或者无法表示意见的审计报告；

2. 最近一个会计年度财务报告内部控制被注册会计师出具否定意见或者无法表示意见的审计报告；

3. 上市后最近 36 个月内出现过未按法律法规、公司章程、公开承诺进行利润分配的情形；

4. 法律法规规定不得实行股权激励的；

5. 中国证监会认定的其他情形。

（二）激励对象未发生如下任一情形：

1. 最近 12 个月内被证券交易所认定为不适当人选；

2. 最近 12 个月内被中国证监会及其派出机构认定为不适当人选；

3. 最近 12 个月内因重大违法违规行为被中国证监会及其派出机构行政处罚或者采取市场禁入措施；

4. 具有《公司法》规定的不得担任公司董事、高级管理人员情形的；

5. 法律法规规定不得参与上市公司股权激励的；

6. 中国证监会认定的其他情形。

公司发生上述第（一）条规定情形之一的，所有激励对象根据本激励计划已获授但尚未归属的限制性股票取消归属，并作废失效；若公司发生不得实施股权激励的情形，且激励对象对此负有责任的，或激励对象发生上述第（二）条规定的不得被授予限制性股票的情形，该激励对象已获授但尚未归属的限制性股票取消归属，并作废失效。

（三）激励对象满足各归属期任职期限要求

激励对象获授的各批次限制性股票在归属前，须满足 12 个月以上的任职期限。

（四）满足公司层面业绩考核要求

公司为本限制性股票激励计划设置了 A、B 两级业绩考核目标。本激励计划首次授予限制性股票的归属考核年度为 2021-2023 年三个会计年度，每个会计年度考核一次，以达到业绩考核目标作为激励对象当年度的归属条件之一：

本激励计划首次授予限制性股票的业绩考核目标如下表所示：

首次授予归属期	业绩考核目标 A	业绩考核目标 B
	公司层面归属比例 100%	公司层面归属比例 80%
第一个归属期	2021 年营业收入较 2018-2020 年平均营业收入增长率不低于 30.00%	2021 年营业收入较 2018-2020 年平均营业收入增长率为 25.00%（含）至 30.00%（不含）
第二个归属期	2022 年营业收入较 2018-2020 年平均营业收入增长率不低于 65.00%	2022 年营业收入较 2018-2020 年平均营业收入增长率为 50.00%（含）至 65.00%（不含）
第三个归属期	2023 年营业收入较 2018-2020 年平均营业收入增长率不低于 100.00%	2023 年营业收入较 2018-2020 年平均营业收入增长率为 80.00%（含）至 100.00%（不含）

如预留部分在 2021 年授出，则预留部分业绩考核目标与首次授予部分一致；若预留部分在 2022 年授出，则预留部分各年度业绩考核目标如下表所示：

预留授予归属期	业绩考核目标 A	业绩考核目标 B
	公司层面归属比例 100%	公司层面归属比例 80%
第一个归属期	2022 年营业收入较 2018-2020 年平均营业收入增长率不低于 65.00%	2022 年营业收入较 2018-2020 年平均营业收入增长率为 50.00%（含）至 65.00%（不含）
第二个归属期	2023 年营业收入较 2018-2020 年平均营业收入增长率不低于 100.00%	2023 年营业收入较 2018-2020 年平均营业收入增长率为 80.00%（含）至 100.00%（不含）

注：上述"营业收入"以经公司聘请的会计师事务所审计的合并报表所载数据为计算依据。

（五）满足激励对象个人层面绩效考核要求

所有激励对象的个人层面绩效考核按照公司现行的相关规定组织实施，并依照激励对象的考核结果确定其实际归属的股份数量。激励对象的绩效考核结果划分为优秀、良好、合格、不合格四档，届时根据以下考核评级表中对应的个人层面归属比例确定激励对象的实际归属的股份数量。

考核评价结果	优秀	良好	合格	不合格
个人层面归属比例	100%	80%	60%	0

若公司满足当年公司层面业绩考核目标，激励对象当年实际归属的限制性股票数量=个人当年计划归属的数量×个人层面归属比例。

激励对象当期计划归属的限制性股票因考核原因不能归属或不能完全归属的，作废失效，不可递延至下一年度。

若公司/公司股票因经济形势、市场行情等因素发生变化，继续执行激励计划难以达到激励目的，经公司董事会及/或股东大会审议确认，可决定对本激励计划的尚未归属的某一批次/多个批次的限制性股票取消归属或终止本激励计划。

三、考核指标的科学性和合理性说明

本激励计划考核指标分为两个层面，分别为公司层面业绩考核、个人层面绩效考核。

公司选取营业收入作为公司层面业绩指标，营业收入是衡量企业经营状况和市场占有能力，预测企业经营业务拓展趋势的重要标志，也是反映企业成长性的有效指标。公司 2020 年前三季度受新型冠状病毒性肺炎疫情影响，导致现有项目运营及新订单获取延迟，经营业绩有所下滑。公司在综合考虑了宏观环境、公司历史业绩、行业发展状况、市场竞争情况以及公司未来的发展规划等相关因素的基础上，经过合理预测并兼顾本计划的激励目的，设定了本次激励计划 A、B 两级的业绩考核目标。在此背景下，公司所设定的业绩考核目标充分考虑了公司目前经营状况、未来发展规划、行业特点等综合因素，指标设定合理、科学。

除公司层面的业绩考核外，公司对所有激励对象个人设置了严密的绩效考核体系，能够对激励对象的工作绩效做出较为准确、全面的综合评价。公司将根据激励对象前一年度绩效考核结果，确定激励对象个人是否达到归属条件。

综上，公司本次激励计划的考核体系具有全面性、综合性及可操作性，考核指标设定具有良好的科学性和合理性，同时对激励对象具有约束效果，能够达到本次激励计划的考核目的。

……

第十三章　公司/激励对象发生异动的处理

一、公司发生异动的处理

（一）公司出现下列情形之一的，本激励计划终止实施，对激励对象已获授但尚未归属的限制性股票取消归属：

1. 最近一个会计年度财务会计报告被注册会计师出具否定意见或者无法表示意见的审计报告；

2. 最近一个会计年度财务报告内部控制被注册会计师出具否定意见或者无法表示意见的审计报告；

3. 上市后最近 36 个月内出现过未按法律法规、公司章程、公开承诺进行利润分配的情形；

4. 法律法规规定不得实行股权激励的情形；

5. 中国证监会认定的其他需要终止激励计划的情形。

（二）公司出现下列情形之一的，本激励计划不做变更。

1. 公司控制权发生变更，但未触发重大资产重组；

2. 公司出现合并、分立的情形，公司仍然存续。

（三）公司出现下列情形之一的，由公司股东大会决定本计划是否作出相应变更或调整：

1. 公司控制权发生变更且触发重大资产重组；

2. 公司出现合并、分立的情形，且公司不再存续。

（四）公司因信息披露文件有虚假记载、误导性陈述或者重大遗漏，导致不符合限制性股票授予条件或归属条件的，激励对象已获授但尚未归属的限制性股票不得归属；已归属的限制性股票，应当返还其已获授权益。董事会应当按照前款规定收回激励对象所得收益。若激励对象对上述事宜不负有责任且因返还权益而遭受损失的，激励对象可向公司或负有责任的对象进行追偿。

二、激励对象个人情况发生变化

（一）激励对象发生职务变更，但仍在公司或在公司下属分公司、子公司内任职的，其获授的限制性股票将按照职务变更前本激励计划规定的程序办理归属；但是，激励对象因不能胜任岗位工作、触犯法律、违反执业道德、泄露公司机密、失职或渎职、严重违反公司制度等行为损害公司利益或声誉而导致的职务变更，或因前列原因导致公司或其子公司解除与激励对象劳动关系或聘用关系的，激励对象已获授予但尚未归属的限制性股票不得归属，并作废失效。

（二）激励对象离职的，包括主动辞职、因公司裁员而离职、劳动合同/聘用协议到期不再续约、因个人过错被公司解聘、协商解除劳动合同或聘用协议等、因丧失劳动能力离职等情形，自离职之日起激励对象已获授予但尚未归属的限制性股票不得归属，并作废失效。激励对象离职前需要向公司支付完毕已归属限制性股票所涉及的个人所得税。

（三）激励对象按照国家法规及公司规定正常退休（含退休后返聘到公司任职或以其他形式继续为公司提供劳动服务），遵守保密义务且未出现任何损害公司利益行为的，其获授的限制性股票继续有效并仍按照本激励计划规定的程序办理归属。发生本款所述情形后，激励对象无个人绩效考核的，其个人绩效考核条件不再纳入归属条件；有个人绩效考核的，其个人绩效考核仍为限制性股票归属条件之一。

（四）激励对象身故的，自情况发生之日起，激励对象已获授但尚未归属的限制性股票不得归属。

（五）本激励计划未规定的其他情况由公司董事会认定，并确定其处理方式。

三、公司与激励对象之间争议或纠纷的解决机制

公司与激励对象之间因执行本激励计划及/或双方签订的《限制性股票授予协议书》所发生的或与本激励计划及/或《限制性股票授予协议书》相关的争议或纠纷，双方应通过协商、沟通解决，或通过公司董事会薪酬与考核委员会调解解决。若自争议或纠纷发生之日起 60 日内双方未能通过上述方式解决或通过上述方式未能解决相关争议或纠纷，任何一方均有权向公司所在地有管辖权的人民法院提起诉讼解决。

......

（三）【范例三】《北京××导航技术股份有限公司 2021 年限制性股票激励计划（草案）》

北京××导航技术股份有限公司 2021 年限制性股票激励计划（草案）

......

特别提示

一、本激励计划系依据《中华人民共和国公司法》《中华人民共和国证券法》《上市公司股权激励管理办法》《深圳证券交易所上市公司业务办理指南第 9 号——股权激励》和其他有关法律、法规、规范性文件，以及《北京××导航技术股份有限公司章程》制订。

二、本激励计划采取的激励工具为限制性股票。股票来源为北京××导航技术股份有限公司（以下简称"公司"或"本公司"）向激励对象定向发行公司 A 股普通股。

三、本激励计划拟授予的限制性股票数量为 565.00 万股，约占本激励计划草案公告时公司股本总额 50772.9997 万股的 1.1128%。其中首次授予 453.50 万股，占本激励计划草案公告时公司股本总额 50772.9997 万股的 0.8932%；预留 111.50 万股，占本激励计划草案公告时公司股本总额 50772.9997 万股的 0.2196%，预留部分占本次授予权益总额的 19.7345%。

公司全部有效期内的股权激励计划所涉及的标的股票总数累计未超过本激励计划提交股东大会审议之前公司股本总额的 10%。本激励计划中任何一名激励对象通过全部在有效期内的股权激励计划获授的本公司股票数量累计未超过本激励计划草案公告时公司股本总额的 1%。

四、本激励计划限制性股票的首次授予价格为 21.24 元/股。

五、在本激励计划草案公告当日至激励对象完成限制性股票登记期间，若公司发生资本公积转增股本、派送股票红利、股份拆细或缩股、配股、派息等事宜，限制性股票的授予价格或授予数量将根据本激励计划予以相应的调整。

六、本激励计划首次授予的激励对象总人数为 235 人，为公司公告本激励计划草案时在公司任职并签署劳动合同或聘用合同的董事、高级管理人员、管理骨干及核心技术（业务）人员。

预留激励对象指本计划获得股东大会批准时尚未确定但在本计划存续期间纳入激励计划的激励对象，由本激励计划经股东大会审议通过后 12 个月内确定。预留激励对象的确定标准参照首次授予的标准确定。

七、本激励计划有效期自限制性股票授予之日起至激励对象获授的限制性股票全部解除限售或回购注销完毕之日止，最长不超过 60 个月。

八、公司不存在《上市公司股权激励管理办法》第七条规定的不得实行股权激励的下列情形：

（一）最近一个会计年度财务会计报告被注册会计师出具否定意见或者无法表示意见的审计报告；

（二）最近一个会计年度财务报告内部控制被注册会计师出具否定意见或者无法表示意见的审计报告；

（三）上市后最近36个月内出现过未按法律法规、公司章程、公开承诺进行利润分配的情形；

（四）法律法规规定不得实行股权激励的；

（五）中国证监会认定的其他情形。

九、参与本激励计划的激励对象不包括公司独立董事和监事。单独或合计持有公司5%以上股份的股东或实际控制人及其配偶、父母、子女未参与本激励计划。激励对象符合《上市公司股权激励管理办法》第八条的规定，不存在不得成为激励对象的下列情形：

（一）最近12个月内被证券交易所认定为不适当人选；

（二）最近12个月内被中国证监会及其派出机构认定为不适当人选；

（三）最近12个月内因重大违法违规行为被中国证监会及其派出机构行政处罚或者采取市场禁入措施；

（四）具有《公司法》规定的不得担任公司董事、高级管理人员情形的；

（五）法律法规规定不得参与上市公司股权激励的；

（六）中国证监会认定的其他情形。

十、公司承诺不为激励对象依本激励计划获取有关限制性股票提供贷款以及其他任何形式的财务资助，包括为其贷款提供担保。

十一、激励对象承诺，若公司因信息披露文件中有虚假记载、误导性陈述或者重大遗漏，导致不符合授予权益或行使权益安排的，激励对象自相关信息披露文件被确认存在虚假记载、误导性陈述或者重大遗漏后，将由本次股权激励计划所获得的全部利益返还公司。

十二、本激励计划经公司股东大会审议通过后方可实施。

十三、自股东大会审议通过本激励计划之日起60日内，公司将按相关规定召开董事会对首次授予部分激励对象进行授予，并完成登记、公告等相关程序。公司未能在60日内完成上述工作的，将及时披露未完成原因，终止实施本激励计划，未授予的限制性股票失效。预留部分须在本次股权激励计划经公司股东大会审议通过后的12个月内授出。

十四、本激励计划的实施不会导致公司股权分布不符合上市条件的要求。

第一章　释义

以下词语如无特殊说明，在本文中具有如下含义：

×× 、本公司、公司、上市公司	指	北京××导航技术股份有限公司（含控股子公司）
本激励计划、本计划	指	北京××导航技术股份有限公司2021年限制性股票激励计划
限制性股票	指	公司根据本激励计划规定的条件和价格，授予激励对象一定数量的公司股票，该等股票设置一定期限的限售期，在达到本激励计划规定的解除限售条件后，方可解除限售流通
激励对象	指	按照本激励计划规定，获得限制性股票的公司董事、高级管理人员、管理骨干及核心技术（业务）人员
有效期	指	自限制性股票首次授予登记完成之日起至激励对象获授的限制性股票解除限售或回购注销完毕之日止
授予日	指	公司向激励对象授予限制性股票的日期，授予日必须为交易日
授予价格	指	公司授予激励对象每一股限制性股票的价格
限售期	指	激励对象根据本激励计划获授的限制性股票被禁止转让、用于担保、偿还债务的期间
解除限售期	指	本激励计划规定的解除限售条件成就后，激励对象持有的限制性股票可以解除限售并上市流通的期间
解除限售条件	指	根据本激励计划，激励对象所获限制性股票解除限售所必须满足的条件
《公司法》	指	《中华人民共和国公司法》
《证券法》	指	《中华人民共和国证券法》
《管理办法》	指	《上市公司股权激励管理办法》
《公司章程》	指	《北京××导航技术股份有限公司章程》

（续表）

××、本公司、公司、上市公司	指	北京××导航技术股份有限公司（含控股子公司）
中国证监会	指	中国证券监督管理委员会
证券交易所	指	深圳证券交易所
元	指	人民币元

注：1. 本草案所引用的财务数据和财务指标，如无特殊说明指合并报表口径的财务数据和根据该类财务数据计算的财务指标。

2. 本草案中部分合计数与各明细数直接相加之和在尾数上如有差异，是由于四舍五入所造成。

第二章　本激励计划的目的与原则

为了进一步完善公司治理结构，建立、健全公司长效激励机制，吸引和留住优秀人才，增强公司管理团队和业务骨干对实现公司持续、健康发展的责任感、使命感，更好地调动人员的主动性、积极性和创造性，维护公司及股东利益，推动公司高质量发展，促进公司黄金新十年目标的实现，按照收益与贡献对等的原则，根据《公司法》《证券法》《管理办法》《深圳证券交易所上市公司业务办理指南第 9 号——股权激励》等有关法律、法规和规范性文件以及《公司章程》的规定，制定本激励计划。

……

第四章　激励对象的确定依据和范围

一、激励对象的确定依据

1. 激励对象确定的法律依据

本激励计划激励对象根据《公司法》《证券法》《管理办法》等有关法律、法规、规范性文件和《公司章程》的相关规定，结合公司实际情况而确定。

2. 激励对象确定的职务依据

本激励计划激励对象为公司董事、高级管理人员、管理骨干及核心技术（业务）人员。不包括独立董事、监事，也不包括单独或合计持有公司5%以上股份的股东或实际控制人及其配偶、父母、子女。

二、激励对象的范围

本激励计划涉及的首次激励对象共计235人，包括：

1. 公司董事和高级管理人员；

2. 公司管理骨干；

3. 公司核心技术（业务）人员。

本激励计划首次授予的激励对象不包括独立董事、监事，也不包括单独或合计持有公司5%以上股份的股东或实际控制人及其配偶、父母、子女。

授予的激励对象中，董事和高级管理人员必须经公司股东大会选举或者公司董事会聘任。所有激励对象必须在公司授予限制性股票时以及在本激励计划的考核期内于公司任职并签署劳动合同或聘用合同。

预留授予部分的激励对象由本计划经股东大会审议通过后12个月内确定，经董事会提出、独立董事及监事会发表明确意见、律师发表专业意见并出具法律意见书后，公司在指定网站按要求及时准确披露当次激励对象相关信息。超过12个月未明确激励对象的，预留权益失效。预留激励对象的确定标准参照首次授予的标准确定。

三、激励对象的核实

1. 公司在本激励计划经董事会审议通过后，召开股东大会前，在公司内部网站或其他途径内部公示激励对象的姓名和职务，公示期不少于10天。

2. 公司监事会将对激励对象名单进行审核，充分听取公示意见，并在公司股东大会审议本激励计划前3~5日披露监事会对激励对象名单审核及公示情况的说明。经公司董事会调整的激励对象名单亦应经公司监事会核实。

3. 公司将聘请律师对上述激励对象的资格和授权是否符合《管理办法》及本激励计划出具专业意见。

……

第六章 本激励计划的有效期、授予日、 限售期、解除限售安排和禁售期

一、本激励计划的有效期

本激励计划有效期自限制性股票首次授予登记完成之日起至激励对象获授的限制性股票全部解除限售或回购注销之日止，最长不超过 60 个月。

二、本激励计划的授予日

授予日在本激励计划经公司股东大会审议通过后由董事会确定，授予日必须为交易日。公司需在股东大会审议通过后 60 日内授予限制性股票并完成公告、登记。公司未能在 60 日内完成上述工作的，应当及时披露未完成原因，并宣告终止实施本激励计划，未完成授予的限制性股票作废失效。预留部分须在本次股权激励计划经公司股东大会审议通过后的 12 个月内授出。公司不得在下列期间内进行限制性股票授予：

1. 公司定期报告公告前 30 日内，因特殊原因推迟定期报告公告日期的，自原预约公告日前 30 日起算，至公告前 1 日；

2. 公司业绩预告、业绩快报公告前 10 日内；

3. 自可能对本公司股票及其衍生品种交易价格产生较大影响的重大事件发生之日或者进入决策程序之日，至依法披露后 2 个交易日内；

4. 中国证监会及深圳证券交易所规定的其他期间。

上述公司不得授出限制性股票的期间不计入 60 日期限之内。

三、本激励计划的限售期和解除限售安排

本激励计划授予限制性股票（包括在 2021 年度授出的预留部分限制性股票）的限售期为完成登记之日起 12 个月、24 个月、36 个月，各期对应的解除限售比例分别为 30%、30%、40%。若本激励计划预留部分限制性股票在 2022 年授予，则限售期为预留授予部分完成登记之日起 12 个月、24 个月，各期对应的解除限售比例分别为 50%、50%。激励对象根据本激励计划获授的限制性股票在解除限售前不得转让、用于担保或偿还债务。

本激励计划首次授予的限制性股票的解除限售期及各期解除限售时间安排如下表所示：

解除限售安排	解除限售时间	解除限售比例
首次授予的限制性股票第一个解除限售期	自首次授予完成登记之日起 12 个月后的首个交易日起至首次授予完成登记之日起 24 个月内的最后一个交易日当日止	30%
首次授予的限制性股票第二个解除限售期	自首次授予完成登记之日起 24 个月后的首个交易日起至首次授予完成登记之日起 36 个月内的最后一个交易日当日止	30%
首次授予的限制性股票第三个解除限售期	自首次授予完成登记之日起 36 个月后的首个交易日起至首次授予完成登记之日起 48 个月内的最后一个交易日当日止	40%

本激励计划预留的限制性股票的解除限售期及各期解除限售时间安排如下表所示：

1. 若预留部分限制性股票于 2021 年度授出，则各期解除限售时间安排如下表所示：

解除限售安排	解除限售时间	解除限售比例
预留的限制性股票第一个解除限售期	自预留授予完成登记之日起 12 个月后的首个交易日起至预留授予完成登记之日起 24 个月内的最后一个交易日当日止	30%
预留的限制性股票第二个解除限售期	自预留授予完成登记之日起 24 个月后的首个交易日起至预留授予完成登记之日起 36 个月内的最后一个交易日当日止	30%
预留的限制性股票第三个解除限售期	自预留授予完成登记之日起 36 个月后的首个交易日起至预留授予完成登记之日起 48 个月内的最后一个交易日当日止	40%

2. 若预留部分限制性股票于 2022 年度授出，则各期解除限售时间安排如下表所示：

解除限售安排	解除限售时间	解除限售比例
预留的限制性股票第一个解除限售期	自预留授予完成登记之日起 12 个月后的首个交易日起至预留授予完成登记之日起 24 个月内的最后一个交易日当日止	50%
预留的限制性股票第二个解除限售期	自预留授予完成登记之日起 24 个月后的首个交易日起至预留授予完成登记之日起 36 个月内的最后一个交易日当日止	50%

限售期满后，公司为满足解除限售条件的激励对象办理解除限售事宜，未满足解除限售条件的激励对象持有的限制性股票及在上述约定期间内未申请解除限售的限制性股票，由公司将按本激励计划规定的原则回购并注销。限制性股票解除限售条件未成就时，相关权益不得递延至下期。

激励对象获授的限制性股票因公司资本公积转增股本、派送股票红利、股份拆细而取得的股份，应与限制性股票同时限售，不得在二级市场出售或以其他方式转让，该等股份的解除限售期及解除限售比例与限制性股票相同。若公司对尚未解除限售的限制性股票进行回购，对应的该等股份将一并回购。

四、本激励计划禁售期

本激励计划的限售规定按照《公司法》《证券法》等相关法律、法规、规范性文件和《公司章程》执行，具体规定如下：

1. 激励对象为公司董事和高级管理人员的，其在任职期间每年转让的股份不得超过其所持有本公司股份总数的25%；在离职后半年内，不得转让其所持有的本公司股份。

2. 激励对象为公司董事和高级管理人员的，将其持有的本公司股票在买入后6个月内卖出，或者在卖出后6个月内又买入，由此所得收益归本公司所有，本公司董事会将收回其所得收益。

3. 在本激励计划有效期内，如果《公司法》《证券法》等相关法律、法规、规范性文件和《公司章程》中对公司董事和高级管理人员持有股份转让的有关规定发生了变化，则此类激励对象转让其所持有的公司股票应当在转让时符合修改后的《公司法》《证券法》等相关法律、法规、规范性文件和《公司章程》的规定。

……

第八章 限制性股票的授予与解除限售条件

一、限制性股票的授予条件

同时满足下列授予条件时，公司应向激励对象授予限制性股票，反之，若下列任一授予条件未达成的，则不能向激励对象授予限制性股票。

（一）公司未发生如下任一情形：

1. 最近一个会计年度财务会计报告被注册会计师出具否定意见或者无法表示意见的审计报告；

2. 最近一个会计年度财务报告内部控制被注册会计师出具否定意见或者无法表示意见的审计报告；

3. 上市后最近36个月内出现过未按法律法规、公司章程、公开承诺

进行利润分配的情形;

4. 法律法规规定不得实行股权激励的;

5. 中国证监会认定的其他情形。

(二) 激励对象未发生如下任一情形:

1. 最近 12 个月内被证券交易所认定为不适当人选;

2. 最近 12 个月内被中国证监会及其派出机构认定为不适当人选;

3. 最近 12 个月内因重大违法违规行为被中国证监会及其派出机构行政处罚或者采取市场禁入措施;

4. 具有《公司法》规定的不得担任公司董事、高级管理人员情形的;

5. 法律法规规定不得参与上市公司股权激励的;

6. 中国证监会认定的其他情形。

二、限制性股票的解除限售条件

解除限售期内,同时满足下列条件时,激励对象获授的限制性股票方可解除限售:

(一) 公司未发生如下任一情形:

1. 最近一个会计年度财务会计报告被注册会计师出具否定意见或者无法表示意见的审计报告;

2. 最近一个会计年度财务报告内部控制被注册会计师出具否定意见或者无法表示意见的审计报告;

3. 上市后最近 36 个月内出现过未按法律法规、公司章程、公开承诺进行利润分配的情形;

4. 法律法规规定不得实行股权激励的;

5. 中国证监会认定的其他情形。

(二) 激励对象未发生如下任一情形:

1. 最近 12 个月内被证券交易所认定为不适当人选;

2. 最近 12 个月内被中国证监会及其派出机构认定为不适当人选;

3. 最近 12 个月内因重大违法违规行为被中国证监会及其派出机构行

政处罚或者采取市场禁入措施；

4. 具有《公司法》规定的不得担任公司董事、高级管理人员情形的；

5. 法律法规规定不得参与上市公司股权激励的；

6. 中国证监会认定的其他情形。

公司发生上述第（一）条规定情形之一，负有个人责任的激励对象根据本激励计划已获授但尚未解除限售的限制性股票应当由公司回购注销，回购价格为授予价格；公司发生上述第（一）条规定情形之一，不负有个人责任的激励对象根据本激励计划已获授但尚未解除限售的限制性股票应当由公司回购注销，回购价格为授予价格加上银行同期活期存款利息之和；某一激励对象发生上述第（二）条规定情形之一的，该激励对象根据本激励计划已获授但尚未解除限售的限制性股票应当由公司回购注销，回购价格为授予价格。

（三）公司层面业绩考核要求

本激励计划的解除限售考核年度为 2021-2023 年三个会计年度，每个会计年度考核一次，各年度业绩考核目标如下表所示：

首次授予的限制性股票各年度业绩考核目标如下表所示：

解除限售期	业绩考核目标
首次授予限制性股票第一个解除限售期	以 2020 年扣除非经常性损益后归属于上市公司股东的净利润为基数，2021 年增长率不低于 10%，或以 2020 年归属于上市公司股东的净利润为基数，2021 年增长率不低于 10%
首次授予限制性股票第二个解除限售期	以 2020 年扣除非经常性损益后归属于上市公司股东的净利润为基数，2022 年增长率不低于 30%，或以 2020 年归属于上市公司股东的净利润为基数，2022 年增长率不低于 20%
首次授予限制性股票第三个解除限售期	以 2020 年扣除非经常性损益后归属于上市公司股东的净利润为基数，2023 年增长率不低于 50%，或以 2020 年归属于上市公司股东的净利润为基数，2023 年增长率不低于 35%

预留授予的限制性股票各年度业绩考核目标如下表所示：

解除限售期	业绩考核目标
预留的限制性股票第一个解除限售期	以 2020 年扣除非经常性损益后归属于上市公司股东的净利润为基数，2022 年增长率不低于 30%，或以 2020 年归属于上市公司股东的净利润为基数，2022 年增长率不低于 20%
预留的限制性股票第二个解除限售期	以 2020 年扣除非经常性损益后归属于上市公司股东的净利润为基数，2023 年增长率不低于 50%，或以 2020 年归属于上市公司股东的净利润为基数，2023 年增长率不低于 35%

1. 若预留部分限制性股票于 2021 年度授出，则各年度业绩考核目标与首次授予部分相同。

2. 若预留部分限制性股票于 2022 年度授出，则各年度业绩考核目标如下表所示：

上述"净利润"指标均剔除商誉减值，并剔除本次及其他激励计划激励成本的影响。

公司未满足上述业绩考核目标的，所有激励对象对应考核当年已获授的限制性股票均不得解除限售，由公司回购注销，回购价格为授予价格加上银行同期活期存款利息之和。

（四）个人层面绩效考核要求

薪酬与考核委员会将对激励对象每个考核年度的绩效进行考评，并依照激励对象的考评结果确定其解除限售的比例。若公司层面业绩考核达标，则激励对象个人当年实际解除限售额度=个人层面解除限售比例×个人当年计划解除限售额度。

激励对象个人层面解除限售比例，依据激励对象绩效考核系数划分为 A、B、C 三个档次，如下：

评价标准	A	B	C
个人层面绩效考核系数	1	1>个人绩效考核系数>0	0
个人层面解除限售比例	100%	个人绩效考核系数×100%	0

若激励对象上一年度个人绩效考核评级为 A、B，激励对象可按照当年度本激励计划规定的比例解除限售；若激励对象上一年度个人绩效考核结果为 C，不能解除限售。激励对象当年未解除限售的限制性股票由公司回购注销，回购价格为授予价格加上银行同期活期存款利息之和。

激励对象获授权益、行使权益的条件未成就时，相关权益不得递延至下期。

三、考核指标的科学性和合理性说明

公司限制性股票激励计划考核指标的设立符合法律法规和公司章程的基本规定。考核指标分为两个层次，分别为公司层面业绩考核和个人层面绩效考核。

公司层面业绩指标为扣除非经常性损益后归属于上市公司股东的净利润增长率或归属于上市公司股东的净利润增长率，净利润增长率指标反映公司盈利能力及成长性，能够树立较好的资本市场形象；经过合理预测并兼顾本计划的激励作用，公司设立以 2020 年扣除非经常性损益后归属于上市公司股东的净利润为基数，2021-2023 年增长率分别不低于 10%、30%、50%，或以 2020 年归属于上市公司股东的净利润为基数，2021-2023 年增长率分别不低于 10%、20%、35%。

除公司层面的业绩考核外，公司对个人还设置了严密的绩效考核体系，能够对激励对象的工作绩效做出较为准确、全面的综合评价。公司将根据激励对象前一年度绩效考评结果，确定激励对象个人是否达到解除限售的条件。

综上，公司本次激励计划的考核体系具有全面性、综合性及可操作性，考核指标设定具有良好的科学性和合理性，同时对激励对象具有约束效果，能够达到本次激励计划的考核目的。

......

第十三章　公司/激励对象发生异动的处理

一、公司发生异动的处理

（一）公司出现下列情形之一的，本激励计划不做变更：

1. 公司控制权发生变更；

2. 公司出现合并、分立的情形。

（二）公司出现下列情形之一的，本激励计划终止实施，激励对象已获授但尚未解除限售的限制性股票不得解除限售，负有个人责任的激励对象根据本激励计划已获授但尚未解除限售的限制性股票应当由公司回购注销，回购价格为授予价格；不负有个人责任的激励对象根据本激励计划已获授但尚未解除限售的限制性股票应当由公司回购注销，回购价格为授予价格加上银行同期活期存款利息之和：

1. 最近一个会计年度财务会计报告被注册会计师出具否定意见或者无法表示意见的审计报告；

2. 最近一个会计年度财务报告内部控制被注册会计师出具否定意见或者无法表示意见的审计报告；

3. 上市后最近 36 个月内出现过未按法律法规、公司章程、公开承诺进行利润分配的情形；

4. 法律法规规定不得实行股权激励的情形；

5. 中国证监会认定的其他需要终止激励计划的情形。

（三）公司因信息披露文件有虚假记载、误导性陈述或重大遗漏，导致不符合限制性股票授予条件或解除限售安排的，未解除限售的限制性股票由公司统一回购注销处理。激励对象获授限制性股票已解除限售的，所有激励对象应当返还已获授权益。对上述事宜不负有责任的激励对象因返还权益而遭受损失的，可按照本激励计划相关安排，向公司或负有责任的对象进行追偿。

董事会应当按照前款规定和本激励计划相关安排收回激励对象所得收益

二、激励对象个人情况发生变化

（一）激励对象发生职务变更，但仍在公司内，或在公司下属分、子公司内任职的，其获授的限制性股票完全按照职务变更前本激励计划规定的程序进行。

（二）激励对象因不能胜任岗位工作、触犯法律、违反职业道德、泄露公司机密、失职或渎职等行为损害公司利益或声誉而导致的职务变更，或因前列原因导致公司解除与激励对象劳动关系的，或因前列原因虽未导致职务变更及解除劳动关系，但被公司认定损害了公司利益的，激励对象已获授但尚未解除限售的限制性股票不得解除限售，由公司回购注销，回购价格为授予价格，离职前需缴纳完毕限制性股票已解除限售部分的个人所得税。

（三）激励对象因辞职、劳动合同期满而离职、退休而离职、病休而离职、公司依据《劳动合同法》第41条裁员而离职，激励对象已获授但尚未解除限售的限制性股票不得解除限售，由公司回购注销，回购价格为授予价格加上银行同期活期存款利息之和，离职前需缴纳完毕限制性股票已解除限售部分的个人所得税。

（四）激励对象因丧失劳动能力而离职，应分以下两种情况处理：

1. 激励对象因执行职务丧失劳动能力而离职的，其获授的限制性股票将完全按照丧失劳动能力前本激励计划规定的程序进行，其个人绩效考核结果不再纳入可解除限售条件，离职前需缴纳完毕限制性股票已解除限售部分的个人所得税。

2. 激励对象非因执行职务丧失劳动能力而离职的，其已获授但尚未解除限售的限制性股票不得解除限售，由公司回购注销，回购价格为授予价格加上银行同期活期存款利息之和，离职前需缴纳完毕限制性股票已解除限售部分的个人所得税。

（五）激励对象身故，应分以下两种情况处理：

1. 激励对象因执行职务身故的，其获授的限制性股票将由其指定的财产继承人或法定继承人代为持有，已获授但尚未解除限售的限制性股票按照身故前本激励计划规定的程序进行，其个人绩效考核结果不再纳入解除限售条件。

2. 激励对象因其他原因身故的，其已获授但尚未解除限售的限制性股票不得解除限售，由公司回购注销，回购价格为授予价格加上银行同期活期存款利息之和，继承人在继承之前需缴纳完毕限制性股票已解除限售部分的个人所得税。

（六）激励对象因其所属集团下属公司被出售，其已获授但尚未解除限售的限制性股票不得解除限售，由公司回购注销，回购价格为授予价格加上银行同期活期存款利息之和。

（七）其他未说明的情况由董事会认定，并确定其处理方式。

三、公司与激励对象之间争议的解决

公司与激励对象之间因执行本激励计划及/或双方签订的股权激励协议所发生的或与本激励计划及/或股权激励协议相关的争议或纠纷，双方应通过协商、沟通解决，或通过公司董事会薪酬与考核委员会调解解决。若自争议或纠纷发生之日起60日内双方未能通过上述方式解决或通过上述方式未能解决相关争议或纠纷，任何一方均有权向公司所在地有管辖权的人民法院提起诉讼解决。

……

附：标准化股权激励计划协议书（部分）

附件1：《××××有限公司股权激励计划协议书》
（期股模式）

《××××有限公司股权激励计划协议书》（期股模式）

甲方（创始股东）：

乙方（被激励对象）：

身份证件号码：

丙方（目标公司）：

　　甲、乙、丙三方本着自愿、公平、平等互利、诚实信用的原则，根据《中华人民共和国民法典》《中华人民共和国公司法》《＿＿＿＿＿章程》、《＿＿＿＿＿股权激励管理规定》，就＿＿＿＿股权期权购买、持有、行权等有关事项达成如下协议：

　　第一条　甲丙双方的基本状况

　　甲方为乙方的原始股东，丙方设立时注册资本为人民币＿＿＿＿＿元，甲方的出资额为人民币＿＿＿＿＿元，本协议签订时甲方占丙方注册资本的＿＿＿＿＿％，＿＿＿＿＿是丙方的实际控制人。甲方出于对公司长期发展的考虑，为激励人才，留住人才，甲方授权在乙方在符合本协议约定条件的情况下，有权以优惠价格认购甲方持有的公司＿＿＿＿＿％股权。

　　第二条　股权认购预备期

　　乙方对甲方上述股权的认购预备期共为两年。乙方与丙方建立劳动协议关系连续满三年并且符合本协议约定的考核标准，即开始进入认购预备期。

　　第三条　预备期内甲乙双方的权利

　　在股权预备期内，本协议所指的丙方＿＿＿＿＿％股权仍属甲方所有，乙方不具有股东资格，也不享有相应的股东权利。但甲方同意自乙方进入股权预备期以后，让渡部分股东分红权给乙方。乙方获得的分红比例为预备期满第一年享有丙方＿＿＿＿％股东分红权，预备期第二年享有丙方＿＿＿％股权分红权，具体分红时间依照《＿＿＿＿章程》及公司股东会决议、董事会决议执行。

第四条　股权认购行权期

乙方持有的股权认购权，自两年预备期满后即进入行权期。行权期限为两年。在行权期内乙方未认购甲方持有的公司股权的，乙方仍然享有预备期的股权分红权，但不具有股东资格，也不享有股东其他权利。超过本协议约定的行权期乙方仍不认购股权的，乙方丧失认购权，同时也不再享受预备期的分红权待遇。

股权期权持有人的行权期为两年，受益人每一年以个人被授予股权期权数量的二分之一进行行权。

第五条　乙方的行权选择权

乙方所持有的股权认购权，在行权期间，可以选择行权，也可以选择放弃行权。甲方不得干预。

第六条　预备期及行权期的考核标准

1. 乙方被丙方聘任为董事、监事和高级管理人员的，应当保证丙方经营管理状况良好，每年年度净资产收益率不低于＿＿＿＿％或者实现净利润不少于人民币＿＿＿＿万元或者业务指标为＿＿＿＿）。

2. 丙方对乙方的考核每年进行一次，乙方如在预备期和行权期内每年均符合考核标准，即具备行权资格。具体考核办法、程序可由股东会授权公司董事会执行。

第七条　乙方丧失行权资格的情形

在本协议约定的行权期到来之前或者乙方尚未实际行使股权认购权（包括预备期及行权期），乙方出现下列情形之一，即丧失股权行权资格：

1. 因辞职、辞退、解雇、退休、离职等原因与公司解除劳动协议关系的；

2. 丧失劳动能力或民事行为能力或者死亡的；

3. 刑事犯罪被追究刑事责任的；

4. 执行职务时，存在违反《公司法》或者《＿＿＿＿章程》，损害公司利益的行为；

5. 执行职务时的错误行为，致使公司利益受到重大损失的；

6. 没有达到规定的业务指标、盈利业绩，或者经公司认定对公司亏损、经营业绩下降负有直接责任的；

7. 不符合本协议第六条约定的考核标准或者存在其他重大违反公司规章制度的行为。

第八条　行权价格

乙方同意在行权期内认购股权的，认购价格为，即每1%股权乙方须付甲方认购款人民币_____元。乙方每年认购股权的比例为_____%。

第九条　股权转让协议

乙方同意在行权期内认购股权的，甲乙双方应当签订正式的股权转让协议，乙方按本协议约定向甲方支付股权认购款后，乙方成为公司的正式股东，依法享有相应的股东权利。甲乙双方应协助丙方当向工商部门办理变更登记手续，丙方向乙方签发股东权利证书。

第十条　乙方转让股权的限制性规定

乙方受让甲方股权成为公司股东后，其股权转让应当遵守以下约定：

1. 乙方转让其股权时，甲方具有优先购买权，即甲方拥有优先于公司其他股东及任何外部人员的权利，转让价格为：

（1）在乙方受让甲方股权后，三年内（含三年）转让该股权的，股权转让价格依照第八条执行；

（2）在乙方受让甲方股权后，三年以上转让该股权的，每1%股权转让价格依公司上一个月财务报表中的每股净资产状况为准。

2. 甲方放弃优先购买权的，公司其他股东有权按前述价格购买，其他股东亦不愿意购买的，乙方有权向股东以外的人转让，转让价格由乙方与受让人自行协商，甲方及公司均不得干涉。

3. 甲方及其他股东接到乙方的股权转让事项书面通知之日起满三十日未答复的，视为放弃优先购买权。

4. 乙方不得以任何方式将公司股权用于设定抵押、质押、担保、交换、还债。乙方股权如被人民法院依法强制执行的，参照《公司法》第七十三条规定执行。

第十一条 关于聘用关系的声明

甲乙丙三方签署本协议不构成丙方对乙方聘用期限和聘用关系的任何承诺，丙方对乙方的聘用关系仍按劳动协议的有关约定执行。

第十二条 关于免责的声明

属于下列情形之一的，甲乙丙三方均不承担违约责任：

1. 甲乙丙三方签订本股权期权协议是依照协议签订时的国家现行政策、法律法规制定的。如果本协议履行过程中遇法律、政策等的变化致使甲方和丙方无法履行本协议的，甲方和丙方不负任何法律责任；

2. 本协议约定的行权期到来之前或者乙方尚未实际行使股权认购权，丙方因破产、解散、注销、吊销营业执照等原因丧失民事主体资格或者不能继续营业的，本协议可不再履行；

3. 丙方因并购、重组、改制、分立、合并、注册资本增减等原因致使甲方丧失公司实际控制人地位的，本协议可不再履行。

第十三条 争议的解决

本协议在履行过程中如果发生任何纠纷，甲乙丙三方应友好协商解决，协商不成，任何一方均可向_____住所地的人民法院提起诉讼。

第十四条 附则

1. 本协议自双方签章之日起生效。

2. 本协议未尽事宜由双方另行签订补充协议，补充协议与本协议具有同等效力。

3. 本协议内容如与《_____股权激励管理规定》发生冲突，以《_____股权激励管理规定》为准。

4. 本协议一式三份，甲乙丙三方各执一份，具有同等法律效力。

（以下无正文）

甲方：（盖章）

乙方：（签名）

年 月 日

附件2：《×××××有限公司股权激励协议书》
（期权模式）

《×××××有限公司股权激励协议书》（期权模式）

甲方：

乙方（被激励对象）：

身份证号码：

为实现公司与员工共同发展，经公司股东会决议决定，甲方对乙方施行股权期权激励，双方本着自愿、公平、平等、互利，诚实、信用原则，达成如下协议：

一、期权的设立

经股东会决议甲方股东分别转出％股权设立股权期权，有条件的以低于市场价格转让给乙方。

二、期权行权条件

乙方在甲方服务期限内必须满足以下条件方能对期权行权：

（一）乙方在甲方连续服务期限满_____年；

（二）乙方在甲方服务期间内的业绩指标：

1. 创新业绩指标：_____

2. 成长业绩指标：年度目标利润达成率_____、业务完成准时率_____、责任成本降低比率_____……

3. 年度业务指标：年完成销售额_____

三、行权方式

乙方满足上述行权条件后，向甲方提出书面申请，经股东会会议考核乙方各方面行权条件和指标，对符合条件的，原股东转让相应股权并签订《股权转让协议》。

四、行权价格与支付

经甲方股东会决议之日起30日内甲方书面通知乙方期权行权，乙方接到书面通知30日内签订《股权转让协议》（支付_____元）（或向股东_____借贷_____万元），受让股权，签署股权转让协议书，正式成为股东。若经甲方书面通知行权，乙方不支付股权转让款或不签署股权转让协议，视为放弃行权，丧失期权行权资格。

五、股权期权的行使

股权期权为乙方特定人员业绩激励，由其独立行使，股权期权不能转让，不能用于抵押以及偿还债务，不得赠与他人，不得作为遗产继承，乙方丧失行为能力或死亡期权自然消灭。

六、期权资格丧失

在甲方约定的服务期间内，不因甲方认可以外的原因，乙方离开公司或乙方在服务期间内辞职、解雇、丧失行为能力、死亡而终止服务时，乙方丧失公司股权期权。

七、权利与义务

（一）乙方权利

1. 乙方享有是否受让股权的选择权；

2. 乙方享有自股权期权转让协议书签署之日起按照公司章程规定和股东会决议参与分红的权利。

公司分红经股东会决议，一般分红额度不超过公司当期盈利额的_____%，分红数额根据股权比例确定；（乙方采用定额分红，_____不超过每年_____元）。

（二）乙方义务

1. 当甲方被并购、收购时，除非新股东会同意承担，否则尚未行权的期权终止，已进入行权程序的必须立即行权。

2. 乙方受让股权后必须在甲方连续工作满＿＿＿＿年，若在此期间辞职、解雇、丧失行为能力、死亡或其他不因甲方认可以外原因离开公司的，乙方须无条件无偿转让股权于甲方原有股东，乙方拒绝无偿转让（或归并）的承担违约金＿＿＿＿万元。

3. 乙方受让股权后须持续保持原有盈利水平＿＿＿＿年，否则甲方有权降低乙方分红额度或不分。

4. 乙方受让股权后，在甲方连续工作满服务期后与公司解除劳动合同关系的，乙方必须无条件无偿转让其拥有的股权于甲方原有股东，甲方补偿乙方＿＿＿＿，若乙方拒绝转让股权承担违约金＿＿＿＿万元。

八、特别约定

1. 乙方行权受让股权成为公司股东后，拥有分红权利，但自愿放弃其股东表决权，公司相关事项委托原股东表决决定（且该项授权委托为不可撤销委托，乙方对受托人代理表决的事项均予以认可）；

2. 乙方受让的股权不得转让给公司原有股东以外的第三人，不得赠与公司原有股东以外的第三人，不得继承，不得用于抵押及偿还债务；

3. 乙方在服务期内及服务期后2年不得在与甲方有竞争性的其他公司兼职，否则无条件无偿转让其股权于原有股东，并承担违约金＿＿＿＿万元。

九、争议解决

未尽事宜协商解决，协商不成任何一方有权向人民法院提请诉讼。

十、本协议一式两份，甲、乙各持一份。

十一、本协议自双方签字或盖章之日起生效。

甲方：

乙方：

日期：　　年　月　日

第五章　股权激励后管理

一、股权激励后管理的主要内容

1. 与股权激励实施相关的专项咨询及培训，如激励对象离职的具体处理，公司与激励对象矛盾的问题处理，受激励对象按照原来的计划退出等专项法律咨询及跟进；对股权激励方案中涉及考核的范畴提供及时的专业咨询，使得股权激励的方案得到更有效的实施。

2. 与股权激励实施相关的日常法律咨询，包括股权激励方案中特定条款的解释及适当的培训，以期各方对方案的认知处于同一个层面的。

3. 根据股权激励的实施情况，应公司之要求以及股权激励实施的具体效果，调整相应的方案。

4. 处理因股权激励问题而引起的相关纠纷，包括但不限于谈判、和解、仲裁、诉讼等。

5. 根据实际情况，将股权激励项目服务中遇到的问题、客户的咨询的反馈及研究形成备忘录或者报告，并在股权激励实行的过程中调整相关的文档，根据客户的需要向客户发送相关文件并作对应的解释。

二、股权激励的"动态调整"

（一）管理机制

股权激励计划直接关系到现有股东股权的稀释问题，关系到各位股东的切身利益，其实施必须得到股东大会的表决批准，只有通过代表 2/3 以上表决权的股东表决通过方可实施。只经过董事会决议而未经公司股东（大）会决议通过的股权激励计划，存在不符合法定程序的风险，因此股权激励计划在设计完成之时就应当通过股东（大）会决议通过。在公司存在控股股东与非控股股东的前提下，控股股东单独表决通过的股权激励计划不得侵害非控股股东的利益。

而在总体设计股权激励计划的方案时，通常会设计股权激励计划的管理机构，常见的股权计划管理机构是董事会或由董事会下设并授权的薪酬委员会，由股东（大）会授权董事会或董事会授权薪酬委员会对股权激励计划的实施进行后续管理。具体而言，股东（大）会、董事会、监事会和薪酬委员会的职权可以参考以下的设计：

1. 股东（大）会的职权

股东（大）会是由全体股东组成的公司最高权力机构，也是实施股权激励计划的最高权力机构。在实施股权激励计划的过程中，股东大会应履行以下职责：

（1）授权董事会组织制定实施股权激励计划；

（2）直接或授权董事会聘任、解聘股权激励专门委员会委员；

（3）审议董事会通过的股权激励专门委员会提交的股权激励计划方案；

（4）审议董事会办理有关股权激励计划引起的相关事宜的授权的方案；

（5）审议监事会关于股权激励计划实施情况的报告；

（6）审议独立董事提交的关于股权激励计划的独立意见报告。

2. 董事会的职权

公司董事会是股权激励计划的执行机构，在获得股东大会授权后，履行被授予的有关股权激励的相关权利。在实施股权激励计划的过程中，董事会应履行以下职责：

（1）负责起草、修改或者审批下属机构起草、修改的股权激励计划报

股东会审批;

（2）董事会负责筹建股权激励计划的下属机构，聘请或解聘下属组成人员;

（3）审议、批准股权激励计划相关配套规章制度;

（4）提出修改或终止股权激励计划的意见，报股东大会审议;

（5）股东会授权董事会办理的有关股权激励计划相关事宜;

（6）审议专业股权激励顾问的聘请事宜;

（7）其他应由董事会决定的有关股权激励计划相关的事项。

3. 监事会的职权

公司监事会是股权激励计划的监督机构，负责对股权激励计划的实施情况进行监督，监督董事会及下属专门的股权激励管理机构的管理工作、员工的绩效考核、股权激励标的授予、股权激励计划的执行程序等，并向股东大会报告监督情况。在实施股权激励计划的过程中，公司监事会应当履行以下职责:

（1）审议由董事会或者董事会下属专门的股权激励管理机构起草的股权激励计划方案;

（2）核实股权激励计划的激励对象名单，确定激励对象的主体资格是否合法、有效;

（3）审查股权激励计划的实际执行情况;

（4）其他应由监事会决定的有关股权激励计划的相关事项。

4. 董事会下属实施股权激励计划的专门委员会（可称为薪酬与考核委员会、股权激励专门委员会、员工持股专门委员会）的职权

在实施股权激励计划的过程中，董事会下属专门实施股权激励计划的管理机构应履行以下职责:

（1）起草、修改股权激励计划草案，包括激励标的授予数量、授予条件、授予对象、授予日期、行权时间、行权方式、行权程序和转让限制等;

（2）委托中介机构起草、修改股权激励计划草案及所有相关文件;

（3）起草、修改股权激励计划的管理制度；

（4）起草、修改股权激励计划的绩效考核办法和其他配套制度；

（5）负责具体实施股权激励计划及适用相关绩效考核结果；

（6）执行董事会有关股权激励计划的决议；

（7）其他应该由股权激励计划专门机构履行的职责。

如果不设薪酬委员会而由董事会对股权激励计划进行管理的，可以考虑将上述薪酬委员会的职权与董事会的职权相结合进行设计，具体可参考一家高端装备制造企业股权激励计划管理结构的设计。

5. 股东会的职权

公司股东会是关于股权激励计划的批准机构，负责审批股权激励计划，并决定如下事项：

（1）负责股权激励计划的批准、终止事宜以及审批执行过程中异常情况的处理方案；

（2）授权公司董事会依据股权激励计划激励对象的范围，确定具体的激励对象名单，并依据股权激励计划禁止及约束条款的规定，决定激励对象的相关权利的中止和取消等方案；

（3）授权公司董事会在股权激励计划规定的股权激励总额的范围内，确定激励对象的具体分配额度以及调整方案；

（4）授权公司董事会依据股权激励计划，确定股权认购价格；

（5）授权公司董事会在股权激励对象完成股权认购登记前，如公司发生增加或者减少注册资本、派发红利等情况时，可重新确定股权激励的数量、认购价格等调整的方案；

（6）授权公司董事会在遵循股权激励计划规定的前提下，审批与股权激励计划相关的公司经营业绩核算结果，以及退出方案（含退出价格、退出时间等）；

（7）授权公司董事会在遵循股权激励计划规定的前提下，审批激励股权授予协议等文件；

（8）授权公司董事会或由其指定的具体职能部门针对股权激励计划有

争议内容的进行解释、具体执行股权激励计划等。

6. 董事会的职权

公司董事会，是公司关于股权激励计划及相关事宜的日常决策和执行管理机构，其相关职责和权限主要包括：

（1）拟定股权激励计划，并报送股东会审批；

（2）审查激励对象资格、制定公司股权激励授予方案，在公司股东会授权范围之内，推进股权激励计划的实施；

（3）负责股权激励计划的组织实施和监督管理，在股权激励计划执行过程中，监控股权激励计划的运行情况；如出现授予人员、分配数量、方案调整等重大变化，拟定处理方案报股东会审批；

（4）审批与股权激励计划相关的激励对象绩效考核办法及实施结果；

（5）认定激励对象是否存在股权激励计划的禁止及约束情形；

（6）指定具体的职能部门执行股权激励计划。

（二）考核机制

实行股权激励计划的科创企业，应当设立考核评价管理机构，建立规范的员工绩效考核评价制度。考核评价管理机构通常由股东会和/或董事会授权的薪酬委员会担任。员工绩效考核评价制度应当包括员工岗位职责核定、绩效考核评价指标和标准、年度绩效责任目标、考核评价程序和奖惩细则等内容。股东会或董事会应当根据考核结果确定股权激励的对象，以防止平均主义。

常用的股权激励计划考核标准包括公司层面业绩考核要求和个人层面绩效考核要求，企业可以选择二者之一作为标准，也可以选择两者同时作为考核标准。

（1）公司层面业绩考核要求

公司层面业绩考核要求的指标常设定为公司的营业收入、净利润、净利润增长率等。为防止遇到制定股权激励计划时不能预见、不能避免和不能克服的，可能会对整个行业造成重大影响的不可抗力事件造成公司主营业务的重大变化，在制定公司层面业绩考核要求的同时还经常加入对标企业，以对标企业的经营数据作为考核指标的重要因素。

（2）个人层面业绩考核要求

个人层面业绩考核要求通常以被激励对象的个人业绩为指标，激励对象个人考核通常由董事会或薪酬委员会按照股权激励计划分年进行考核，根据个人的绩效考评评价指标确定考评结果，根据绩效评价结果划分为合格档和不合格档，并按照一定的考核评分或等级确定激励对象的解除限售/行权比例。

（3）考核指标调整机制

在股权激励计划方案实施后，如果要调整股权激励的业绩指标的考核标准的，通常需要由董事会或薪酬委员会制定调整方案，并通过股东会的批准或授权。除此之外，调整股权激励计划原有的考核指标，还需要充分和合理地造成原有的股权激励计划方案无法实施的原因。具体调整的指标包括公司和个人业绩层面的考核期限、数据指标、对标企业的调整等。

（三）退出机制

为避免股权激励的实施过程中出现争议，通常股权激励计划、管理方案以及与激励对象签订的协议中都会对退出机制进行规定或约定。不同方案的股权激励计划所采用的退出机制通常也有所不同，需要说明的是，本部分所涉及的股权激励计划的退出机制是指授予或者将要授予激励对象股权的股权激励方案的退出机制。

1. 限制性股权（票）的退出机制

根据退出的时间点不同，可以分为限售期内的退出及限售期届满后的退出。

（1）限售期内的退出

限售期内的退出通常可以分为上市退出和并购退出：

①上市退出

限售期内，股权激励对象与公司约定的退出条件尚未达成，公司没有自己回购或指定第三方回购的义务。但是若公司完成首次公开发行股票并上市的,激励对象通过持股平台持有的公司股权可以按照上市公司证券交易相关规则减持、出售,实现退出。

②并购退出

股权激励计划通常会赋予激励对象以跟售权,当公司在限售期期间被其他非关联第三方并购,并且被收购的股权达到一定的比例,那么激励对象或者其持股平台可以向该第三方出售相应比例的股权。

（2）限售期届满后的退出

不同的股权激励计划对限售期满之后的退出安排存在一定的差异。按公司或其指定的第三方是否承担回购义务而言,可以分为公司有回购义务的退出以及公司没有回购义务的退出。

如若公司未设置回购义务,股权激励对象往往面临较大的风险,若公司股权流动性较弱,其限售期届满后的股权存在难以退出的风险。如果股权激励对象在获得股权时需要付出一定的对价,股权激励对象除非对公司前景具有足够的信心,往往不能接受这样的股权激励方案,因此大部分股权激励计划会赋予股权激励对象要求公司回购的权利。

若限售期届满,激励对象可以按照股权激励计划以及协议之约定要求公司回购,公司将会对业绩或其他条件进行考核（具体考核条件可参考上一节之内容）,根据考核结果,公司依约进行回购,如未能达到约定的考核条件,公司可在股权激励计划方案中规定未能达到约定考核条件的退出方案。

如约定的考核条件业已达成,那么按照约定的方式、价格回购即可,本部分无须赘述。但是若未能达成考核条件,那么股权激励对象的退出通常有以下几种安排方式:

①若股权激励对象未能达成相关业绩要求或公司的盈利要求,公司或公司指定的第三方不负担回购义务。当公司发展受到一定的阻碍,其股权的流动性往往较低,股权激励对象需要承担较大的退出风险。

②若股权激励对象未能达成相关业绩要求或公司的盈利要求,公司或

公司指定的第三方不承担管理层的回购义务，但是承担对其他激励对象的回购义务。

③公司或公司指定的第三方仍然承担回购的义务，但与达成条件的回购价格相比较低。实践中亦有公司根据不同的业绩水平，分档计算回购价格。

（3）其他特殊退出安排

除了上述退出安排外，因为一些特殊事项的出现，也可能引发退出，主要事由包括：①因重大渎职、重大失职行为导致公司利益受到重大损失；②对尚未解售的股权私自转让、出售、交换、抵押、质押、担保、偿还债务等；③行贿受贿、贪污、盗窃等违法犯罪行为；④在与公司存在竞争关系的其他单位工作或兼职，或未经公司许可在工作时间内从事与公司经营管理及激励对象本人岗位职责无关的工作，造成公司利益受到重大损失；⑤参与和公司的业务经营有竞争性的活动，或为其他单位谋取与公司有竞争性的利益，或从事任何有损公司名誉、形象和经济利益的活动；⑥向任何第三人透露、披露、告知、交付、传递公司的商业秘密和技术秘密，或侵犯公司知识产权（版权、专利、商标权等）；⑦因损害公司利益而与公司终止或解除劳动关系；⑧非过错主动离职；⑨因无法胜任工作而降级导致岗位责任降低并且不再在本计划激励对象范围之内；⑩连续两年绩效考核不合格；⑪劳动服务期结束未获续约、非因工伤丧失劳动能力而离职、非因主观过错公司与其终止或解除劳动关系；等等。

具体归纳可以分为以下集中情形：

正常退出	1. 正常退出是指：员工与公司正常解除劳动合同关系的，且不再在公司下属单位及其关联公司任职的； 2. 设立办理正常退出的窗口期，如每年的3月份； 3. 程序上：激励对象写申请，董事会批准同意后正常退出。

（续表）

正常退出	1. 正常退出是指：员工与公司正常解除劳动合同关系的，且不再在公司下属单位及其关联公司任职的； 2. 设立办理正常退出的窗口期，如每年的3月份； 3. 程序上：激励对象写申请，董事会批准同意后正常退出。
恶性退出	1. 情形 （1）存在《劳动合同法》第39条规定的情形之一，公司可以解雇员工而不用赔偿； （2）激励对象存在严重损害公司利益的行为，如泄露公司商业机密、吃回扣等； （3）激励对象存在违法犯罪行为； （4）激励对象存在其他严重违反公司规章制度或法律法规情形的。 2. 存在以上情形之一，公司一般要求激励对象全部退出股份。
特殊退出	主要针对比较意外、太遥远或者不好现在直接规定处理意见的情形，公司也可基于人文关怀不要求退出，包括： （1）激励对象丧失劳动能力、死亡或者失踪； （2）激励对象退休的。如果员工工龄达10年或20年以上，建议可以保留股份； （3）激励对象降职的； （4）出现不可抗力因素。

2. 按什么价格退出股份

（1）目标：不禁止退出但引导员工长期持有。

（2）原则：锁定期内不允许退股。

（3）例外：在收益上根据退出时间进行差异化处理。

（4）公式：退出股价=入股价格+持股期间的增值收益一定比例。

①入股价格：入股时点的价格；

②持股期间的增值收益：核算时间点为退出时点或者退出时点上一年年度末，一般按照净资产增值或者股价的增值（退出股价-入股股价）；

③一定比例：引导机制。可以设置为自入股时点算起。

入股时间	比例
一年内	0
1-2 年	20%-30%
2-3 年	50%/60%
3 年以上	100%

3. 退出股份去向

（1）自然人持股：给控股股东或其他激励对象等其他人（需注重履行法定程序）

（2）持股平台持股：以有限合伙企业为例

①退回给普通合伙人或股票池持有人；

②退回给其他同样是有限合伙人的激励对象；

③在合伙协议允许的情况下退回给其他人；

④价格：中间的，双方均可接受的价格，比如市场价的五折或者六七折。

4. 典型案例

A 科技有限责任公司（以下简称"A 公司"）系某上市公司旗下专业从事汽车智能网联电子产品、技术和服务等相关业务的有限公司。根据上市公司公告之记载，A 公司为稳定与激励经营管理层及核心骨干人员，促进经营目标实现，有效降低经营风险，完善长期激励和约束机制，增强经营管理层及核心骨干人员风险共担、成就共享的认同意识和事业凝聚力，保持公司健康持续发展，公司公布了股权激励计划。本次股权激励计划拟授予激励对象 A 公司股权总数为 6000 万股（按注册资本金额每 1 元为 1 股），为实施股权激励时 A 公司注册资本的 10%。股权激励采用限制性股票的方式授予，限售期为 72 个月。为保证股权激励计划的顺利施行，A 公司亦对股权激励的退出机制作出了明确的规定。

根据《A 科技有限责任公司股权激励计划及管理办法（2021 年）》，

A 公司的退出机制可以分为限售期内的退出和限售期满后的退出。

（1）限售期内的退出

①上市退出

在本计划有效期内，如 A 公司在限售期内完成首次公开发行股票并上市的，激励对象通过持股平台持有的公司股权可以按照上市公司证券交易相关规则减持、出售，实现退出。

②并购退出

在本计划有效期内，如 A 公司在限售期内被并购，股东 B 公司或股东 C 公司将其所持有的 A 公司股权的 50% 及以上转让给非关联第三方时，激励对象通过持股平台持有的公司股权可以按照并购同等条件通过持股平台等比例随售激励股权，实现退出。

（2）限售期满后的退出

①达到盈利条件的回购

限售期满后，公司满足以下业绩考核要求时，经公司董事会审议通过后，可以按照以下回购价格及方式退出：限售期满前 3 年（含当年），公司连续 2 个会计年度净利润达到人民币 5000 万元/年以上且公司该 3 个会计年度净利润累计达到人民币 10000 万元以上。

达到盈利退出条件后，激励对象可依据授予协议要求公司以现金方式通过持股平台回购激励股权。每股回购价格＝限售期内最后 3 个会计年度的公司每股净利润的平均值×P/E。其中：本计划 P/E 值定为 12；"净利润"指 A 公司合并会计报表范围内经第三方外部审计的期末财务会计报告的净利润（扣除一次性资产处置收益）。

②未达到盈利条件的回购退出

如限售期内未发生首次公开发行股票并上市或被并购（包括被并购时激励对象所持激励股权未能完全出售）的情形，且限售期届满未达到盈利退出条件，经公司董事会审议通过后激励对象持有的激励股权由公司董事会指定的合伙人按照授予价格回购。

A 公司对授予经营管理层成员的激励股权分为两部分，其中 50% 通过专为激励经营管理层成员设立的有限合伙企业授予，该部分激励股权公司无回购义务，另外 50% 通过其他有限合伙企业授予，该部分激励股权按照授予价格回购。

如激励对象在限售期内未能持续作为经营管理层成员的，其所持能够被回购部分激励股权的回购价格应按如下方法区分计算：

a. 对于授予时担任经营管理层岗位，限售期内出现不再担任经营管理层岗位的情形：通过专为激励经营管理层成员设立的有限合伙企业授予的激励股权，按照限售期内担任经营管理层岗位的时间占全部限售期的比例乘以该部分激励股权数量计算得出的部分，公司无回购义务，除前述计算方式之外的剩余部分按照授予价格回购；通过其他有限合伙企业授予的激励股权，仍按照授予价格回购。

b. 对于授予时未担任经营管理层岗位，限售期内出现担任经营管理层岗位的情形：在限售期内如获得新增激励股权，其中 50% 通过专为激励经营管理层成员设立的有限合伙企业授予，该部分公司无回购义务；另外 50% 通过其他有限合伙企业授予，该部分激励股权按照授予价格回购。其在未担任经营管理层岗位时获得的激励股权，仍按照授予价格回购。

（3）其他退出机制安排

在限售期内，激励对象出现病休超过 6 个月、退休、因公司需要而调动或调岗、因工伤丧失劳动能力而离职、身故但未损害公司利益的，以及公司董事会认定的丧失激励对象资格的其他情形，其已认购的激励股权，根据该激励对象自授予日起至丧失激励对象资格之日止的服务期限（按月计）占限售期的比例折算后的激励股权，可由董事会批准后保留，或按上述退出机制实现退出，或按公司认可的方式转让给其他激励对象；折算后剩余已认购的激励股权，按授予价格由董事会指定的合伙人回购。

（4）关于分红的特别约定

A 公司可根据实际经营情况对公司全体股东进行分红。若进行了分红，激励对象获得的分红金额需冲抵退出时的回购金额。

（5）恶性退出

本计划生效执行期间，激励对象如发生下述禁止行为或离职等情形时，其持有的激励股权须全部转让，并取消其享受后续股权激励的权利：

①因重大渎职、重大失职行为导致公司利益受到重大损失；

②对尚未解售的股权私自转让、出售、交换、抵押、质押、担保、偿还债务等；

③行贿受贿、贪污、盗窃等违法犯罪行为；

④在与公司存在竞争关系的其他单位工作或兼职，或未经公司许可在工作时间内从事与公司经营管理及激励对象本人岗位职责无关的工作，造成公司利益受到重大损失；

⑤参与和公司的业务经营有竞争性的活动，或为其他单位谋取与公司有竞争性的利益，或从事任何有损公司名誉、形象和经济利益的活动；

⑥向任何第三人透露、披露、告知、交付、传递公司的商业秘密和技术秘密，或侵犯公司知识产权（版权、专利、商标权等）；

⑦因损害公司利益而与公司终止或解除劳动关系；

⑧非过错主动离职；

⑨因无法胜任工作而降级导致岗位责任降低并且不再在本计划激励对象范围之内；

⑩连续两年绩效考核不合格；

⑪劳动服务期结束未获续约、非因工伤丧失劳动能力而离职、非因主观过错公司与其终止或解除劳动关系；

⑫存在其他有损公司利益的行为。

激励对象如因以上危害公司利益的行为造成公司损失的，公司有权通过法律途径向其索赔或追偿，且可以在向其支付的回购价款中予以抵扣；回购价款不足以弥补激励对象给公司造成的损失的，激励对象应向公司另行支付不足部分的损失款。

激励对象如发生上述第①1-⑦项、第⑫项情形时，其持有的激励股权未退出的部分，应按每1元注册资本对应的净资产价格或授予价格取其低者转让给董事会指定的合伙人。激励对象如发生上述第⑧-⑩项情形时，其持有的激励股权未退出的部分，应按授予价格转让给董事会指定的合伙人。

激励对象如发生上述第⑪项情形时，其持有的激励股权未退出的部分，应按授予价格及以其未退出部分激励股权对应授予价格为基数计算的银行同期存款利息，转让给董事会指定的合伙人。

第六章　股权激励争议解决

在众多关于股权激励的咨询、服务产品或书籍中，罕见对股权激励实施中产生的纠纷进行探讨分析，致使企业对该类潜在争议无感，未能提前请专业人士作好必要设计和风险防范而引发不必要的诉讼。鉴此，我们认为，有必要向企业就目前我国股权激励争议解决的现状、司法观点作相应介绍和指引，以期让大家从中获得一些启发。

根据大数据统计：

1. 在案件数量方面：以"股权激励"作为关键词，在中国裁判文书网进行检索可见，2010-2020 年间，全国法院公开审理股权激励纠纷相关案件数量为 3876 件，自 2013 年开始，案件量激增至 2012 年的 16.5 倍（从 6 件增至 99 件），自 2015 年起每年以 40%-70% 的比例迅速增长，2019 年公开案件达 1272 件，2020 年因受疫情原因影响，法院审理股权激励纠纷相关案件数量有所下降（如图 6-1）。但从整体来看，10 年间随着各地企业股权激励计划的实施，全国股权激励纠纷增长迅猛，值得关注和重视。

2. 在案件类型方面：以"股权激励"作为关键词，在中国裁判文书网进行检索可见，2016-2020 年间，全国法院公开审理股权激励纠纷案件主要包括合同纠纷 1046 件、与公司有关纠纷 855 件、劳动争议 806 件三种民事诉讼案件（如图 6-2），以及少量行政诉讼和刑事诉讼案件（如图 6-3）。

上述数据显示，企业股权激励行为不单单是商事经济行为，也是法律行为，受到法律规则的制约。如企业在进行股权激励之前或之时未能对可能的法律风险进行及时预见、防范或补救，企业未来则极易因此陷入不必

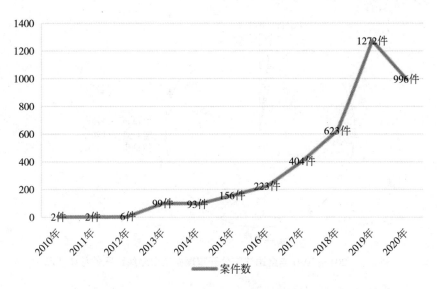

图 6-1 2010-2020 年全国法院公开审理股权激励纠纷案件变化情况

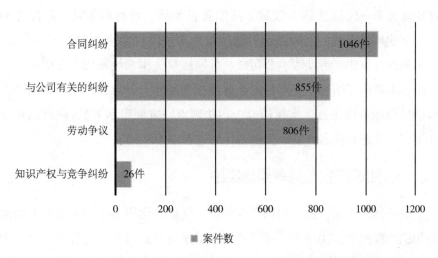

图 6-2 2016-2020 年全国法院公开审理股权激励纠纷案由情况

要的诉讼。为尽量减少和避免股权激励纠纷给企业发展带来的不良后果，建议企业提前聘请专业律师团队介入，提前做好风险防范措施，使股权激励方案真正发挥正向激励作用从而有效提升企业的发展动力。

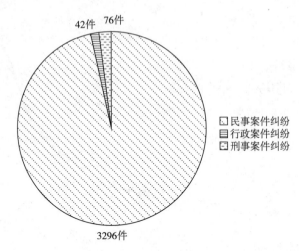

图 6-3 2016-2020 年全国法院公开审理股权激励纠纷案件总体情况

本章主要筛选了科创企业股权激励过程中多发且具有典型性的案例，案例涵盖新一代信息技术领域、高端装备领域、新材料领域、新能源领域、节能环保领域、生物医药领域共六大领域的科创企业在知识产权法、反不正当竞争法、劳动法、公司法、合同法等法律领域范围内可能产生的纠纷。本章同时结合非上市科创企业股权激励特点，以案说法，归纳经验教训（包括争议焦点、案情简介、司法观点、案例启示等），供科创企业在制定、实施和动态调整股权激励计划过程中参考和思考。

一、知识产权与竞争纠纷案由

倡导创新文化，强化知识产权创造、保护、运用是我国未来发展的重要知识产权战略。2016 年，《财政部、国家税务总局关于完善股权激励和技术入股有关所得税政策的通知》明确了国家对股权激励和技术入股情形的税收优惠政策，分别是：对符合条件的非上市公司授予本公司员工的股票期权、股权期权、限制性股票和股权奖励实行递延纳税政策，对上市公司授予个人的股票期权、限制性股票和股权奖励适当延长纳税期限政策以及对技术成果投资入股实施选择性税收优惠政策。同年，《国资委关于做好中央科技型企业股权和分红激励工作的通知》出台，强调"中央企业是国家科技创新的主力军，是国家创新体系建设的重要力量……中央企业要准确把握股权和分红激励政策内涵，坚持'依法依规、公正透明，因企制宜、多措并举，利益共享、风险共担，落实责任、强化监督'的原则，科学制定激励方案"。2018年，中共中央办公厅、国务院办公厅印发《关于加强知识产权审判领域改革创新若干问题的意见》，强调"知识产权保护是激励创新的基本手段，是创新原动力的基本保障，是国际竞争力的核心要素……要不断深化知识产权审判领域改革，充分发挥知识产权司法保护主导作用，树立保护知识产权就是保护创新的理念，优化科技创新法治环境，推动实施创新驱动发展战略"。截至目前，我国已在北京、上海、广州等多地设立知识产权法庭，有效地提升了知识产权专业化审判水平。2021年，我国第四次修改《专利法》，其中第15条第2款新增产权激励相关规定，"国家鼓励被授予专利权的单位实行产权激励，采取股权、期权、分红等方式，使发明人或者设计人合理分享创新收益。"

知识产权的创新离不开有效激励，企业作为科技创新的主体，加强对企业创新支持，培育更多具有自主知识产权和核心竞争力的创新型企业已成为国家落实知识产权保护战略的具体环节之一，越来越多的科创企业也逐步认识到知识产权对企业的价值，对其技术、管理等关键人才采取股权、期权、分红等激励措施。如何避免在股权激励过程中产生的知识产权纠纷，是值得非上市科创企业重点关注的问题。

（一）【案例1】北京联创工场科技有限公司与成都趣睡科技有限公司、李勇技术合同纠纷一审案 [审理法院：四川省成都市中级人民法院 案号：（2019）川01民初965号]

1. 争议焦点

在技术合同中约定"支付现金+赠与股权"的付费模式，该股权转让义务是否具有赠与性质，是否可以撤销？

2. 案情简介

2015 年 11 月 6 日，成都趣睡科技有限公司（以下简称"趣睡公司"）作为甲方、北京联创工场科技有限公司（以下简称"联创工场"）作为乙方、李勇作为丙方，共同签订了《技术合作协议》。《技术合作协议》第二条约定"费用支付及合作方式"分为 2.1"现金费用"、2.2"费用确认及付费方式"和 2.3"股权合作"三个部分。其中 2.3"股权合作"具体约定，在双方合作过程中，联创工场提供的各项服务仅收取趣睡公司基础人力成本，经双方协商，开展如下股权合作：2.3.1"出让比例"约定，李勇作为趣睡公司的主要股东及法定代表人，赠送其所拥有（或其代持的期权池的）趣睡公司 0.25% 股权给案外人北京联创工场创业服务中心（有限合伙），股权的价值以 2015 年 11 月 1 日时趣睡公司的净值计算；2.3.2"出让时间"约定，趣睡公司及李勇承诺，在 2016 年 2 月 1 日时兑现此部分股权，并在此日期起 30 日内完成工商登记；若在此日期前趣睡公司有新一轮融资，联创工场所获得的上述股权将与员工期权池的股份同比例稀释。

2016 年 7 月 12 日，联创工场通过电子邮件请求趣睡公司确认开发 v0.5 至 v1.6 版本的费用金额及支付情况，其中列明：v0.5 至 v1.5 版本的"是否上线"一栏均标注"是"，v1.6 版本的"是否上线"一栏标注为"否"。

2016 年 9 月 19 日至同年 11 月 11 日期间，联创工场法定代表人刘猷韬及其工作人员陈林芳与趣睡公司法定代表人李勇及其财务人员陈林通过多封电子邮件就费用确认问题进行了多次沟通。其间，刘猷韬在电子邮件中请求陈林负责办理开发费用 302242 元的开票及付款事宜，邮件同时抄送李勇。

2018 年 6 月 1 日，联创工场向本院提起（2018）川 01 民初 1975 号技术合同纠纷案，诉请趣睡公司支付协议尾款、李勇按照协议第 2.3.3 条转让其持有的趣睡公司 0.07% 股权，后其在该案中变更第二项诉讼请求为"李勇就不能向联创工场转让所持有的趣睡公司 0.07% 的股权，赔偿联创工场损失 105 万元"。在该案诉讼过程中，联创工场、趣睡公司及李勇于

2018年10月24日共同签订《终止协议书》，约定双方同意：案涉《技术合作协议》终止履行。上述协议终止履行后，趣睡公司是否应按照联创工场要求向其支付合同费用，李勇是否为该协议当事人、是否应向趣睡公司让与股权或赔偿让与不能的损失问题，由本院在该案中作出认定。

另外，根据趣睡公司2015年11月5日修订的章程，其注册资本和实收资本均为1592166元，包括李勇在内共有7名股东，股东中无联创工厂。该章程第7条规定："公司股东会由全体股东组成，是公司的权力机构，行使下列职权：……（八）批准公司的股权转让；……"；第八条规定："受制于本章程的其他有关规定，……本章程第七条第（七）项至第（十八）项规定的股东会表决事项，必须经代表二分之一以上表决权的股东同意通过，其中应包括天使轮股东50%以上表决权和尚势的同意；……"

3. 司法观点

关于李勇的上述义务是否具有赠与性质，是否可以撤销的问题。李勇主张即使其受《技术合作协议》约束，应向联创工场"让渡"约定份额的股权，该"让渡"也具有赠与性质，在将股权实际变更到联创工场名下前，均可以随时撤销赠与，则李勇当庭表示不愿意再行赠与相应股权。

法院认为：从《技术合作协议》的约定来看，股权合作属于第二条"费用支付及合作方式"的一个子条款，与其并列的另一子条款是"现金支付"，充分说明现金和股权共同构成了"费用"，股权合作是各方认可的一种付费方式。"股权合作"条款也开宗明义地说明作此约定的原因在于联创工场仅就其提供的各项服务收取了基础人力成本费，需要以股权合作或股权激励作为付费补充。对于初创科技企业而言，这种"现金+股权"的付费模式有效地解决了其在购买硬件、接受软件服务方面资金不足的难题，同时因其在技术或商业领域的良好发展前景而使其股权对投资者具有较大的吸引力，愿意在目前收费仅够维持基础成本的基础上通过拥有企业的部分股权而在未来获得较大收益。因此，李勇承诺在特定条件下让渡给联创工场部分股权仅是在用语上使用了"赠与"这一表述，但实质上并不具有无偿的性质，相应股权是联创工场向趣睡公司提供软件开发、系统维护服务的对价，李勇无权在趣睡公司接受了联创工场提供的上述服务后撤销所谓"赠与"。协议中使用"赠与股权"字样只是为了表达联创工场在受让该股权时无须另行支付对价的意思。因此，李勇依据《技术合作协议》的约定应当向联创工场让渡股权的义务不具有赠与性质，不属于可适用撤销赠与的法定情形。

4. **案例启示**

科创企业作为技术合同委托方，在初创期多采用股权合作或股权激励的方式作为向技术合同服务方付费的补充，用以解决其在购买硬件、接受软件服务方面资金不足的难题，诸如本案当事人即采用"支付现金+赠与股权"的付费模式，在此种付费模式下，虽然《技术合作协议》中所表述字样为"赠与"，但法院结合协议目的及协议整体字面意思表示，认定该股权转让义务不具有赠与性质，而具有对价支付性质，不可被任意撤销。因此，在技术合同签订背景下，如合同目的为股权转让义务具有"赠与性质"而非"股权激励的对价支付性质"，最好在相关技术合同中作进一步明确补充说明，以明确合同各方当事人的真实意思表示。

（二）【案例 2】广东联力科技有限公司与林汉科、王玉斌、广东半刻未来科技有限公司侵害商业秘密纠纷案［审理法院：广东省中山市中级人民法院　案号：（2020）粤 20 民终 6958 号］

1. **争议焦点**

（1）客户名单等公司经营信息是否构成商业秘密？

（2）侵害商业秘密行为构成如何认定？

2. **案情简介**

联力公司成立于 2011 年。

2018 年 5 月 30 日、2018 年 10 月 15 日，联力公司分别与林汉科、王玉斌签署《劳动合同》。《劳动合同》约定：如林汉科、王玉斌掌握甲方的商业秘密，林汉科、王玉斌有义务为联力公司保守商业秘密，联力公司可以与林汉科、王玉斌就保密事项另行签订《保密协议》。如林汉科、王玉斌掌握联力公司的商业秘密、知识产权相关的技术信息、客户信息等，双方可另行签订《竞业禁止协议》。林汉科、王玉斌在合同期内及离职后两年内，未经联力公司书面同意不得向任何个人或单位透露或讨论联力公司的商业、技术等秘密，或其他一切属于甲方拥有的资料；如有违反，则应向联力公司支付违约金并赔偿全部损失。

2019年1月11日，联力公司分别与林汉科、王玉斌签署《股权激励分红协议书》《保密协议》《声明书》等文件，约定：本协议提及的商业秘密，包括但不限于以下内容。（1）任何在披露时标记为"机密""秘密"或"绝密"的联力信息。（2）商业机密：联力公司的会议记录、会议纪要；尚未付诸实施的战略规划、项目计划；客户/供应商的情报；营销计划；采购资料；价格方案；分配方案；财务资料；管理制度及方法；企业发展规划；协议、合同、意向书及可行性分析及报告；合作渠道及合作伙伴的名称、联系方式等。（3）本协议提及的其他商业机密，包括联力公司依照法律规定或者有关协议的约定，对外承担保密义务的事项。（4）上述商业信息，无论联力公司是否采取保密措施，均不影响其商业机密的构成。

2019年9月10日，林汉科、王玉斌成立了与联力公司经营范围、主营业务范围基本一致的半刻未来科技有限公司。王玉斌曾在微信朋友圈发文："新店开张，喜与湖南中锂新材料有限公司、常德力元新材料有限责任公司、常德思高技术有限公司、湖南安福环保科技股份有限公司达成合作协议，并召开了项目启动大会"并配图。

2019年9月30日，联力公司分别与林汉科、王玉斌签署《解除劳动合同协议书》，解除劳动合同。

联力公司诉讼主张林汉科、王玉斌侵害其客户信息等商业秘密。

3. 司法观点

关于争议焦点一，客户名单等公司经营信息是否构成商业秘密？

法院认为：联力公司主张的商业秘密是客户名单等经营信息，该等经营信息是否构成商业秘密，必须具备秘密性、保密性以及价值性三个要

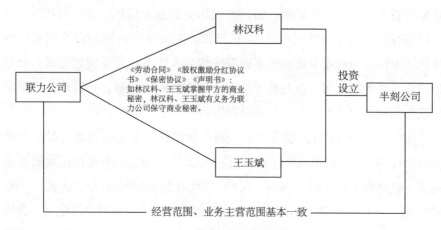

图6-4 案例2基本案情简图

件。本案中联力公司获取的客户信息等经营信息需要公司众多销售员的收集整理及谈判方可知道客户的相关需求，属区别于公众渠道信息的深度信息，同时联力公司对相关信息已采取保密措施，包括将相关信息储存于需要特定密码才可使用的保密系统中，与相关员工签订《保密协议》或约定保密义务等，而客户名单等经营信息毫无疑问具备现实的和潜在的商业价值，能够给经营者带来经济利益。因此，联力公司主张的客户名单符合商业秘密的法定构成要件，构成商业秘密。

关于争议焦点二，如何认定被告行为是否构成侵害商业秘密行为？

法院认为：被告林汉科、王玉斌离职前夕已设立半刻未来科技有限公司，二人离职前已经商议如何"窃取"联力公司的客户，并在尚未离职时即与涉案客户签订了合作合同。因此，基于半刻未来科技有限公司与联力公司的主营业务、经营范围等基本重合，且林汉科、王玉斌具有使用涉案经营信息的主观谋划以及利用该经营秘密短期内实现竞争优势的客观行为，被告人林汉科、王玉斌的上述商业行为完全有违诚信原则和公认的商业道德，应为反不正当竞争法所规制。另外，林汉科、王玉斌将在联力公司工作期间获得的客户信息披露给其共同成立的半刻未来科技有限公司使用，半刻未来科技有限公司明知道该客户信息构成侵权而予以使用，半刻未来科技有限公司与林汉科、王玉斌构成共同侵权。

4. 案例启示

依据反不正当竞争法等相关规定，商业秘密是指不为公众所知悉、具有商业价值并经权利人采取相应保密措施的技术信息、经营信息等商业信息。除本案涉及的客户名单等经营信息外，商业秘密还包括生产配方、工艺流程、技术诀窍、设计图纸等技术信息。特别对于以技术创新为核心竞争力的科创企业而言，保护企业核心技术信息不受侵害是企业生存和发展的关键问题，企业保护其核心技术的方式之一即是将核心技术信息作为商业秘密予以保护。而法律对于商业秘密的认定和保护，不单要求受保护信息资料本身应属于商业信息，还应以企业已对该等信息资料采取相应合理的保密措施为前提。

如科创企业拟打算以商业秘密的形式保护其核心技术，则企业在进行股权激励过程中，尤其是针对企业核心技术人员、技术入股人员等关键人才进行股权激励时，应同时在企业内部建立商业秘密保护制度，对属于商业秘密保护范围的信息技术，可采取诸如在股权激励协议中签订商业秘密保护条款等保密措施，明确商业秘密保护范围、保密义务、侵权后果等内容，预防因商业秘密泄露给企业带来的不必要损失。

（三）【案例3】耿新阶诉北京神州普惠科技股份有限公司侵害计算机软件著作权纠纷案［审理法院：北京市知识产权法院　案号：（2015）京知民初字第109号］

1. 争议焦点

案涉计算机软件著作权归属问题？

2. 案情简介

2009年7月，北京神州普惠科技股份有限公司（下称"神州普惠公司"）（甲方）与耿新阶（乙方）签订2份《合作协议》，约定：双方就ArchModeler软件立项、开发和销售等事宜进行全面合作。神州普惠公司聘请耿新阶担任该公司的副总经理，在耿新阶入职的头三个月，负责组织实施开发面向装备论证的体系结构建模工具软件 ArchModeler，同时了解和熟悉 DWK 和 APPTDM 软件；力争在 9~12 个月的时间内将 ArchModeler 软件开发出来，通过首个客户的测试验收。协议同时约定神州普惠公司对耿新阶实行股权激励，并约定耿新阶加入公司后的分红权利和入股股份安排、工资和项目开发的奖金等内容。

2009 年 9 月，神州普惠公司（甲方）与耿新阶（乙方）签订《劳动合同书》及附件《员工保密合同》，约定：劳动合同期限自 2009 年 9 月 1 日起至 2012 年 8 月 31 日止，耿新阶在神州普惠公司任职期间，因履行职务或者主要是利用神州普惠公司的物质技术条件、业务信息等产生的发明创造、作品、计算机软件、技术秘密或其他商业秘密信息，有关的知识产权均属于神州普惠公司享有。神州普惠公司可以在其业务范围内充分自由地利用这些发明创造、作品、计算机软件、技术秘密或其他商业秘密信息，进行生产、经营或者向第三方转让。

2010 年 8 月至 9 月，ArchModeler 软件第一版开发完成并正式上市销售，之后，耿新阶又对涉案软件进行了改进升级。

2011 年 5 月，神州普惠公司与耿新阶签订了《终止协议》，约定神州普惠公司与耿新阶于 2009 年 7 月 16 日签订的《合作协议》自本协议生效之日起终止。同日，神州普惠公司的法定代表人张海兵与耿新阶签订《股权转让协议书》，约定：张海兵将其持有的神州普惠公司 4.5% 的股权以 60 万元转让给耿新阶。

2013 年 10 月，耿新阶与张海兵签订了《新股份转让协议书》，约定：耿新阶于 2013 年 2 月 10 日已辞去公司副总经理职务，目前仍为公司员工。耿新阶将其持有的 2116340 股股份（占公司总股本的 3.8479%）以 295 万元转让给张海兵。

3. 司法观点

法院认为：耿新阶与神州普惠公司于 2009 年 7 月 16 日签订了两份《合作协议》明确了在耿新阶入职的前期工作目标就是开发涉案软件，证明开发涉案软件属于双方约定的耿新阶本职工作职责范围，但未明确约定涉案软件的著作权归属。2009 年 9 月，耿新阶与神州普惠公司成立劳动合同法律关系，双方签订的《劳动合同书》及附件《员工保密合同》明确约定了耿新阶在神州普惠公司任职期间因履行职务或者主要是利用甲方的物质技术条件、业务信息等产生的发明创造、作品、计算机软件、技术秘密或其他商业秘密信息，有关的知识产权均属于神州普惠公司享有，该等约定符合《计算机软件保护条例》第十三条规定，系合法有效约定，对双方当事人均具有约束力。因此，案涉软件的著作权归神州普惠公司享有。

4. 案例启示

注重对核心技术人员的激励是科创企业股权激励的突出特征，目的是为了吸引和留住优秀人才，鼓励其进行技术创新，为企业创造更多的技术成果。该等技术成果在某种程度上可视为企业以其股权所换取的"对价"。从法律层面而言，企业获得"对价"即成为该等技术成果的所有权人或使用权人，享受该等技术成果所带来的经济效益。因此，对于科创企业而言，在对核心技术人员实施股权激励的同时，还应考虑后续知识产权的归属与使用问题。

而知识产权的归属与使用问题与双方确立的法律关系有关，以计算机软件著作权归属为例，如果企业与开发者属于合作开发关系，软件著作权的归属可由当事人约定；如果双方属于委托开发关系，软件著作权的归属同样可由当事人约定；但如果开发者开发行为属职务开发，则软件著作权只能归属于企业。建议科创企业在对核心技术人员、技术入股人员等核心技术信息人员进行股权激励时，需同时与被激励人员签订书面协议，明确被激励人员的本职工作范围，并尽可能对技术成果所涉相关知识产权归属问题进行确定，避免未来就知识产权归属问题产生争议。

二、劳动争议纠纷案由

为将企业员工与企业利益紧密结合，企业一般将激励股权授予本企业或关联企业员工，因员工同时具有企业劳动者与企业被激励对象的双重身份，而企业在实践中的股权激励计划或方案也常与被激励员工的绩效、考评、工资等劳动合同内容相联系，或直接将股权激励内容写入与员工的劳动合同中，加之目前我国法律对于非上市企业股权激励规定较少，如员工与企业发生的股权激励相关纠纷与其劳动者身份密切相关，该等股权激励相关纠纷也常被归类于在劳动争议案件中一同解决，适用劳动仲裁前置程序。诸如，股权激励是否等同于员工福利；又如，员工以股权购买资格换取的股权工资应否计入其工资范围等。但总体而言，如争议被定性为劳动争议纠纷，基于劳动法倾斜保护劳动者原则，此类认定对于企业并不有利。因此，企业在股权激励方案设计及落地过程中如何预防陷入劳动争议以及陷入劳动争议后如何应对是企业需要重点关注的问题，特别对于科创企业而言，吸引关键人才是企业生存发展的关键，频发的劳动争议及仲裁不仅影响科创企业当前的经营活动，甚至可能影响企业声誉，进而影响企业未来的战略性发展。

（一）【案例4】广州珸空网络科技有限公司、梁华柱劳动争议案［审理法院：广东省广州市中级人民法院　案号：（2017）粤01民终13420、13421号］

1. 争议焦点

股权激励补偿应单独诉讼还是在劳动争议案件中一并处理？

2. 案情简介

2014年7月7日，梁华柱入职广州珸空网络科技有限公司（以下简称"珸空公司"）任开发工程师，双方签订有书面劳动合同。

2015年7月31日，梁华柱离职，离职原因系双方协商一致解除劳动关系。

2015年8月17日，珸空公司与梁华柱签订《员工离职补偿协议》，约定在梁华柱离职时就解除劳动关系经济补偿金、保密费、股权激励补偿以及竞业限制的补偿金，分三期发放，但没有明确哪一部分先发放："……一、补偿内容：1. 乙方（梁华柱，下同）自愿从甲方（珸空公司，下同）

处离职，双方于 2015 年 7 月 31 日解除劳动合同，终止劳动关系。甲方一次性向乙方支付经济补偿金人民币 5 万元。2. ……乙方保证不对甲方 3.75% 的股权要求行权及主张权利，甲方给予乙方补偿人民币 60 万元。3. 鉴于乙方在甲方任职并知悉甲方的知识产权和商业秘密，为保护企业商业秘密，甲方向乙方支付保密费 11 万元。保密期限：五年。4. 甲乙双方确认乙方竞业限制的期限为两年，从 2015 年 8 月 1 日起计算……从乙方离职次月起，甲方每月向乙方支付竞业限制的补偿金 1 万元，共计 24 万元。5. 本条 1-4 项约定各项补助、经济补偿、保密费、竞业限制的补偿金等共计 100 万元。"

2015 年 10 月 30 日，珸空公司向梁华柱发放 5 万元，但没有明确说明该款项的性质。

发生争议后，梁华柱向广州市天河区劳动人事争议仲裁委员会申请仲裁。仲裁委作出穗天劳人仲案（2016）54 号裁决书，裁决：珸空公司向梁华柱支付补偿金差额 75977.01 元并驳回梁华柱的其他仲裁请求。

梁华柱、珸空公司均不服上述裁决，向法院提起诉讼。

3. 司法观点

法院认为：股权激励协议的当事方当然可以就股权激励的相关争议提起单独诉讼，但股权激励补偿属广义的劳动报酬范畴，将股权激励补偿作为劳动争议标的的一部分，并不违反劳动法律法规。需要特别指明的是，本案关于股权激励补偿是与保密费、经济补偿金、竞业限制补偿金作为一个整体约定在《员工离职补偿协议》中，是发生在劳动者与用人单位劳动关系解除的背景下。在此种情况下，如果将上述四项内容分割处理，并不利于对双方相关争议进行整体把握，也不利于更好地保护和平衡双方的合法权益，反而是一种过度僵化的处理方法。故此，应将股权激励补偿在本案中一并处理，即本案股权激励补偿争议可作为劳动争议案件审理范围。

综上，裁判主旨：股权激励补偿属广义的劳动报酬范畴，既可以单独作为合同纠纷或与公司相关纠纷处理，也可以作为劳动争议一并处理。如果在员工离职补偿协议等劳动法律文件中将股权激励补偿事宜与其他福利待遇、补偿或赔偿事宜一并约定的，则可在劳动争议案件中一并审理。

4. 案例启示

在实践中，企业会与劳动者分别签订不同类型法律文件（如股权认购协议、劳动合同等），一般一份法律文件仅包含一个法律关系，但有时企业与劳动者也会选择将两类或多类权利义务通过签订一个总协议（一个法律文件或合同）一并安排。一般而言，股权激励相关问题可作为单独的案由提起诉讼，但如股权激励相关纠纷发生在劳动者与用人单位劳动关系解除的背景下，且将股权激励纠纷与劳动关系解除等内容分割处理不利于对双方相关争议进行整体把握，如企业与劳动者将股权激励安排和保密费、经济补偿金、竞业限制补偿金等安排写入同一个协议的情况下，法院一般会将股权激励纠纷与劳动争议作为一个整体在劳动争议案件中一并处理。当股权激励相关纠纷被认定在劳动争议案件中处理时，依据我国《劳动争议调解仲裁法》等相关规定，应适用劳动争议案件的管辖规则，在经过劳动合同履行地或者用人单位所在地劳动人事争议仲裁委员会仲裁的前置程序后方可向法院进行诉讼。

（二）【案例 5】北京花千树信息科技有限公司、北京花千树信息科技有限公司广州分公司与张玮玮劳动争议二审案 ［审理法院：广东省广州市中级人民法院　案号：（2016）粤 01 民终 18528 号］

1. 争议焦点

就股票期权利益产生的纠纷是否属于劳动争议案件的处理范围？

2. 案情简介

张玮玮于 2008 年 7 月 28 日入职北京花千树信息科技有限公司广州分公司（以下简称"花千树广州分公司"），双方签订了书面劳动合同，其中最后一份无固定期限劳动合同于 2012 年 8 月 29 日签订，该《劳动合同》约定：张玮玮为 VIP 销售事业部华南大区区总。

2014 年 6 月 10 日，花千树广州分公司向张玮玮发出并直接送达《解除劳动合同通知书》，该《通知书》载明：因张玮玮严重违反单位规章制度、严重失职、徇私舞弊，给公司造成重大损害，因此双方于 2012 年 8 月 29 日签订的无固定期限劳动合同于 2014 年 6 月 10 日解除。张玮玮于 2014 年 6 月 11 日签收该《解除劳动合同通知书》并注明"已阅，非法解除，不接受"。

花千树广州分公司系花千树公司的分公司，二者系分公司与总公司关系。花千树公司为 JIAYUAN. COMINTERNATIONALLIMITTED 的子公司。经原审法院通过网络查询，JIAYUAN. COMINTERNATIONALLIMITTED 已于 2016 年 5 月 14 日退市，退市前最后一日股票价格为每股 7.49 美元（当日 1 美元折合人民币 6.5326 元）。

张玮玮与 JIAYUAN. COMINTERNATIONALLIMITTED 分别于 2011 年 12 月 21 日、2012 年 7 月 12 日签订两份《员工股票期权协议》，约定张玮玮受让的股票数量为 14000 股，均为非限制性期权，其中有 4000 股的每股合约价为 3.85 美元，10000 股的每股合约价为 3.227 美元。邮件截屏显示，张玮玮于 2014 年 6 月 26 日通过邮件向花千树公司相关负责人询问期权账户被限制交易事宜，负责人答复称对于严重违纪的员工，公司有权取消期权；签收回执载明"'世纪佳缘'包括与'世纪佳缘网'相关的上海花千树信息科技有限公司……北京花千树信息科技有限公司……"

3. 司法观点

法院认为：股票期权系上市公司给予其企业员工在一定期限内以一种事先约定的价格购买公司股份的权利，属对企业员工进行激励的方法之一。由此获得的股票期权利益基于劳资双方之间存在的劳动关系，从广义上讲属于企业员工的职位待遇。综上，裁判主旨：就股票期权利益产生纠纷，双方可在劳动争议案件中一并提出，由人民法院依法予以处理。另外，张玮玮系与花千树广州分公司建立劳动关系，而两份股票期权协议系由 JIAYUAN. COMINTERNATIONALLIMITED 与其签订。可见，JIAYUAN. COMINTERNATIONALLIMITED 为涉案股票期权的授予主体。张玮玮虽主张涉案股票期权的取消系因其与花千树广州分公司产生劳动争议纠纷，但按照合同相对性原则，若张玮玮不能行使涉案股票期权的情形确实存在，则张玮玮应与涉案股票期权的授予方另通过法律途径予以解决。

4. 案例启示

基于劳动关系而获得的股权激励待遇，从广义上讲属于企业员工的职位待遇，一般来说，在劳动关系终止时，就股票期权利益产生的纠纷，双方可在劳动争议案件中一并提出，但也有单独处理的案例［详见【案例17】中国南玻集团股份有限公司、胡勇合同纠纷再审案］。而关于股权激励待遇的诉讼主张是否得到支持，法院仍系结合相关协议主体、内容等进行全面考量、判断作出判决。

（三）【案例6】美的集团股份有限公司与孟鸣劳动争议案［审理法院：广东省高级人民法院 案号：（2018）粤民申12375号］

1. 争议焦点

被激励对象退休是否影响公司依据其内部激励计划规定在行权期内对该激励对象的行权条件进行审查？

2. 案情简介

孟鸣与美的制冷公司存在劳动关系，在职期间任美的集团股份有限公司（以下简称"美的集团公司"）工程部长。美的制冷公司与美的集团公司是关联公司。

2014年，美的集团公司制定《责任追究管理办法》，该《办法》规定："根据在责任事件中员工所起的作用和岗位职责，有关责任界定类别划分如下：……c. 主要领导责任，对其主管的人员及工作给公司造成的不良后果及经济损失应承担的责任；d. 次要领导责任，对其分管或应参与决定的工作给公司造成的不良后果以及经济损失应承担的责任"。第5.1.4规定："员工有下列行为之一的，对相关责任人视情节严重给予相应的责任追究。责任界定依据如下：a. 各级管理人员对下属监督管理不到位，或因职责范围内工作的内控制度不健全、业务流程设计不当、监督检查落实不严格，导致发生不良后果的。"

2015年4月27日，美的集团公司制定《美的集团股份有限公司第二期股票期权激励计划（草案）修订稿》，其中第六章"股票期权授予和行使条件"中的第（二）点"股票期权的行权条件"规定激励对象行使已获授的股票期权时必须同时满足如下条件：1. 公司未发生如下任一情形……；2. 激励对象未发生如下任一情形：（1）最近三年内被证券交易所谴责或宣布为不适当人选的；（2）最近三年内因重大违法违规行为被中国证监会予以行政处罚的；（3）具有《公司法》规定的不得担任公司董事、监事、高级管理人员情形的；（4）公司董事会认定其他严重违反公司有关规定的。3. 考核合格，根据公司制定的《美的集团股份有限公司第二期股票期权激励计划实施考核管理办法》，激励对象行权只有在前一年度考核得分在 B 级及以上，激励对象所在经营单位考评得分 80 分及以上，方能参与当年度股票期权的行权，否则取消当期行权额度，期权份额由公司统一注销；4. 业绩条件……；5. 行权安排：本激励计划有效期自股票期权授予日起 5 年。股票期权自授予日起满 12 个月后（即等待期后），激励对象应在未来 48 个月内分三期行权，第一个行权期自授权日起 12 个月后的首个交易日起至授权日起 36 个月的最后一个交易日止，第二个行权期自授权日起 24 个月后的首个交易日起至授权日起 48 个月的最后一个交易日止，第三个行权期自授权日起 36 个月后的首个交易日起至授权日起 60 个月的最后一个交易日止。

因孟鸣在职期间担任美的集团工程部长一职，符合美的集团公司第二期股票期权激励计划条件，故美的集团公司将孟鸣纳入第二期股票期权激励对象名单中。2015 年度及 2016 年度，孟鸣的绩效等级均为 B 级，且不存在不适宜行权的情形，符合美的集团公司的行权条件，故美的集团公司授予孟鸣在第一个行权期内可行权股票期权为 6 万股（尚未符合行权条件的股票期权为 12 万股）。截至 2017 年 11 月 30 日，孟鸣在第一个行权期内实际行权 4 万股。

2017 年 2 月 14 日，经美的集团公司调查，委托第三方机构审计，孟鸣作为部长的工程部所负责的三个消防工程（齐河消防给水工程、南京消防改造工程、贵阳二期消防工程）合同总金额 2659 万元，因串标、偷工减料等造成公司经济损失 1464 万元。

2017 年 4 月，孟鸣达到法定退休年龄，从美的制冷公司办理退休手续。后美的集团公司第二期股票期权第二个行权期开始。

2017 年 5 月 15 日，美的集团公司通过电子邮件发送《处理通报》给孟鸣，告知美的集团公司将取消其所有股权期权行权资格。2017 年 5 月 28 日，孟鸣回复美的集团公司，认为三个项目工程招标中出现的串标现象，其应该承担管理责任，但只应该承担次要管理责任，请求集团考虑其在串标问题中的次要管理责任、经济损失中防火涂料厚度不足的客观因素以及几位下属责任追究过重等因素，对取消其所有期权行权资格的决定重新考虑。

2017 年 6 月 9 日，经美的集团公司董事会审议，美的集团公司决定认定孟鸣作为原美的集团公司工程部长，对工程串标承担次要责任，对工程重大经济损失及多名下属严重违规违纪承担主要管理责任，对孟鸣取消所有股票期权行权资格。双方因此产生争议，孟鸣主张美的集团公司、美的制冷公司取消孟鸣的股票期权行权资格不当，应赔偿孟鸣经济损失2608800 元。

3. 司法观点

法院认为：本案的股权激励计划系基于孟鸣是美的制冷公司的高级管理人员的身份关系而将其纳入激励对象，且该股权激励方案与公司的管理制度、员工的绩效业绩等密切相关，故本案应定性为劳动争议纠纷。

关于美的集团公司对孟鸣作出取消股票期权行权资格的决定是否合法的问题。法院认为，依据《上市公司股权激励管理办法》第 2 条的规定，股权激励是指上市公司以本公司股票为标的，对其董事、监事、高级管理人员及其他员工进行的长期性激励。孟鸣原为美的集团公司工程部长，其所负责的工程部对于案涉的三项消防工程负有审核及监管的责任，但对于案涉的三项消防工程出现的串标现象及其负责的工程部多名工作人员违纪违规行为，孟鸣均未能及时发现并制止，造成齐河、南京、贵阳三项消防工程严重的经济损失。孟鸣作为高级管理人员，未能尽到忠实、勤勉义务。

孟鸣于 2017 年 4 月因达到法定退休年龄，从美的制冷公司办理退休手续。美的集团公司第二期股票期权第二个行权期是在孟鸣达到法定退休年龄后开始，且案涉的三项消防工程是孟鸣担任美的集团公司工程部长期间主管的工程，故美的集团公司对其作出取消股票期权行权资格是在 2017 年 6 月 9 日即在孟鸣达到退休年龄之后并无不妥。美的集团公司对孟鸣是否符合第二期股票期权第二个行权期的行权条件并不会因为孟鸣达到法定退休年龄而不能予以审查。

综上，裁判主旨：美的集团公司依据《责任追究管理办法》《第二期股票期权激励计划（草案）修订稿》等规定，取消了孟鸣股票期权行权资格并无不当，不违反法律规定。

4. 案例启示

2018 年 6 月 6 日，证监会公布并施行《关于试点创新企业实施员工持股计划和期权激励的指引》，首次明确提出"允许试点企业存在上市前制定、上市后实施的期权激励计划"，这为有申报上市计划而又希望实施期权激励方式的创新企业提供了更多的选择。如科创企业选择通过期权模式进行股权激励，可同时通过内部文件的形式规定企业有权对员工的行权资格、行权条件进行规定，以便企业及时判断该员工是否为公司真正所需的激励对象，并促使员工能够勤勉尽责地为公司长期发展进行服务。同时，在无相反约定的情况下，员工的退休并不代表公司无权依据现有公司规定对该员工的行权资格进行审查。

（四）【案例 7】广州亿澳斯软件股份有限公司与虞方劳动合同纠纷案 ［审理法院：广东省广州市中级人民法院　案号：（2017）粤 01 民终 2195 号］

1. 争议焦点

员工以股权购买资格换取的股权工资应否计入工资范围？

2. 案情简介

2013 年 7 月 1 日，广州亿澳斯软件股份有限公司（以下简称"亿澳斯公司") 与虞方签订期限自 2013 年 7 月 1 日至 2016 年 6 月 30 日止的劳动合同, 合同约定虞方在亿澳斯公司担任市场部经理, 实行标准工时制, 工资包括基本工资与绩效工资。

2014 年 7 月 31 日, 亿澳斯公司发布《股权激励制度 V1.0》, 其中第 5.2 条激励方式说明记载"亿澳斯公司前 25 位人员在入职或合作满 1 年后, 方可具备购买浩森公司股权的资格","正式员工还同时享受用其中部分或全部期权激励资格换取调薪比例的权利"。该制度第 5.4 条以股换薪方案中记载"对于有公司股权购买资格的正式员工, 还可选择用股权购买资格换取薪酬的增长", 并列举了 5 种以股换薪的方案供员工选择。该制度第 5.4.2 条方案配套说明中, 第 4 点"以股换薪的员工如果今后出现薪酬调整时 (包括加薪及降薪等), 以股换薪的股权工资该部分固定不变, 不受影响, 调整基数不包括股权工资在内"。第 6 点"员工选择以股换薪后, 其标准工资总额的构成部分将新增一项股权工资, 其原有的基本工资、绩效工资额度不变, 相应公司应为其承担的住房公积金额度也不变"。

2014 年 8 月 1 日, 虞方填写以股换薪方案选择表, 选择了方案 4,"保留个人 25% 的股权购买资格, 放弃 75% 的股权购买资格", 对应薪酬调整比例为"可换取个人薪酬增长 30%"。即虞方每月薪酬增长 3600 元, 其中股权工资 2800 元, 剩余 800 元汇缴住房公积金。工资表基本信息一栏中标准工资包含基本工资+绩效工资+股权工资, 而虞方每月应发工资的总额是根据基本信息栏、考勤信息栏及增减信息栏统计后计算得出。

2016 年 6 月 30 日, 双方劳动合同到期, 亿澳斯公司提前一个月通知虞方合同期满不续签, 后双方如期终止合同。双方就虞方基本工资的认定发生争议并诉至法院。

3. 司法观点

法院认为: 亿澳斯公司为激励员工关注长远发展, 制定了"以股换薪"方案, 给予员工自行选择放弃或保留个人购买股权资格的比例以换取个人薪酬增长的权利。本案中虞方选择方案 4, 即放弃 75% 的股权购买资格换取个人薪酬增长 30%, 之后在其工资收入中每月固定增加了股权工资

2800元。事实上，虞方该工资增长的性质为放弃股权购买资格而换取的工资收入。《国家统计局关于工资总额组成的规定》第11条第9项规定，对购买本企业股票和债券的职工所支付的股息（包括股金分红）和利息，不列入工资总额的范围。根据本案上述事实，本案中的"股权工资"应不属于该条款规定范围，因此，该"股权工资"为虞方工资的组成部分。

综上，裁判主旨：员工依据公司制定的"以股换薪"股权激励方案，放弃股权购买资格换取个人薪酬增长的，所增长的"股权工资"计入员工工资范围。

4. 案例启示

科创企业在上市前，特别是初创时期，往往面临资金有限、融资难等财务问题，故科创企业设计"以股换薪"股权激励方案时，在保证员工自主选择权，激励员工积极性的同时，还需事先充分考虑到劳动合同解除后因员工薪资增加所带来的经济补偿金等费用相应增加的情况，从而最终确定是否选择"以股换薪"的股权激励方案。

（五）【案例8】乐视云计算有限公司与陈明鹏劳动争议案
[审理法院：北京市第一中级人民法院 案号：（2018）京01民终9473号]

1. 争议焦点

员工参与所在企业关联公司的股权激励计划，是否有权要求所在企业支付股权激励款？

2. 案情简介

乐视云计算有限公司（以下简称"乐视云公司"）的股东为某一公司、某三公司及重庆某合伙企业。某一公司的企业类型为股份有限公司（上市、自然人投资或控股）。

2013年8月15日，陈明鹏（委托人）与某一公司股东贾某（受托人）签订《委托持股协议》约定，委托人自愿委托受托人作为自己对某一公司2万股股权的持有人，并代为行使相关股东权利。

2016 年，陈明鹏与乐视云公司签订了期限自 2016 年 2 月 17 日起的无固定期限劳动合同，约定陈明鹏担任"核心研发中心-通用云平台-传输技术专家"职位。

2017 年 1 月 10 日陈明鹏（乙方）与乐视云公司（甲方）签订《协议》，《协议》内容为："甲乙双方经友好协商，一致同意于 2017 年 1 月 26 日解除双方的劳动关系，并就劳动关系的解除、相关待遇支付等事宜达成以下协议，共同遵守：一、双方共同确认：甲方保留乙方所获授乐视网第一期股票期权激励计划中，第四个行权期（即 2016 年 4 月至 2017 年 4 月）的行权资格。乙方同意，具体股权激励及行权事宜按甲方期权激励计划执行。甲方为乙方支付其他长期激励款项，税前金额为 1300530 元。支付方式为双方解除劳动关系后，2017 年 2 月至 2018 年 1 月一年内按月平均支付。二……"

办理离职期间，陈明鹏提交《某一公司乐视网股权兑现申请》显示内容为：乐视网股权到期部分按照 2016 年 12 月 6 日停牌时乐视网 30 日均价进行价值测算，于员工离职后分 12 个月发放，表格显示员工编号×××、姓名陈明鹏、总股数 44000、到期比例 75%、剩余到期股数 33000，股价 39.41、出售股数 33000、税前收益 1300530、所得税 260106、税后收益 1040424、月均支付 86702，备注显示该部分股权在减持时，需缴纳 20% 所得税，下方申请人处显示陈明鹏签字及银行账号信息。

2017 年 1 月 26 日，陈明鹏正式从乐视云公司离职。

2017 年 11 月 24 日，陈明鹏以要求乐视云公司支付长期股权激励款为由向北京市海淀区劳动人事争议仲裁委员会提出申请，该委作出海劳仲审字（2017）第 2025 号不予受理案件通知书，决定不予受理。陈明鹏不服该决定，于法定期限内向法院提起诉讼，主张乐视云公司向其支付长期股权激励款 1300530 元。

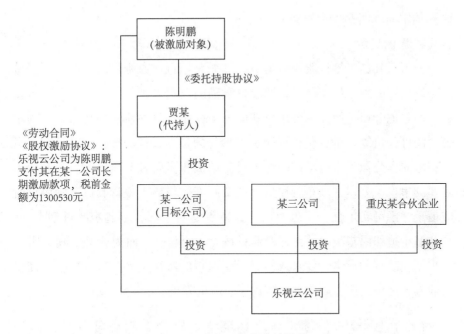

图6-5　案例8基本案情简图

3. 司法观点

法院认为：陈明鹏原系乐视云公司员工，双方在陈明鹏离职前签订的《协议》中共同确认乐视云公司向陈明鹏支付长期激励款项，本案系基于陈明鹏与乐视云公司之间存在劳动关系而产生的股权激励纠纷，故属于劳动争议案件受案范围。

虽乐视云公司所提交的《委托持股协议》及《某一公司乐视网股权兑现申请》载明的长期激励款项的权利来源系某一公司，但根据工商登记信息，某一公司系乐视云公司的股东之一，贾某系某一公司的股东之一，故可以认定乐视云公司与某一公司之间具备关联关系。乐视云公司基于与陈明鹏的劳动关系，在《协议》中与陈明鹏明确约定了长期激励款项的支付主体为乐视云公司，故陈明鹏依据该真实、合法、有效的《协议》向乐视云公司主张权利并无不当，法院对乐视云公司主张其公司并无权利分配某一公司的股权，并非本案适格主体不予认定，乐视云公司应当按照《协议》约定向陈明鹏支付长期激励款项。

4. 案例启示

公司与其员工签订股权激励协议遵循意思自治原则，双方权利义务按照协议内容分配。尽管员工长期股权激励的权利来源于与员工不存在劳动关系的其他公司，但如本公司与其他公司存在关联关系（如其他公司为本公司的母公司等）的，仍可证明员工参与的是本公司的股权激励计划，员工有权向本公司主张所承诺的给予员工的股权激励福利。因此，为避免不必要的争议，公司在颁布股权激励规章制度、与员工签订股权激励协议时应慎重考虑可实现性，三思而后行，特别是对于部分刚起步的科创企业，往往基于迫切渴望吸引并留住专业科技人才的心理，而为员工"画大饼"，作出不切时宜的承诺，发布或签署无法履行的法律文件，其后果往往使得企业卷入经济纠纷，减缓甚至阻碍了企业的发展。

（六）【案例 9】苏州新能环境技术股份有限公司与刘存阳劳动合同纠纷案［审理法院：江苏省苏州市中级人民法院　案号：（2019）苏 05 民终 6149、6150 号］

1. 争议焦点

未实际执行股权激励方案的企业是否需按企业内部管理规定对满足股权激励条件的员工以货币形式支付股权激励市值？

2. 案情简介

2017 年 6 月 23 日，刘存阳进入苏州新能环境技术股份有限公司（以下简称"新能公司"）担任大客户经理一职，双方签订书面劳动合同，约定合同期限自 2017 年 6 月 23 日至 2020 年 7 月 23 日。

2018 年 1 月 1 日，新能公司制定《营销人员管理手册》，其中第三部分"2018 年度销售目标"中分解计划规定：刘存阳年度销售目标为 800 万元。第八部分"奖惩措施"写明：8.1（5）：股权激励：销售人员一年销售额达到 1000 万元的，给予 2 万股股权激励，按照原始 8 元/股计算，市值 16 万元。刘存阳在职期间完成四份销售合同的签订，总金额共计 1025 万元。

2018 年 7 月 10 日，双方就解除劳动关系进行协商，同日新能公司向刘存阳发出《解除劳动合同通知书》，载明新能公司将于 2018 年 8 月 9 日起与刘存阳解除劳动合同关系。

新能公司认为：股权激励不属于劳动法调整的范围，且刘存阳不符合享受股权激励的条件，不应享受股权激励。而刘存阳认为，股权激励是双方履行劳动合同的新形式，属于劳动合同法调整的范围，公司应当以货币的形式支付该股权激励市值。

根据新能公司在全国中小企业股份转让系统披露的《2017 年年度报告》及《2018 年半年度报告》，2017 年度至 2018 年上半年度，新能公司不存在股权激励事项。

3. 司法观点

法院认为：根据《营销人员管理手册》之规定，销售人员一年销售额达到 1000 万元的，给予 2 万股股权激励，按照原始 8 元/股计算，市值 16 万元。刘存阳离职前的销售额已超过 1000 万元，新能公司应按约给付对应福利。用人单位给予劳动者的股权激励实质为劳动者享有的福利，属劳动报酬范畴。现刘存阳已离职，其要求新能公司支付股权激励款 16 万元，符合双方约定，新能公司理应予以支付。

4. 案例启示

企业股权激励的实质是企业给予劳动者的一种福利。企业内部规章制度有就"股权激励"具体事项进行规定，而未实际实施所规定的股权激励方案的，员工并未实际获得企业承诺的股权福利，在此情况下，法院倾向于按照诚信的法律原则，将该股权激励福利纳入劳动报酬范围，要求企业按其内部规定和承诺，向达到股权激励条件的员工支付对应的股权价值。企业股权激励方案一旦被纳入公司章程、公司规章制度或相关合同范围，即具有法律效力，企业应明晰企业股权激励的实质，并应在将股权激励计划和方案写进相关法律文件前慎重考虑股权激励给企业带来的成本和收益。

三、与公司有关的纠纷案由

非上市科创企业在股权激励过程中产生的与公司有关的纠纷主要集中在股权转让纠纷、公司决议纠纷、股东出资纠纷等。鉴于目前我国法律并未对非上市公司股权激励建立统一的普适性规则，法院判案思路及依据主要依据当事人之间签署的合法有效的合同及协议、企业股权激励计划或方案，以及我国《民法典》《公司法》等相关法律规定。但值得注意的是，对于我国法律特别规定的特殊类型公司以及未来有上市发展需求的非上市公司而言，其股权激励计划的制定、实施和落地还受到特别法的规定。例如，对于国有非上市公司，其股权激励还将受到国务院国有资产监督管理委员会、财政部等部门规定特殊规制，如《国有科技型企业股权和分红激励暂行办法》《国务院国有资产监督管理委员会关于规范国有企业职工持股、投资的意见》等。又如，对于非上市公众公司，则受到中国证券监督管理委员会发布的《非上市公众公司监管指引第 6 号——股权激励和员工持股计划的监管要求（试行）》规制。再如，对于纳入试点且未来有上市需求的科创企业而言，则其在非上市阶段实行股权激励还需了解《关于试点创新企业实施员工持股计划和期权激励的指引》《科创板上市公司持续监管办法（试行）》等规定。

与公司有关的纠纷案由作为非上市科创企业在股权激励过程中的高发争议案由之一，应引起企业重视。而在司法实践中，非上市科创企业产生与公司有关的纠纷并且败诉的原因多在于公司对股权激励方案、计划、协议等设计不合理、表述语义模糊不清或对法律程序不熟悉。因此，企业在最初设计股权激励方案时如何综合、充分地考虑多方面因素，在选择最符合公司实际情况的股权激励模式的同时规避风险，值得企业关注。

（一）【案例 10】江西省国有资产监督管理委员会与廖礼村股权转让纠纷再审案［审理法院：最高人民法院　案号：（2019）最高法民申 834 号］

1. 争议焦点

国资委奖励给国有干部廖礼村中江集团股权的行为以及决定收回原奖励给廖礼村的股权的行为，属于行政行为还是民事行为？

2. 案情简介

廖礼村为江西江中制药（集团）有限责任公司（以下简称"江中集团"）管理层，江中集团系由江西省国资委履行出资人监管职责的国有企业。江西省国资委与廖礼村签订案涉《股权激励合同》。《股权激励合同》约定，江西省国资委系根据江西省政府《关于江西江中制药（集团）公司改制总体方案有关问题的批复》的规定，以其所持有的江中集团的股权为标的，对包括廖礼村在内的江中集团管理层采取股权奖励和出售股权的方式实施股权激励。

而廖礼村与江西省国资委签订的股权转让《协议书》约定，江西省国资委根据《关于调整江中集团股权激励计划实施方式的通知》精神，决定收回原奖励给廖礼村的江中集团股权。

廖礼村请求判令江西省国资委、江中集团共同向廖礼村支付股权转让款 24192121.36 元。

3. 司法观点

法院认为：江中集团系由江西省国资委履行出资人监管职责的国有企业，江西省国资委与廖礼村签订案涉《股权激励合同》，是基于江西省国资委履行对其监管的企业管理者进行任免、考核并依据经营业绩和考核结果对企业管理者进行奖惩的职责行为。廖礼村作为时任江中集团管理层，江西省国资委有权对其进行任免、考核、奖惩。上述江西省国资委奖励给廖礼村中江集团股权的行为，以及决定收回原奖励给廖礼村的股权的行为，均属于江西省国资委履行企业监管职责的行政行为，并非基于民事合同所作出的民事行为。原审法院认定本案纠纷不属于《中华人民共和国民事诉讼法》第3条规定的人民法院受理公民之间、法人之间、其他组织之间以及他们相互之间因财产关系和人身关系提起的民事诉讼范围，廖礼村的起诉不符合《中华人民共和国民事诉讼法》第119条第4项的规定，对其起诉应予驳回，认定事实与适用法律并无不当。

4. 案例启示

签约主体不同，法律关系性质不同，诉讼程序不同。国资委作为国有企业主管行政部门，与国有企业员工签订股权激励合同，对激励对象进行任免、考核、奖惩股权、收回奖励发股权的行为属于国资委履行企业监督管理职责的行政行为，而非基于平等民事主体之间所作的民事行为，因此本案应通过行政诉讼程序处理。国有企业、中央企业是中国特色社会主义经济的"顶梁柱"，目前，越来越多的国有企业、中央企业追求在核心技术攻关、产业升级上寻求新的更大突破，向科创企业转型，从而实现企业高质量发展。国有企业、中央企业越来越成为科技创新的主力军。然而，有别于民营企业，国有企业因涉及国有资产具有较强的特殊性，因此科技创新型国有企业在进行股权激励时应更加关注法律法规的特殊性规定，避免时间成本的浪费和国有资产的流失。

（二）【案例11】广东一禾药业有限公司与谭什成以及颜振基等股权转让合同纠纷再审案［审理法院：广东省高级人民法院 案号：（2014）粤高法民二申字第316号］

1. 争议焦点

企业对持股员工转让股权提出异议，但在同等条件下并不主张优先购买权，也不愿意购买，涉案持股员工转让股权行为是否有效？

2. 案情简介

湛江市国有资产经营公司（以下简称"国资公司"）是广东一禾药业有限公司（以下简称"一禾公司"）、湛江卫生制药厂（以下简称"制药厂"）的母公司。在制药厂改制期间，该厂包括林天彩等62人在内的131

名员工认购该企业股份，并取得一禾公司签发的《员工持股证》，且该《员工持股证》明确载明员工凭此证享有公司的股东权利。一禾公司在办理工商登记时没有将该131名持股员工登记为公司股东，而是以制药厂工会的名义登记为公司股东。同时，一禾公司在章程中规定，除员工股外，其余股东可以转让股份。

之后，131名持股员工中有部分员工在经过湛江制药厂员工持股会同意的情况下要求制药厂工会转让该等员工所持股权，但制药厂工会未能为该部分持股员工办理股权转让事宜。在此情况下，该部分持股员工自行或者通过湛江制药厂员工持股会转让股权。其中，林天彩等62名持股员工通过湛江制药厂员工持股会将其对一禾公司享有的股权转让给颜振基、林少贤，颜振基、林少贤在取得该股权后，又将该部分股权转让给谭什成，并于2010年12月20日与谭什成签订了《股权转让合同》。

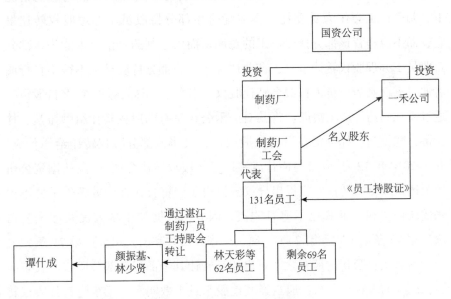

图6-6 案例11基本案情简图

3. 司法观点

法院认为：《员工持股证》明确载明员工凭此证享有一禾公司的股东

权利，虽然一禾公司在办理工商登记时没有将该 131 名持股员工登记为公司股东，而是以制药厂工会的名义登记为公司股东，但由于制药厂工会并无实际出资，其仅是受该 131 名持股员工的委托，代表持股员工统一行使股东权利的一种股权管理形式。据此，法院认定该部分持股员工具有一禾公司的股东资格并享有公司的股东权利。

同时，一禾公司的章程显示，除员工股外，其余股东可以转让股份，也就是说国资公司和制药厂工会均可以转让股份。由于制药厂工会是 131 名持股员工的代表，其只是名义上的股东，其名下的股权实为该 131 名持股员工持有的股权，既然按一禾公司章程规定制药厂工会可以转让其名下的股权，那么制药厂工会经所有持股员工同意就可以代表持股员工转让股权。换言之，该部分持股员工可以通过制药厂工会转让股权。因此，在该部分持股员工要求转让股权并且已经湛江制药厂员工持股会同意的情况下，制药厂工会作为受委托人本应配合该部分持股员工办理股权转让事宜，而不应违背该部分持股员工的意愿。而由于制药厂工会未能为该部分持股员工办理股权转让事宜，在此情况下，该部分持股员工不得不自行或者通过湛江制药厂员工持股会转让股权。本案中，林天彩等 62 名持股员工通过湛江制药厂员工持股会将其对一禾公司享有的股权转让给颜振基、林少贤，颜振基、林少贤在取得该股权后，又将该部分股权转让给谭什成，并于 2010 年 12 月 20 日与谭什成签订了《股权转让合同》。虽然国资公司对上述持股员工转让股权提出异议，但由于国资公司在同等条件下并不主张优先购买权，且其也不愿意购买，因此，根据《中华人民共和国公司法》第 72 条第 1 款和第 2 款（现《中华人民共和国公司法》第 71 条）关于"有限责任公司的股东之间可以相互转让其全部或者部分股权。股东向股东以外的人转让股权，应当经其他股东过半数同意。股东应就其股权转让事项书面通知其他股东征求同意，其他股东自接到书面通知之日起满三十日未答复的，视为同意转让。其他股东半数以上不同意转让的，不同意的股东应当购买该转让的股权；不购买的，视为同意转让"的规定，应视为国资公司同意持股员工转让股权。再者，根据原《中华人民共和国物权法》第 39 条（现《民法典》第 240 条）关于"所有权人对自己的不动产或者动产，依法享有占有、使用、收益和处分的权利"的规定，转让股权是股东的基本权利，据此，该部分持股员工有权转让自己享有的股权，否则，违背了《公司法》的立法宗旨。故二审判决根据上述法律规定并考虑该 130 名持股员工若需要退还股权转让款将造成社会不稳定等因素而确认该部分持股员工转让股权有效，并确认谭什成与颜振基、林少贤签订的《股权转让合同》有效，并无不当。一禾公司、制药厂工会、国资公司关于该部分持股员工转让股权无效的再审申请理由不能成立。

综上，裁判主旨：一禾公司向其员工签发《员工持股证》，该证明是对持股员工享有公司股东权利的确权证明。虽然公司并未以该等持股员工的名义直接进行工商登记，而是以"制药厂工会"的名义作为公司股东进行了工商登记，但这并不影响持股员工依法行使其股东权利，该等员工有权转让其所享有的股权。国资公司虽作为一禾公司的股东，但其在同等条件下不同意员工转让股权，不主张优先购买权，也不同意购买该部分股权，故员工可对外进行股权转让。

4. **案例启示**

被激励对象在依据股权激励方案取得激励股所有权后，在无法定或特别约定的情形下，同样可对其股权进行转让。公司其他股东在同等条件下不同意该部分股权转让，也不进行购买的，依据公司法规定，视为同意转让。如科创企业在上市前拟以设立员工持股平台形式对其员工进行股权激励时，而又不希望该部分股权被随意转让的，可在公司章程中对股权转让事项进行具体、明确的约定。

（三）**【案例 12】曾石华、广州丰江电池新技术股份有限公司与公司有关的纠纷案[审理法院：广东省广州市中级人民法院案号：（2019）粤 01 民终 326 号]**

1. **争议焦点**

（1）在当事人对股权激励回购条件约定不清的情况下，如何确定股权激励回购条件是否已成就？

（2）在当事人无约定的情况下，如何确定回购价格、是否应当返还股份收益以及可履行回购的股份数额？

2. 案情简介

2005年10月，曾石华与广州市番禺丰江电池制造有限公司（以下简称"番禺丰江公司"）建立劳动合同关系。

2006年3月28日，包括黄国林、汤维斌以及曾石华在内的8人签订《出资协议书》，约定共同投资设立广州丰江电池新技术有限公司（以下简称"丰江有限公司"），注册资本3000万元，其中黄国林出资2420万元、比例为80.67%，汤维斌出资300万元、比例为10%，曾石华出资50万元、比例为1.67%。各方还约定注册资本分期投入，第一次出资600万元，其中曾石华以货币出资10.02万元。

2006年9月11日，黄国林向曾石华银行账户转账10.02万元，同日曾石华向丰江有限公司名下银行账户（与验资报告载明银行账户一致）转账支付10.02万元。

2006年2月7日，番禺丰江公司出台《股权激励管理细则》（以下简称"《管理细则》"），内容为："根据穗丰电司字（2005）08号文件的基本精神，特制定本细则……一、股份的来源。用于激励机制的股份由前一年度的老股东采取无偿出让的方式提供，提供股份的数量按穗丰电司字（2005）08号文件规定的标准以当年经营结果所反映公司资本增值的数据计算。……三、股份的管理：1. 自公司作出股份分配的决定之日起，该类股份即刻成为公司参与分配的资本；2. 该类股份每隔2年才进行一次正式的股东工商注册登记，在这2年以内只进行公司内部登记管理……4. 除了参与公司分配的权利外，该类股份的表决权等参与股东大会的权利必须授权给公司秘书。5. 该类股份的股东必须签署授权委托书，授权公司秘书参加股东大会和签署所有股东文件。……四、股份购回。该类股份的股东因任何原因离职，公司对其股份在2年内限制转让和抵押等性质的处理。在2年后，公司按照上一年度的每股净资产的50%购回，公司出现上市或被整体收购的情况除外。"该《管理细则》加盖有番禺丰江公司和丰江有限公司的公章，包括曾石华在内的各番禺丰江公司员工在落款处签名。

2006年9月25日丰江有限公司设立。曾石华在丰江有限公司成立后与其签订劳动合同。

2008年7月1日，黄国林（转让方）与曾石华（受让方）签订《股东转让出资合同书》，约定黄国林将原认缴出资额中的部分56.5万元转让给曾石华，转让后曾石华认缴出资额变更为106.5万元。广州市东方会计师事务所于2008年7月7日出具验资报告，载明曾石华认缴注册资本为106.5万元（出资比例为3.55%），本期实缴货币出资189882元、实物出资375118元（合计56.5万元）。同日，黄国林向曾石华转账支付189882元，曾石华于收款同日转账支付至丰江有限公司名下银行账户（与验资报告载明银行账户一致）。另外，番禺丰江公司出具《关于广州丰江电池新技术股份有限公司2008年7月实物出资的情况说明》，确认2008年7月1日曾石华等人向丰江有限公司移交的机器设备、存货是由其购买及生产，并受实际控制人黄国林指示将机器设备作为曾石华等人的出资移交给丰江有限公司。曾石华签名确认的《存货、固定资产出资清单》列出了实物出资的情况，总价值为375118元。

2008年8月27日，丰江有限公司修改公司章程，新增实收资本至3000万元，其中曾石华认缴39.98万元。广州市德信会计师事务所有限公司作出验资报告，载明曾石华实际缴纳39.98万元（货币出资）。2008年8月28日，黄国林向曾石华转账支付39.98万元，曾石华于收款同日转账支付至丰江有限公司名下银行账户（与验资报告载明银行账户一致）。

2009年3月10日，丰江有限公司召开股东会，同意将丰江有限公司整体变更设立为丰江电池新技术股份有限公司（以下简称"丰江公司"），股份数合计3000万股，注册资本合计3000万元，公司发起人为黄国林、汤维斌和曾石华等人，黄国林是公司的控股股东。黄国林、汤维斌系夫妻关系，两人为公司实际控制人。

2009年3月，丰江公司更新出台《股权激励管理规定》（以下简称

"《管理规定》"），内容为："根据公司经营理念及发展战略，结合 2006 年 2 月颁发的《股权激励管理细则》及历年股权激励的实践，特制定本规定，进一步明确股权激励的相关制度，对公司长远发展和干部事业起到远景规划的作用。一、股份的来源：用于激励的股份由老股东采取无偿出让的方式提供，提供股份的数量视当年经营情况和老股东出让的意愿确定；二、股份的分配：分配依据为每年度终，评估小组对技术人员、管理人员获取股权激励资格及对公司利润的贡献进行考评，董事会根据当年经营结果、老股东出让意愿以及考评结果审批通过当年股权激励的人员名单及相应激励股份金额；三、股份的管理：1. 自公司作出股份分配决定之日起，该类激励股份即刻成为公司参与分配的资本；2. 该类激励股份每隔二年才进行一次正式的股东工商注册登记，在这二年以内只进行公司内部登记管理；3. 该类激励股份不能转让，也不能以抵押等形式作实质的财产转移，只能登记在本人名下；4. 除了参与公司分配的权利外，该类激励股份的表决权等参与股东大会的权利必须授权给公司董事会秘书；5. 该类激励股份的股东必须签署授权委托书，授权公司董事会秘书参加股东大会和签署所有股东文件；6. 该类激励股份为老股东无偿出让，视同受让股东已经作出承诺：在职期间保守公司商业秘密和不从事有损公司利益的活动，否则作为惩罚，公司将无偿收回该类股份；7. 当公司出现股份上市流通或整体被收购的情况时，无须遵从以上规定；四、股份购回：1. 股东因任何原因离职，其所受让的激励股份及其产生的收益，公司按照每股净资产金额的 50%购回，并将该笔金额在其离职之日起 1 个月至 2 年内全部支付；2. 离职后，如不保守公司商业秘密和从事有损公司利益的活动，作为惩罚，公司有权不支付该购回金额；3. 公司出现上市或被整体收购的情况除外；五、自公司作出股份分配的决定之日起，享有该类激励股份的股东，必须签名，以明确其自愿遵守此规定。"该《管理规定》签署页上有黄国林、汤维斌、张某芬、曾石华等共计 71 人签名，其中大部分人员系丰江公司现在或曾经工商登记在册的股东。

另外，曾石华等 69 人同时签署了《授权委托书》，内容为："本人经广州丰江电池新技术有限公司股东大会通过，受让激励股份，成为公司股东，自愿遵守《股权激励管理规定》，授权公司董事会秘书行使如下权利：1. 参加股东大会；2. 以本人受让的激励股份所享有的额度行使表决权；3. 签署所有股东文件。"

2011 年 11 月 1 日，丰江公司股东大会作出决议并修改公司章程，汤维斌将所持本公司 24.6 万股（占注册资本 0.82%）转让给曾石华，曾石华持股共 131.1 万股，持股比例为 4.37%。曾石华确认其并未支付相应股权转让款。

2011 年 12 月 1 日，丰江公司股东大会决议增资和修改公司章程，股东增加现金资本 1000 万元，其中曾石华认购 43.7 万股，增资后曾石华持股为 174.8 万股，持股比例仍为 4.37%。2011 年 12 月 12 日，汤维斌和案外人唐某成（丰江公司总经理）向曾石华分别转账支付 8 万元和 35.7 万元（共计 43.7 万元），曾石华同样于收款同日向丰江公司名下银行账户（与验资报告载明银行账户一致）转账支付 43.7 万元。案外人唐某成向法院出具情况说明，载明 2011 年 12 月 12 日向曾石华转账支付的 35.7 万元系在黄国林指示下代黄国林支付。

2016 年 1 月，曾石华转让其持有的丰江公司股份 4.98 万股给案外人，持股比例降为 4.25%。丰江公司、黄国林、汤维斌主张曾石华系为了履行股权激励计划转让，使其股份保持在 4.25%，曾石华未收到该股权转让款。曾石华则主张系其自行转让股份，与本案无关。

2016 年 5 月 11 日，丰江公司的股份在全国中小企业股份转让系统（以下简称"新三板"）挂牌并公开转让，纳入非上市公众公司监管，证券简称"丰江电池"，证券代码 837375，转让方式为协议转让。在准备挂牌之前，股东对外声明的文件中未记载有股份存在纠纷或潜在纠纷、存在转让限制或者回购等情况。丰江公司、黄国林、汤维斌主张是因为未提及和披露股权激励和股权回购事实。广东信达律师事务所出具的《关于广州丰江电池新技术股份有限公司申请在全国中小企业股份转让系统挂牌并公开转让法律意见书》中记载了曾石华前述股权变更情况，其中关于"发起人投入公司的财产"部分载明："公司设立时发起人按照各自持有丰江有限公司股权比例，以丰江有限公司经审计的净资产作为对公司的出资，丰江有限公司整体变更为股份有限公司，发起人投入公司的资产权属关系清晰，发起人将上述资产投入公司不存在法律障碍。"

2017 年 9 月 30 日，曾石华离职，离职前任丰江公司副总经理。

庭审中，丰江公司表示在其作为案涉股份回购权利主体的情况下，同意指定股东黄国林和汤维斌作为案涉股份的接收方。

3. 司法观点

关于争议点 1，股权激励计划是否已终止，丰江公司、黄国林、汤维斌能否行使回购权？即在当事人对股权激励回购条件约定不清的情况下，如何确定股权激励回购条件是否已成就？

法院认为：本案诉争股份共计 169.82 万股（174.8 万股扣减转让的 4.98 万股）的构成为：1.2006 年 3 月 28 日丰江有限公司发起设立时曾石华认缴的 50 万股股份（分两次实缴货币：2006 年 9 月 10.02 万元、2008 年 8 月 39.98 万元）；2.2008 年 7 月 1 日曾石华获黄国林转让的出资额 56.5 万股（实缴货币 189882 元和实物价值 375118 元）；3.2011 年 11 月 1 日曾石华获汤维斌转让的 24.6 万股（曾石华未支付股权转让款）；4.2011 年 12 月丰江公司增资时曾石华获得的 43.7 万股（出资款来源于汤维斌和案外人唐某成）。上述股份出资均非曾石华本人实际出资，曾石华未因获取诉争股份实际支付对价，丰江公司、黄国林、汤维斌也提供了证据佐证曾石华的诉争股份系基于《管理规定》受激励获得，故上述股份应认定为丰江公司、黄国林、汤维斌基于《管理规定》内容而向曾石华发放的激励股份。

曾石华已于 2017 年 9 月离职，根据《股权激励管理规定》的约定，公司可以行使回购权，现丰江公司指定原出让股权的股东黄国林、汤维斌回购涉案股份，保持公司资本稳定，符合前述规定的约定，至于丰江公司内部是否履行内部审批程序不属于本案审理范围。

曾石华辩称，丰江公司于 2016 年 5 月在全国中小企业股份转让系统

（"新三板"）挂牌，属于各方当事人所理解的"上市"，且上述《股权激励管理规定》已经终止执行。法院认为：第一，丰江公司企业类型为非上市的股份有限公司，其性质为非上市公众公司，"新三板挂牌"显然并非我国公司法概念上的"上市"。根据《中华人民共和国公司法》第120条规定，"本法所称上市公司，是指其股票在证券交易所上市交易的股份有限公司"，而"新三板"并不属于证券交易所，而属于代办股份转让系统，故法院无法直接确认《股权激励管理规定》因丰江公司"上市"而自然终止执行。第二，在"新三板挂牌"与"上市"概念有别的情况下，则应考察丰江公司在挂牌时是否因公司及股东将"新三板挂牌"理解为"上市"从而协议终止执行《股权激励管理规定》。对此，审查曾石华在本案一、二审中提交电子邮件及附件文件，即使邮件属实，亦仅可显示丰江公司内部管理人员就终止执行进行过协商，无法证实已经就终止执行形成一致意见；虽邮件显示公司定于2016年1月11日召开股东会，但丰江公司已提交当日股东大会会议记录对会议情况进行说明。况且，曾石华亦在另案中作证陈述《丰江新技术股权激励计划余股分配方案和认股权计划提前结束的安排规划（定稿）》没有签署正式文件，也没有在包括管理人员会议、股东会议等任何会议上就该定稿方案进行过表决，仅在股东会上通过电子屏幕展示，未就股份不再由公司进行回购进行特别说明。据此，并无证据足以证实各方已经就结束执行《股权激励管理规定》、公司不再对股份予以回购进行表决或达成协议，曾石华辩称《股权激励管理规定》已经终止缺乏充分证据予以证明。综上，曾石华离职后，丰江公司可以行使回购权利指定原出让股权的股东黄国林、汤维斌回购涉案股份。

关于争议点2：在当事人无约定的情况下，如何确定回购价格、是否应当返还股份收益以及可履行回购的股份数额？

法院认为：《股权激励管理规定》并未明确约定计算每股净资产的时间基点，法院据此以权利人行使权利的时间为基点计算。丰江公司、黄国林、汤维斌于2017年12月提起本案诉讼诉请回购，故法院认定按请求回购的前一年即2016年每股净资产金额的50%核算回购价格。

关于曾石华是否应当返还股权分红收益。《股权激励管理规定》约定股东离职的，公司可回购其受让的激励股份及产生的收益，对于该条款中所述的"收益"是否包括回购前已分配的股份分红并无进一步约定。结合股权激励的目的，且受让股东在完成工作任务，其业绩在获得公司决策机构肯定后，已依公司决议获得了相应的分红，利益已分配完毕，丰江公司现要求激励股权股东返还，有违股权激励目的及诚信原则，法院不予支持。

关于可实际履行回购的股份数量，曾石华实际持有丰江公司股份166.24万股，丰江公司起诉主张超出的部分在现有事实状态下无法实际由曾石华予以转让（履行不能），故法院判决曾石华转让其持有的股份166.24万股。

综上，裁判要旨：第一，《股权激励管理规定》的规定，丰江公司有权在被激励股东离职后收回该股东的股权，但公司出现上市情形的除外。曾石华已于2017年9月离职，同时，丰江公司所进行的是"新三板挂牌"而非我国公司法概念上的"上市"，且丰江公司在挂牌时也无存在因公司及股东将"新三板挂牌"理解为"上市"从而协议终止执行《股权激励管理规定》的行为，故公司可以行使回购权。第二，在当事人无约定的情况下，法院一般结合股权激励目的，依据公平原则、诚信原则等民商事法律基本原则，确定回购价格、是否应当返还股份收益以及可履行回购的股份数额等事项。

4. 案例启示

股权激励计划的实施和效力与劳动关系存续期没有必然关系，如双方未在认购股权协议或股票期权协议中明确约定劳动关系终止之日即为回购时点或退出时点或股权激励协议终止时点，股权激励协议持续有效并应当继续履行，故在股权激励方案设计和制定时，企业应尽可能对上述事宜和关系提前作好安排和约定，同时还需注意术语的规范性和严谨性，以避免引起不必要的争议。另外，股权激励退出或回购条件、时点、价格、是否返还股权收益等条款因与双方经济利益密切相关，最容易发生争议，双方可提前请专业人士介入进行合理设计、安排并在法律文件中以规范的法律术语作明确约定，避免约定不明确引发诉讼给双方造成不必要的经济损失和商誉损失。

（四）【案例 13】上海安清医疗器械有限公司等与周震华股权转让纠纷案［审理法院：上海市第一中级人民法院　案号：（2020）沪 01 民终 9868 号］

1. **争议焦点**

被激励对象仅取得预授股权还是已实际取得股权？判断标准如何确定？

2. **案情简介**

2014 年 7 月 18 日，周震华入职上海安清医疗器械有限公司（以下简称"安清公司"）。

2014 年 8 月 1 日，安清公司和周震华签订《劳动合同》，合同期自 2014 年 8 月 1 日至 2017 年 6 月 30 日。2017 年 7 月 1 日，安清公司又和周震华签订无固定期限劳动合同一份。

2016 年 8 月，安清公司作为甲方（目标公司）、周震华与严航等案外人作为乙方（原股东）、上海英诺伟医疗器械有限公司（以下简称"英诺伟公司"）作为丙方（投资方）、案外人谢某等作为丁方（投资方）、周震华作为戊方（技术方）签署《上海安清医疗器械有限公司之投资协议》（以下简称"《投资协议》"），约定：戊方作为技术方，掌握拟合作产品的相关技术，目标公司主要从事医疗器械与仪器的开发，丙方、丁方拟以安清公司为平台，希望与目标公司合作共同致力于拓展目标公司业务，开发、生产及销售产品。各方约定，案外人丁某所持有的目标公司 8% 的股权以每股（人民币，以下币种同）1 元的价格转让给戊方，转让价款为 40 万元；在满足约定条件后，丙方、丁方对目标公司增资 3000 万元（500 万元作为注册资本，2500 万元计入资本公积）；目标公司股东一致同意，未来将预留目标公司不超过 10.7044% 的股权用于管理层股权激励。股权激励的前提为：1. 目标公司在未来三年内完成全体股东同意的目标，即未来三年完成喉镜的生产，宫腔镜、电子肠胃镜和输尿管镜的注册和转生产以及超小芯片的开发；2. 实现股权激励的具体目标内容由戊方提出，经由董事会审议决定并抄送全体股东；3. 股权激励对象在授予股权时，必须是目标公司连续在职的员工，与目标公司存在有效劳动关系，且剩余服务年限不低于3年；4. 股权激励对象在目标公司任职期间，不曾发生因其个人原因导致公司承担金额在100万元以上损失的情况，且严格遵守公司的规章制度。股权激励分配方式如下：1. 戊方调整前期股权激励获得0.7044%，戊方及工程师团队将获得不超过6.5%的股权，市场、销售及其他工作人员获得不超过3.5%的股权，其中戊方0.7044%的股权不受前述股权激励的前提条款限制；2. 为满足戊方符合上海人才引进的条件，本合同签署后三个月内，首先启动对戊方的预授股权激励，股权激励比例为2.7044%，由戊方按照注册资本为对价对目标公司增资；3. 目标公司首次达到董事会提出的激励目标时，由戊方提出股权激励的具体分配方案，并经过董事会审核确认股权激励人员名单；4. 经目标公司董事会确认的上述股权激励人员将作为有限合伙人，与公司董事会指定的其他有限合伙人和普通合伙人共同设立一家有限合伙企业，该有限合伙企业成立后，将按照注册资本为对价对目标公司增资并取得8%的股权；5. 该有限合伙企业持有目标公司8%的股权后，首次授予股权激励人员将按照其在有限合伙企业中的份额比例取得相关的股权，剩余未授予部分的股权，由目标公司董事会指定的其他有限合伙人代为持有；6. 若经董事会确认的首次授予的股权激励中戊方应授予的股权份额未达到其预授予的2%比例，则应作相应的股权调整；7. 未来目标公司达到其他股权激励授予的条件时，通过由董事会指定的其他有限合伙人向具体激励对象按照出资金额转让其代为持有的有限合伙企业份额的方式，实现股权激励的授予；8. 若未来股权激励授予条件无法达成，导致股权激励方案最终未能全部实施，目标公司董事会应一致同意将该有限合伙企业所持目标公司股权中未授予的部分，按照出资比例同比转让至目标公司除该有限合伙企业之外的全体其他股东；协议另约定了目标公司治理、合作产品、竞业禁止、违约责任等条款。

2016 年 11 月 24 日，安清公司股东签署公司章程一份，其中载明安清公司注册资本 1000 万元，周震华为安清公司股东、出资 75 万元、占股 7.5%。

2018 年 1 月 11 日，安清公司完成增资备案，注册资本从 1000 万元增加到 1027.7957 万元，所增资本均由周震华认购，周震华的出资额增加至 102.7957 万元，出资比例增加至 10.0016%。

2018 年 2 月 2 日，周震华在"安清股东群"提交了《安清 2018 年 1 月-2019 年 12 月预算》《股权激励》，安清公司所有董事均在此微信群中。其中，《股权激励》中载明了股权激励授予的九个阶段和条件，其中第一次为授予工程团队 3%，授予管理、质量、生产 0.4%，授予市场、销售 0.2%（销售完成 500 套喉镜）。完成事项为：1. 完成可视喉镜、输尿管肾镜、宫腔镜、膀胱镜、支气管镜、胆道镜、胆道子镜的 CE 获证；2. 完成可视喉镜、输尿管肾镜的转生产。预计完成时间为"已完成"，授予日期为"2018 年 2 月 28 日前、此前已授予周震华 2%"。

2019 年 6 月 2 日，安清公司形成股东会决议，通过了将周震华持有的预授予的 2% 激励股权按照增资时价格转让给英诺伟公司、修改公司章程等议案，周震华对议案投了反对票。

安清公司和英诺伟公司认为，周震华的离职行为违反了投资协议中关于股权授予的约定，安清公司和英诺伟公司有权对其已取得的 2% 股权作相应调整。故向法院请求判令周震华将其所持安清公司 1.84% 股权转让给英诺伟公司。

3. 司法观点

法院认为：根据《投资协议》约定："第 3.1 条：安清公司未来将预留不超过 10.7044% 股权用于管理层股权激励。3.1.1 条：股权激励的前提是安清公司在未来三年内完成全体股东同意的目标，即未来三年完成喉镜的生产，宫腔镜、电子肠胃镜和输尿管镜的注册和转生产以及超小芯片的开发等。3.1.2（1）：周震华调整前期股权激励获得 0.7044%，周震华及其工程师团队将获得不超过 6.5% 的股权，市场、销售及其他工作人员获得不超过 3.5% 的股权。3.1.2（2）：为满足周震华符合上海人才引进的条件，《投资协议》签署后三个月内首先启动对周震华的预授股权激励，股权激励比例为 2.7044%。"所以，给周震华预授股权系为了满足其符合上海人才引进的条件，不需要完成股权激励的前提条件，也并非是给全部可能享有股权激励的人员均预授股权。实际上，周震华增资取得系争股权并未在《投资协议》签订后三个月内，而是在《投资协议》签订后两年的 2018 年 11 月。根据双方提交的证据显示，2017 年 7 月安清公司已完成可视喉镜、输尿管肾镜、宫腔镜、膀胱镜、支气管镜、胆道镜的 CE 认证，可视喉镜和输尿管肾镜也进行了生产、销售。故周震华增资取得 2% 股权时已经有成果产生，应当不是《投资协议》约定的预授股权。

结合《投资协议》第 3.1.2（3）约定，安清公司首次达到董事会提出的激励目标时，由周震华提出股权激励的具体分配方案，并经过董事会审核确认股权激励人员名单。故虽然尚未达到宫腔镜、电子肠胃镜和输尿管镜转生产的条件，但因股权激励的具体分配方案系由周震华提出，周震华亦实际增资取得了股权应当视为周震华已经满足取得系争 2% 股权的条件。同时，周震华于 2018 年 2 月 2 日在"安清股东群"提交了《安清 2018 年 1 月–2019年 12 月预算》《股权激励》等文件，明确载明股权激励授予的阶段和条件，系争 2% 股权已经授予周震华，安清公司的股东和董事均未提出异议，且此时周震华已经增资取得系争股权，安清公司的股东和董事亦应属于明知，故一审认定周震华已经实际取得系争 2% 股权的激励并无不当，安清公司认为一定要专门召开董事会予以确认的主张，法院不予采信。

综上，裁判要旨：双方在《投资协议》约定的预授股权并非周震华获得激励股权的前提条件，且周震华取得系争股权并不满足约定的预授股权激励条件，同时，安清公司未就周震华提出的股权激励的具体分配方案提出异议，并在其相关文件中明确载明系争股权已经授予周震华，安清公司也已以其行为认可周震华已实际取得激励股权，而非预授股权。故周震华已经取得的系争 2% 股权不属于预授股权，应为周震华已经取得的股权激励, 安清公司无权要求周震华将股权转让给英诺伟公司。

4. **案例启示**

当事人之间对预授股权约定取得条件有约定的, 法院首先会对约定条款按照字面文义理解以探求当事人的真实意思, 并结合当事人行为判断系争股权是否为预授股权。如被激励对象取得的是预授股权, 则系争股权的所有权并未转移至被激励对象; 如被激励对象已实际取得激励股权, 则被激励对象对该激励股权享有所有权, 公司无权再通过《股东会决议》等形式违背被激励对象意愿对股权转让。因此, 企业在实施股权激励时事先聘请专业法律人士对公司章程、公司规章制度及股权激励合同、协议进行法律用语措辞精准性的审查和法律风险的把关具有必要性, 能够有效降低未来公司因股权激励纠纷产生的败诉风险。

(五)【案例 14】田建川与无锡顺达智能自动化工程股份有限公司股东出资纠纷案 [审理法院: 江苏省无锡市中级人民法院 案号: (2019) 苏 02 民终 2376 号]

1. **争议焦点**

被激励对象能否对股权认购合同行使法定解除权?

2. **案情简介**

田建川系无锡顺达智能自动化工程股份有限公司 (以下简称"顺达公司") 子公司无锡市华天物流设备有限公司 (以下简称"华天公司") 的员工。

2015 年 12 月 8 日, 田建川与顺达公司签订《无锡顺达智能自动化工程股份有限公司 2015 年第二次股票发行认购合同》约定: 顺达公司系股份有限公司, 于 2014 年 1 月 24 日在全国中小企业股份转让系统挂牌, 田建川为顺达公司的核心员工, 田建川同意按照本次股票发行方案认购顺达公司发行的股份, 田建川以现金方式认购股票发行中的 10 万股, 每股价格为 6.5 元, 田建川应支付认购款合计 65 万元。本次发行田建川只有在同时满足以下条件时才能申请解限售本次认购的股份: 1. 公司业绩符合考核要求；2. 个人考核要求，田建川须持续在岗，完成个人业绩考核要求，且未出现以下情形：a. 严重违反公司管理制度，或给公司造成巨大经济损失，或给公司造成严重消极影响，受到公司纪律处分；b. 自行辞职；c. 因违反相关法律或公司制度而被公司解除劳动合同。本次发行田建川出现以上三种情形之一时，顺达公司有权将其本次认购的未出售股份（包括已解限售但尚未出售和尚未解限售的股份），由顺达公司按照初始认购价格回购注销。本次发行田建川认购的股票自股票在中国证券登记结算有限公司北京分公司登记日起分四期解限售，每年解除限售 1/4，田建川若因某期未满足解限售条件，则解限售期应顺延 12 个月，若连续两期未达到解限售条件的，顺达公司有权将对其未解限售股份一次性按照初始认购价格回购注销，顺达公司董事会可根据公司实际需要或有关法律法规、规范性文件的要求，决定对田建川所持有的本次认购的股份（未解限售部分）进行锁定，顺达公司及其他任何方无权回购该等股票。本合同自全部满足下列条件起生效：1. 双方签字或盖章；2. 顺达公司董事会、股东大会通过本次股票发行方案；3. 中国证监会审核核准通过本次股票发行方案。双方协商一致可以终止本合同，合同一方严重违反合同约定，致使对方不能实现合同目的，对方有权解除合同。

2016 年 2 月 29 日，田建川向顺达公司缴纳 65 万元股票认购款，顺达公司向其发行 10 万股股票。田建川认购的上述股票现已解限售 1/4，剩余股票尚未满足解限售条件。

2017 年 4 月 12 日，田建川向华天公司申请辞职，并出具了辞职报告。诉讼中，田建川表示其离职系因华天公司降低薪资、办公环境变差，并提供其银行卡流水。顺达公司则表示其薪资并未降低。

2017 年 4 月 30 日，田建川与华天公司终止劳动关系。

田建川起诉请求：1. 解除其与顺达公司于 2015 年 12 月 8 日签订的《无锡顺达智能自动化工程股份有限公司 2015 年第二次股票发行认购合同》；2. 顺达公司返还股份认购款 65 万元及利息。

3. 司法观点

法院认为：田建川原系顺达公司子公司华天公司的员工，其与顺达公司签订的《无锡顺达智能自动化工程股份有限公司2015年第二次股票发行认购合同》系双方真实意思表示，且不违反法律、行政法规的强制性规定，应确认有效。涉案认购合同的标的为顺达公司定向发行股票，田建川购买股份，双方当事人均已完成主要的合同义务。

田建川认为顺达公司恶意改变工作环境、待遇迫使其离职，致使合同的股权激励目的不能实现，要求解除合同。法院对其主张不予支持，理由如下：1. 田建川并未提供充分证据证明其主张，从现有证据只能证明其主动提交了辞职申请。2. 涉案合同中并未明确公司应当提供何种工作环境、待遇以保障考核目标完成。即使公司存在调整工作环境和待遇的行为，也不能直接认为构成违约。而且，公司管理决策属于公司内部治理问题，如不存在违反法律法规、公司章程或合同约定等情形，不属于民事诉讼中法院应当审理的范围。3. 涉案合同对业绩考核的要求仅关系到股份的解限售问题，即使无法完成考核目标，田建川仍然可以行使其他股权，不必然导致其认购股份的目的不能实现。且顺达公司依然为已离职的田建川申请了部分股份解限售，尽可能在弥补田建川的损失。4. 公司股权激励的目的不仅是为了保持盈利，也包括共同治理亏损。田建川认购顺达公司股份后，公司经营亏损、股票价格下跌，并不代表激励目的无法实现；而且，涉案合同中已作充分的风险提示，田建川认购股份应当知晓投资的风险。在公司股票价格下跌且其主动离职的背景下，田建川要求顺达公司仍按原出资价格回购股份，没有依据，也不符合涉案认购合同的原本目的。据此，法院认定顺达公司不存在违约行为，田建川不得在本案中行使法定解除权。

4. 案例启示

股票认购属于投资行为，因股权激励进行股票认购同样属于投资行为，而投资行为必定存在一定程度的商业风险。被激励员工因股权激励认购目标公司股份后，目标公司经营亏损、股票价格下跌，并不代表激励目的无法实现。在目标公司不存在违约行为的前提下，被激励员工不可以公司股票价格下跌主张股权激励目的不能实现，从而行使解除权并要求目标公司仍按原出资价格回购股份。

（六）【案例15】李全合与力诺集团股份有限公司股权转让纠纷案［审理法院：山东省济南市历城区人民法院　案号：（2017）鲁0112民初6195号］

1. 争议焦点

员工购买作为股权激励的"虚拟股权"，是否有权要求公司按照"同股同权、同股同利"的规定支付股权收购款？

2. 案情简介

李全合原系山东力诺特种玻璃股份有限公司（以下简称"力诺玻璃公司"）职工。2001年12月7日，李全合向山东三力工业集团有限公司（以下简称"三力公司"，后更名为力诺集团股份有限公司，以下简称"力诺集团"）缴纳股金款4556元，用于购买三力公司发行的"虚拟股权"1万股，每股价格为0.4556元。三力公司向李全合出具收款收据一张，载明代收股金款4556元，其后又给付李全合编号为NO.0396的10000股力诺集团股份纪念卡1张。

2016年4月7日，李全合曾因劳动争议起诉力诺玻璃公司。

2016年12月26日，力诺玻璃公司（甲方）与李全合（乙方）签订《特玻公司与李全合劳动争议案件和解协议》。协议载明，李全合于2010年3月14日从甲方自动离职，甲方自乙方离职后代为缴纳其社会保险至2015年11月份，双方劳动合同关系于2010年3月15日解除。自2009年1月至2015年11月、2017年1月，力诺玻璃公司为李全合缴纳社会保险（2015年12月至2016年12月未缴费）。

2016年4月11日，李全合填写《兑现职工股权激励的申请》，载明："本人自愿申请兑现2001年12月参与的力诺集团员工股权激励计划中所持有的虚拟股权，共计1万股。同时，本人同意退股价格按集团规定执行，从此就该股权激励与力诺集团再无其他纠纷。"该申请同页上方有存根联，载明：李全合于 2016 年 4 月 11 日退 1 万股，退股金额合计为 59551.2 元（所得税依法由企业代扣、代缴）。2017 年 5 月 5 日，山东莱特新能源有限公司代力诺集团向李全合支付股权款 59551.2 元。

3. 司法观点

法院认为：李全合购买的力诺集团的"虚拟股权"，并非公司法规定的股权设立方式，李全合要求力诺公司按照公司法"同股同权、同股同利"的规定支付股权收购款，没有法律依据，本院不予支持。李全合主张的"虚拟股权"兑付问题，应当按照公司内部规定执行，即根据力诺集团总裁讲话中"虚拟股权"兑付办法：2014 年 1 月 19 日前已经离开力诺集团的人员（包括离职、离岗），按照 7.33 元/股的价格兑现，且自行承担税费；在职人员持有的股份除按照 7.33 元/股兑现外，力诺集团另按 9.67 元/股额外给予奖励补贴。

关于李全合是否属于兑付办法中的"在职人员"问题，双方签订的《特玻公司与李全合劳动争议案件和解协议》载明：双方确认自 2010 年 3 月 15 日起双方之间的劳动合同关系已经解除。本院认为，李全合与力诺玻璃公司签订该和解协议的目的就是为了解决双方之间的劳动争议，该和解协议系双方真实意思表示，不违反法律、行政法规的强制性规定，协议合法有效，对双方具有约束力。2010 年 3 月之后力诺玻璃公司与李全合之间存在代缴社会保险关系，而非劳动关系，力诺集团以税前价格 7.33 元/股向李全合兑付"虚拟股权"并无不当，故对李全合要求支付税后 118448.8元股权收购款及利息的诉讼请求，本院不予支持。

综上，裁判要旨：员工购买公司作为股权激励的"虚拟股权"，其回购价格按照公司关于股权激励计划的内部规定执行。

4. 案例启示

员工购买企业作为股权激励的"虚拟股权"，并非公司法规定的股权设立方式，企业无须按照"同股同权、同股同利"的规定支付股权收购款，而是依照股权激励方案和企业内部规定进行。与激励对象股票增值收益兑现时点、计算基数、退出或回购时点、退出或回购价格等条款均与双方经济利益密切相关，最容易发生争议，双方应提前请专业人士介入进行合理设计、安排并在法律文件中以规范法律术语作明确约定，避免约定不明确引发争讼给双方造成不必要的经济损失和商誉损失。

（七）【案例 16】贵州贵阳元驰石油运输有限公司、刘玉明公司决议纠纷案 ［审理法院：最高人民法院　案号：（2019）最高法民申 298 号］

1. 争议焦点

公司《股东大会决议》中关于"激励股为全体股东平均持有"的决议内容是否有效？

2. 案情简介

被告贵州贵阳元驰石油运输有限公司（以下简称"元驰公司"）成立于 2005 年 12 月 20 日，系由贵州省石油总公司贵阳分公司（以下简称"贵阳分公司"）油品运输改制分流而来。原告刘玉明任元驰公司董事长兼总经理。

2005 年 11 月 5 日，贵阳分公司作出《贵州省石油总公司贵阳分公司油品运输改制分流实施方案》载明，"元驰公司股东为参加改制分流的 30 名职工，职工采取补偿补助金折换股权的方式入股，每人认缴注册资本额 54500 元，出资比例为 2.9%。同时，在参股职工中产生经营班子成员 4 人，对班子成员设置经营者岗位激励股，激励股金额为：董事长兼经理 1 名，可享受 76000 元；副经理 3 名，可享受 56500 元；公司注册资本共计 1880000 元。"

被告元驰公司成立后，其《公司章程》载明："……3. 经营者岗位激励股是按照有关政策的规定，为激励公司经营者积极创业，搞好任职期间的经营而设立，由贵州省石油总公司贵阳分公司有条件赠与公司经营者，总金额为 245505.91 元。经营者岗位激励股须遵守以下规定：（1）公司经营者包括：公司的经理一人、副经理三人；（2）在担任公司经营者的首届任期内，经营者享有'经营者岗位激励股'的有限所有权，即享有分红权和表决权，但不享有处置权（包括但不限于转让、质押等）；（3）经营者任期届满时，经公司董事会聘请的外部审计师审计，贵州省石油总公司贵阳分公司确认，其任期内的平均资本保值增值率超过银行同期贷款利率时，'经营者岗位激励股'的完整所有权归经营者所有；（4）如前述第（3）项所述条件未能满足，且经营者获选为下一届经营者的，经营者仍可继续持有'经营者岗位激励股'并享有分红权和表决权，但不享有处置权。如经营者未获选为下一届经营者或在任期内离职、死亡的，则其名下的'经营者岗位激励股'应无偿转由下一届或接任的经营者拥有该等经营者享有的'经营者岗位激励股'的权利执行公司章程的约定；（5）在'经营者岗位激励股'的完整所有权尚未落实期间，经营者保证不提议、不赞成修改、删除本章程中关于'经营者岗位激励股'的内容。"

2005 年 12 月 31 日，原告刘玉明（乙方）与贵阳分公司（甲方）签订《关于经营者岗位激励股的合同》，约定："甲方有条件地将改制单位的 74400 元人民币的净资产送与乙方，该部分净资产形成的改制企业股权即为'经营者岗位激励股'，占改制企业注册资本总额的 3.95%。"

2006 年 4 月 1 日，被告元驰公司向原告刘玉明出具《股权证明书》，载明：出资额 174400 元，说明："出资金额中含有经营者岗位激励股的持股者，其所持有的经营者岗位激励股按公司章程规定执行。"

2009 年 1 月 18 日，被告元驰公司召开股东大会并形成决议："2009 年 1 月 18 日全体股东大会研究决定，对董事会成员：刘玉明、张川胜、李茜、李贵生四人的职务股，由以上 4 人自愿转让出来给公司，按其原始股本退回：……刘玉明（伍万）……2009 年 3 月 16 日，原告刘玉明在《退股明细表》中签字确认收到退股金额 50000 元。"

2010 年 4 月 27 日，中国石化集团资产经营管理有限公司贵州石油分公司下发《关于对贵阳元驰公司首任经营者岗位激励股奖励兑现的复函》（贵州石油资产〔2010〕7 号），载明："……同意将经营者岗位激励股 240000 元的所有权奖励兑现给首届经营者……其中，董事长兼总经理刘玉明 74400 元。"

2012 年 3 月 20 日，被告元驰公司作出《关于职务股的决议》（黔筑元综〔2012〕3 号），载明：根据 2009 年 1 月 18 日贵州贵阳元驰石油运输有限公司股东大会决议：对原董事会成员刘玉明等四人的职务股，由以上四人自愿转让出来给公司，按其原始股本退回：……刘玉明（伍万元）……作为公司股单独列出，对于每届董事会享受分红权，不享受所有权，在任时享受，卸任后由下届董事会成员享受。由下任经营者补足到公司，同样只享受分红权，不享受所有权。

2012 年 2 月 25 日，元驰公司股东大会选出公司第三届公司董事会成员：张川胜、杨卫东、李贵生、李茜。按照《关于职务股的决议》规定：刘玉明同志的职务股（伍万元）由公司收回，杨卫东按肆万元、张川胜按壹万元交回公司后，共计伍万元退回给刘玉明同志。被告元驰公司自 2006 年至 2011 年股东分红清单显示，原告刘玉明均以持股比例 9.27% 领取红利，全体股东均已签字领取红利。

2015 年 12 月 21 日，元驰公司作出黔筑元综〔2015〕38 号《股东大会决议》，内容为："根据 2015 年 12 月 19 日全体股东大会会议精神，激励股为全体股东平均持有，董事会成员（经营班子）在职时，持有职务股，卸任即转让给下一任。"针对该份决议，原告刘玉明向法院提起撤销诉讼。

3. 司法观点

法院认为：根据元驰公司的《公司章程》《关于经营者岗位激励股的合同》可知，激励股系针对公司首任管理者岗位所设置，当条件成就后，激励股成为管理者个人的合法财产。中国石化集团资产经营管理有限公司贵州石油分公司于 2010 年 4 月 27 日下发《关于对贵阳元驰公司首任经营者岗位激励股奖励兑现的复函》表明，自 2010 年 4 月 27 日开始，刘玉明取得激励股的完整所有权，依法享有个人股权的全部权能。因此，刘玉明取得激励股所有权的条件虽由《公司章程》规定，但在刘玉明完成《公司章程》规定的目标并取得激励股所有权后，其合法的财产权益应当受到法律保护。元驰公司在黔筑元综〔2015〕38 号《股东大会决议》中关于"激励股为全体股东平均持有"的决议内容，实质上是对已经由刘玉明个人所有的激励股的所有权作出处置，侵犯了刘玉明的财产所有权，该决议内容当属无效。

4. 案例启示

股权激励方案一旦被纳入公司章程、公司规章制度或相关合同范围，即具有法律效力，公司在制定股权激励方案后应严格按照方案执行。为避免股权激励纠纷，公司在最初设计股权激励方案时就应综合、充分地考虑多方面因素，选择最符合公司实际情况的股权激励模式，对可能产生的风险进行事先预防。当员工因公司激励方案取得激励股所有权时，该股权属于员工的个人财产，公司无权再通过《股东会决议》等形式处分属于员工的股权。

四、合同纠纷案由

如前所述，目前我国法律并未对非上市公司股权激励建立统一的普适性规则，因此相比上市公司而言，法院对于非上市公司相关的股权激励纠纷审判多尊重当事人的意思自治，依据当事人之间签署的合法有效的合同、协议及企业股权激励计划或方案，也正因此，对股权激励方案或协议进行预先专业性审查，能有效帮助企业降低甚至规避此类合同纠纷。

（一）【案例 17】中国南玻集团股份有限公司、胡勇合同纠纷再审案 ［审理法院：广东省高级人民法院 案号：（2019）粤民再 227 号］

1. 争议焦点

本案属于何种性质的民事纠纷？是否需进行劳动仲裁前置程序？

2. 案情简介

2005 年底至 2010 年前后，胡勇任职东莞南玻华东工程玻璃有限公司（以下简称"东莞南玻公司"）财务部经理。2008 年 6 月 16 日，中国南玻集团股份有限公司（以下简称"南玻公司"）与胡勇签订《限制性股票激励计划协议书》（以下简称"《协议书》"），约定由南玻公司向胡勇发售限制性股票。

南玻公司向一审法院提起诉讼，请求判令胡勇返还出售限制性股票获得的收益 50 万元，并承担与收益同等金额的违约金 50 万元。

3. 司法观点

人民法院应当根据法律规定和个案情况，具体判断纠纷性质并确定案由。根据《中华人民共和国劳动法》第 1 条 "为了保护劳动者的合法权益" 的规定，法律在普通民事法律以外对劳动关系作出特殊规定的目的在于，对普通劳动者给予专门保护，以促进经济发展和社会进步。根据《中华人民共和国劳动争议调解仲裁法》第 2 条的规定，劳动争议纠纷主要涉及劳动关系的产生、变更、消灭、工作时间、休息休假、工资、社会保险、福利、工伤医疗费、经济补偿或者赔偿金等。据此，法院对本案纠纷的性质分析如下：

（1）从《协议书》的签订目的看，南玻公司向胡勇发售限制性股票，其目的在于留住和吸引对公司发展至关重要的中、高级管理人员和高端人才，提高公司在市场中的竞争力。胡勇签订《协议书》目的在于取得南玻公司的限制性股票，限制性股票及其收益高于劳动法确定的对普通劳动者的保护标准。所以，《协议书》的目的是为了规范公司和中、高级管理人员等不同于普通劳动者的特定员工之间基于限制性股票产生的权利义务，不同于《中华人民共和国劳动法》 "为了保护劳动者的合法权益" 的规范目的。

（2）从《协议书》签订主体的身份看，胡勇时任东莞南玻公司财务部经理，2016 年离职前任南玻公司集团副总裁。胡勇在限制性股权激励计划中更多是以公司高级管理人员和高端人才身份行使权利承担义务，其普通劳动者身份相对弱化。所以，在本案基于限制性股票产生的纠纷中，胡勇并非《中华人民共和国劳动法》等劳动法律法规意义上的劳动者。

（3）从《协议书》的内容看，其主要在于规范南玻公司和胡勇之间基于限制性股权激励计划而产生的权利义务，并非约定劳动关系的产生、变更、消灭，也未约定工作时间、休息休假、社会保险、福利、培训、劳动保护、工伤医疗费、经济补偿或者赔偿金等关乎普通劳动者基本权利或生存条件的事项。所以，本案纠纷的审理焦点并不在于公司和股权激励对象之间的权利义务是否符合《中华人民共和国劳动法》等劳动法律法规的规定。

（4）从《协议书》中竞业限制条款的性质看，由于《协议书》是南玻公司实施限制性股票激励计划和胡勇参加限制性股票激励计划的产物，其关于胡勇在2年内不得从事相同或相类似工作的约定，是胡勇获得限制性股票及收益的对价，不是胡勇作为普通劳动者获得工资、劳动条件等的对价。所以，本案关于竞业限制条款的约定不同于《中华人民共和国劳动合同法》第24条规定的竞业限制。

基于上述分析，本案纠纷认定为合同纠纷而不是劳动争议纠纷，更符合法律规定和个案情况。又据《中华人民共和国劳动争议调解仲裁法》第2条的规定，适用劳动仲裁前置的案件必须是劳动争议纠纷。所以，本案纠纷不需要劳动仲裁前置，当事人有权直接向人民法院起诉，人民法院应当依法审理。

4. 案例启示

企业股权激励的激励对象往往是本企业员工，这些员工也具有劳动者身份。实践中，企业与员工在签订《劳动合同》约定股权激励相关内容的同时，通常也会与员工就股权激励相关内容单独签署协议书或合同，因此司法实践中往往也会产生股权激励相关案件案由系属劳动争议纠纷还是合同纠纷的争议，而案由的正确确定也关系到一个案件是否需要进行劳动仲裁前置程序，从而达到对劳动者这类弱势群体特殊保护的目的。对于此类纠纷案由的认定，法院一般具有较大的司法裁量权，企业在进行此类诉讼时，可结合本案司法判向进行初步判断。

（二）【案例18】张桂林、浙江聚力文化发展股份有限公司合同纠纷案 [审理法院：浙江省杭州市中级人民法院　案号：(2020) 浙01民终676号]

1. 争议焦点

(1) 员工参与所在企业母公司的股权激励计划而与母公司引发纠纷是否属于劳动争议范畴？

(2) 企业与员工签订写明"根据股权激励计划"订立的股票期权协议，该股权激励计划条款是否对员工有约束力？

2. 案情简介

张桂林曾系海宁永孚公司的员工，在1999年至2018年间在海宁永孚公司任职。海宁永孚公司系浙江帝龙新材料有限公司的子公司，浙江帝龙新材料有限公司系聚力公司的子公司。海宁永孚公司的经营范围为PVC/PP装饰片制造、加工、销售，装饰材料（不含危险化学品）销售，从事各类商品及技术的进出口业务（国家限制或禁止的除外；涉及前置审批的除外）。聚力公司的经营范围包括印花装饰纸、胶膜浸渍装饰纸、封边条、金属饰面板、装饰铝板、阳极氧化铝板、三聚氰胺板、装饰材料印花的生产、销售，装饰材料的销售，从事进出口业务。

2014年7月10日，聚力公司制定激励计划，由聚力公司向激励对象（含聚力公司子公司的主要管理人员）定向发行该公司新股。《激励计划》第12节第2项第6款中约定："除经公司书面同意，激励对象在职期间或离职后两年内不得以任何方式直接或间接自营或为他人经营任何与公司相同、相似或构成任何竞争的业务或产品，或以任何方式直接或间接投资于与公司经营相同、相似或构成任何竞争业务或产品的经济实体、机构或经济组织，或在上述经济实体、机构或经济组织中任职或服务。发生上述情形时，激励对象因本计划所获得的全部收益须返还给公司，并承担同等金额的违约金，同时承担因上述行为给公司造成的损失。激励对象因本计划获得的收益按解锁日公司收盘价计算，若解锁日为非交易日，则按解锁日前一个交易日公司收盘价计算。"

2014 年 9 月 2 日，张桂林向聚力公司缴纳股票认购款 303200 元（80000 股乘以 3.79 元/股）。

2014 年 9 月 4 日，聚力公司与张桂林签订了《限制性股票协议书》，该协议载明：根据激励计划及该协议载明根据激励计划及实施考核管理办法的有关规定，按照相关股东大会和董事会的有关决议，就聚力公司授予张桂林限制性股票一事，订立该协议……张桂林获得限制性股票 80000 股，授予价格为 3.79 元/股。张桂林承诺了解聚力公司有关限制性股票的规章制度，包括但不仅限于激励计划、实施考核管理办法及其相关规定。

2018 年 8 月，张桂林向海宁永孚公司提出离职申请。2018 年 9 月 25 日，聚力公司和帝龙公司、海宁永孚公司共同向张桂林邮寄一份告知函，函告张桂林要求其遵守激励计划等相关规定遵守竞业限制条款。

2018 年 9 月 28 日，张桂林与海宁永孚公司办理了正式离职手续，并签署了股权激励员工离职登记表，该表格中载明了《激励计划》第十三节中关于竞业禁止内容的条款，张桂林在"离职后承诺"一栏中书写"遵守限制性股票激励计划条款"的内容。

张桂林从海宁永孚公司离职后，又在特丽斯公司任职，负责生产销售工作。特丽斯公司的经营范围为塑料薄膜技术研发、生产、销售。

3. 司法观点

关于争议点 1：员工参与所在企业母公司的股权激励计划而与母公司引发纠纷是否属于劳动争议范畴？

法院认为：张桂林曾系海宁永孚公司的高级管理人员，曾与张桂林之间存在劳动合同关系的是海宁永孚公司，聚力公司作为海宁永孚公司的母公司，其与张桂林之间不存在劳动合同关系。张桂林因其曾为海宁永孚公司高级管理人员的身份而获得海宁永孚公司上级母公司（即聚力公司）的限制性股票的认购资格，张桂林认购了聚力公司的限制性股票，作为聚力公司的股东享有相应的收益，并按约定承担相关竞业禁止等义务，双方之间的上述权利、义务基于《限制性股票协议书》而形成，并非基于劳动合

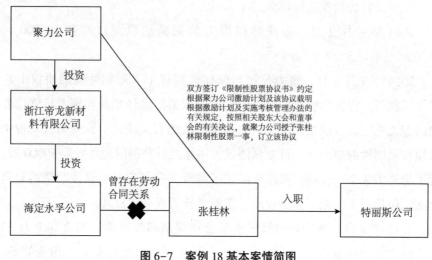

图 6-7　案例 18 基本案情简图

同关系而形成，故对于张桂林案涉争议本质上属于劳动争议的辩称意见不予采纳。

关于争议点 2：企业与员工签订写明"根据股权激励计划"订立的股票期权协议，该股权激励计划条款是否对员工有约束力？

法院认为：根据张桂林与聚力公司所签限制性股票协议书的内容，该协议书系"根据激励计划和实施考核管理办法的有关规定，按照甲方相关股东大会和董事会的决议，就甲方授予乙方限制性股票一事"而订立，协议中明确，限制性股票的定义、发行价格、授予程序、资格确认、解锁安排等，均依激励计划的规定，故激励计划是限制性股票协议书成立的前提和履行依据，且不存在法律规定的无效情形，法院认定激励计划中约定的权利义务对双方具有约束力。而根据张桂林离职前签收的告知函和其亲笔签名并在"离职后承诺"处书写了"遵守激励计划条款"的股权激励员工离职登记表的内容，张桂林对于其作为股权激励对象应当遵守竞业禁止义务属明知并承诺遵守，而此处的"公司"根据激励计划涉及的人员范围，应当理解为聚力公司及其下属公司。现根据海宁永孚公司工商登记资料中显示的经营范围"PVC/PP 装饰片制造……"及张桂林微信朋友圈界面

"特丽丝张桂林 133××××2389"以及"专业生产木纹 PVC 木纹装饰膜"的标注，足以证明张桂林存在违反前述合同义务的情形。因此，聚力公司要求张桂林返还因激励计划所获得的全部收益及支付违约金的诉讼请求有事实和法律依据，予以支持。

综上，裁判主旨：母公司以子公司员工为激励对象，因母公司与子公司员工签订股票期权协议而形成的权利义务并非基于劳动合同关系形成，不属于劳动争议范畴。公司在与员工签订的限制性股票协议书当中没有明确约定竞业禁止条款，但在作为协议书依据的股权激励计划和考核管理办法规定当中有规定的，该规定对员工具有约束力。

4. 案例启示

判断股权激励相关争议是否属于劳动争议的关键在于，股权激励相关纠纷是否由劳动法律关系引起。如被激励对象和目标公司存在劳动法律关系，且股权激励系基于双方之间的劳动法律关系形成，虽然被激励对象和目标公司一般也会签署股权激励协议和文件，但一般认为由此产生的股权激励纠纷属于劳动争议；如被激励对象和目标公司不存在劳动法律关系，虽然被激励对象和目标公司的关联公司可能存在劳动法律关系，但如果被激励对象和目标公司因股权激励产生纠纷，则一般也只能基于二者签订的股权激励协议、合同等法律文件，认为该等纠纷属于合同纠纷。

合同是双方当事人的意思合意，股权激励方案一旦被纳入合同范围，即具有法律效力，双方当事人均受到合同约定的制约。为避免股权激励纠纷，企业在与被激励对象签订股权激励合同时，应综合、充分地考虑多方面因素，选择最符合公司实际情况的股权激励模式，并对可能产生的风险进行事先预防。例如，科创企业一般选择对其关键技术人员进行股权激励，以激发技术人员的工作积极性，企业在考虑如何留住关键技术人员的同时，还需考虑如何防止因关键技术人员离职给企业造成的风险，在与被激励对象签订股权激励协议时同时约定竞业限制条款、保密条款及违约责任等条款，一方面能够增加科技人员离职成本，帮助企业尽可能留住人才，一方面也能避免因技术人员离职造成关键技术、企业秘密的流失和泄露。

（三）【案例 19】南京高精传动设备制造集团有限公司与勾建辉合同纠纷再审案［审理法院：最高人民法院 案号：（2019）最高法民申 327 号］

1. 争议焦点

如何确定被激励对象所享有的股票增值收益的计算基数，即兑现之日的股价如何确定？

2. 案情简介

勾建辉与南京高精传动设备制造集团有限公司（以下简称"高精传动公司"）签订的《聘用补充协议》持股与终止条款第 4 条约定："公司在乙方（勾建辉）正式上任之日起为乙方提供两千万股公司上市股票作为激励⋯⋯乙方所持有的股票可在其服务满两年后兑现，与公司董事长共进退。乙方获得的股票收益为兑现之日的股价和入职时确定的股价日之差额。"即勾建辉应得的股票增值收益 = 2000 万股×（兑现之日的股价−入职时确定的股价）。现勾建辉申请再审对二审法院认定的兑现之日的股价有异议。

3. 司法观点

法院认为：《聘用补充协议》持股与终止条款第 4 条的约定在本质上是股权激励条款，赋予了勾建辉在满足约定条件时可获得股票增值收益的权利。该条款对于勾建辉享有股票增值收益权的任职期限、业务增长率均作出了明确、没有歧义的约定，从本案一、二审审理情况及勾建辉再审申请内容来看，确定股票增值收益兑现之日的股价的核心就在于如何理解前述条款中约定的"与董事长共进退"。

"与董事长共进退"并非合同类法律文件的专业术语，特别是其中"共进退"三字既不能准确地指明时间点，也不能指向具体的股价确定价格，"退"具体是董事长胡曰明不再任职还是不再持有股票，并不明确。在双方当事人就此没有达成清楚确定的合意情况下，不能当然地将胡曰明退职或退股之日作为勾建辉股票增值收益权成立或兑现之日，即确定勾建辉所享有的股票增值收益兑现之日这一节点时还需要结合其他的事实。

最高人民法院认为，二审法院确认在胡曰明不再担任高精传动公司董事长也不再持有中传集团股票后，以勾建辉 2017 年 4 月 10 日明确要求高精传动公司兑现股票增值收益的意思表示首次到达高精传动公司的 2017 年 4 月 12 日作为其股票增值收益兑现之日并不违反双方合同约定。以勾建辉首次将清楚、明确的要求兑现股票增值收益的意思表示到达之时中传集团二级股票交易市场上的股价作为计算基数并无不妥，也未在当事人之间造成利益失衡。

综上，裁判主旨：在合同约定不明确的情况下，结合合同文意和本案实际情形，以激励对象首次将清楚、明确的要求兑现股票增值收益的意思表示到达之时上市公司（激励方案实施主体）二级股票交易市场上的股价作为计算基数，能够较为公平地平衡当事人之间的利益。

4. 案例启示

股权激励收益兑现时点、计算基数、股权激励退出或回购条件、时点、价格等条款因关乎双方当事人经济利益，在司法实践中更容易发生争议。故科创企业在设计股权激励方案时，需注意对该等条款着重把握，也可提前聘请专业人士介入进行合理设计、安排并在法律文件中以规范法律术语作明确约定，避免约定不明确引发诉讼给双方造成不必要的经济损失和商誉损失。

（四）【案例 20】郭沃坚与广州市香雪制药股份有限公司合同纠纷案［审理法院：广东省广州市黄埔区人民法院　案号：（2017）粤 0112 民初 4805 号］

1. 争议焦点

劳动关系终止后，被激励员工能否要求返还认购股权金额 30 万元？

2. 案情简介

2015 年 1 月 13 日，郭沃坚以广州市香雪制药股份有限公司（以下简称"香雪制药公司")员工的身份与被告香雪制药公司签订《关于广州市香雪制药股份有限公司第一期员工持股计划的认购协议书》（以下简称"《认购协议书》"），主要内容为：香雪制药公司拟实施第一期员工持股计划。员工持股计划设立后，香雪制药公司委托中信建投证券股份有限公司管理，并全额认购由中信建投证券股份有限公司设立的中信建投香雪财富1号集合资产管理计划（以下简称"香雪财富1号集合计划"）的次级份额。

原告郭沃坚在《认购协议书》落款处签字并按指印，确认认购金额为30万元，并于2015年1月实际支付员工持股计划认购款30万元。

2015年1月20日，被告香雪制药公司在中国证监会指定信息披露网站巨潮资讯网站发布了第一期员工持股计划。

2015年6月19日，被告香雪制药公司的董事会在巨潮资讯网站发布了广州市香雪制药股份有限公司关于第一期员工持股计划完成股票购买公告（证券代码：300147；证券简称：香雪制药；公告编号：2015-047）。

2016年3月22日，被告香雪制药公司与原告郭沃坚解除劳动合同。

2017年1月23日，被告香雪制药公司的董事会在巨潮资讯网站发布了广州市香雪制药股份有限公司关于第一期员工持股计划的进展公告（证券代码：300147；证券简称：香雪制药；公告编号：2017-005）。

原告郭沃坚请求法院判令被告香雪制药公司退还其员工持股计划认购款人民币300000元及利息（以30万元为本金，按年利率6%，自2015年1月15日起计至本案判决生效之日止）。

3. **司法观点**

法院认为：原告郭沃坚与被告香雪制药公司签订的案涉《关于广州市香雪制药股份有限公司第一期员工持股计划的认购协议书》是双方真实意思表示，且不违反法律法规，该《认购协议书》效力应予以确认。

涉案《认购协议书》第6条约定，"在员工持股计划存续期内，持有人不得要求对员工持股计划的权益进行分配。在存续期满或本员工持股计划提前终止时，香雪财富1号集合计划所持公司股票及其他固定收益类全部变现后再进行分配。"

根据 2017 年 1 月 23 日被告董事会公布的关于第一期员工持股计划的进展公告，"第一期员工持股计划作为直接持股主体，通过承接中信建投香雪财富 1 号集合资产管理计划持有的公司股票作为初始标的股票；第一期员工持股计划在原定终止日的基础上延期 36 个月，至 2020 年 1 月 19 日止，并对初始标的股票实施直接持有、直接管理的投资管理模式。"可见，第一期员工持股计划并未终止。

另外，《认购协议书》第 7 条约定了员工持有人不得取得本员工持股计划的收益分配和现金资产分配的五种情形。根据本院已生效的民事判决，原告郭沃坚与被告香雪制药公司于 2016 年 3 月 22 日解除劳动合同，不属于《认购协议书》第 7 条所约定的员工持有人丧失收益分配和现金资产分配的五种情况。

综上，第一期员工持股计划仍处于存续期，原告郭沃坚目前无权要求对第一期员工持股计划的权益进行分配，待条件成熟时，原告仍有权可依据其他法律途径解决。但目前，原告无权要求公司返还股权认购款 30 万元并支付利息。

4. 案例启示

股权激励计划的实施和效力与劳动关系存续期没有必然关系，如双方未在认购股权协议或股票期权协议中明确约定劳动关系终止之日即为回购时点、退出时点或股权激励协议终止时点，股权激励协议持续有效并应当继续履行，故在股权激励方案设计和制定时，应尽可能对上述事宜和关系提前做好安排和约定，特别是对于初期科创企业而言，股权激励的目的在于最大限度地吸引和留住关键技术人才，从而激励关键技术人才为企业创造价值，如科创企业与关键技术人才解除劳动关系后不能回购激励股份，无疑不利于科创企业利益最大化实现。因此，科创企业在进行股权激励方案设计或实施前，可先听取专业人士意见，以规避不必要的风险。

（五）【案例21】付军与淘宝（中国）软件有限公司、阿里巴巴集团控股有限公司合同纠纷案［审理法院：浙江省高级人民法院 案号：（2016）浙民终504号］

1. 争议焦点

（1）企业《股权激励计划》中剥夺被激励对象股票期权的内容是否合法？

（2）企业能否依据《股权激励计划》撤销或回购被激励对象的股票期权？

2. 案情简介

阿里巴巴集团控股有限公司（以下简称"阿里集团公司"）成立于1999年6月28日，注册登记地为英属开曼群岛。淘宝（中国）软件有限公司（以下简称"淘宝软件公司"）成立于2004年12月7日，注册登记地为中华人民共和国杭州市余杭区五常街道荆丰村，系阿里集团公司的关联企业。付军原系淘宝软件公司员工，从事淘宝网店业务工作，负责向商家推销淘宝的服务，挑选参与淘宝活动的商家。

在双方劳动关系存续期间，付军与阿里集团公司签署相关协议，共被授予阿里集团公司股票期权70800股，其中已行权70400股。已行权的股票中，有35000股已由付军变卖；另35400股被阿里集团公司决定按照行权价格回购，所涉5本股票证书，曾交付2本涉2700股，另3本涉32700股未交付。

具体情况如下：

2005年12月31日，付军与阿里集团公司签订《阿里集团公司2005年股份激励计划股票期权授予通知》约定：除非本通知书另行定义，2005年股份激励计划中定义的用语在与本通知书所涉之授予协议中应具有相同的定义，本通知书应作为该等授予协议的一部分，并应被视为纳入了授予协议。在符合计划以及授予协议的条款和条件的前提下，付军被授予如下认购公司之普通股份的期权：授予号为05-1860；授予日期为2005年12

月 31 日；首个归属日为 2005 年 10 月 18 日；每股行权价格为 3.50 美元；授予股票总数为 10000 股；期权类型为 NSO（非法定股票期权）。初次行权日期授予 25% 的期权股份，此后只要在当日仍然是服务提供者，在每个公历月月末授予 1/48 的期权股份。授权日后经过六年不得行权。该协议项下期权经 1 :4 转化为股权，实际授予 40000 股，每股 0.875 美元。付军已全部行权，其中 27500 股已由付军变卖，尚余 12500 股。

2006 年 3 月 6 日，付军与阿里集团公司签订《阿里集团公司 2005 年股份激励计划股票期权授予通知》约定：除非本通知书另行定义，2005 年股份激励计划中定义的用语在与本通知书所涉之授予协议中应具有相同的定义，本通知书应作为该等授予协议的一部分，并应被视为纳入了授予协议。在符合计划以及授予协议的条款和条件的前提下，付军被授予如下认购公司之普通股份的期权：授予号为 06-0228；授予日期为 2006 年 3 月 6 日；首个归属为 2007 年 3 月 6 日；每股行权价格为 1.25 美元；授予股票总数为 30000 股；期权类型为 NQSO（非法定股票期权）。初次行权日期授予 25% 的期权股份，此后只要在当日仍然是服务提供者，在每个公历月月末授予 1/48 的期权股份。授权日后经过六年不得行权。付军已全部行权，其中 7500 股由付军变卖，尚余 22500 股。

2008 年 6 月 6 日，付军与阿里集团公司签订《阿里集团公司 2007 年股份激励计划限制性股份单位授予通知》约定：除非本通知书另行定义，2007 年股份激励计划中定义的用语在与本通知书所涉之授予协议中应具有相同的定义，本通知书应作为该等授予协议的一部分，并应被视为纳入了授予协议。在符合计划以及授予协议的条款和条件的前提下，付军被授予如下认购公司之限制性股份单位：授予号为 08-R0319；授予日期为 2008 年 6 月 6 日；首个归属日为 2009 年 6 月 7 日；每股行权价格为 0.000025 美元；授予限制性股票单位总数为 800 股。25% 的限制性股份单位将在首个归属日归属，此后在首个归属日的每一周年之内，归属 25%，但当时必须仍是服务提供者。付军已经实际行权 400 股。

2009 年 12 月 24 日，阿里集团公司颁布《阿里巴巴集团商业行为准则》，付军于 2009 年 12 月底通过邮件点击阅读完成学习认证。该准则规定，本准则适用于阿里集团公司及其子公司（以下合称"阿里巴巴集团"或"阿里巴巴"）的每位董事、高管人员和雇员（以下简称"员工"或"您"），不论这些人员和阿里集团公司之间的关系是全职、兼职、咨询性质或临时的（包括从提供雇佣服务的机构或其他实体外包的员工）。"利益冲突"中规定：当您的个人利益无论以何种方式影响或甚至只是表面上看来可能影响阿里集团公司的利益时，即形成利益冲突。当您所采取的行动或享有的利益令您难以客观、不偏不倚且有效地履行阿里集团公司分派的工作或职责时，即产生利益冲突。阿里集团公司员工应以诚实、合乎道德的方式从事阿里集团公司的业务，包括以合乎道德的方式处理个人与公司业务间的实际或潜在可能的利益冲突。"接受礼品、赠与、娱乐与其他款待"中规定：您或您的关联人士不得利用您在阿里巴巴的工作、职位或身份索取或接受任何私人利益或赠与，包括但不限于回扣、贿赂、私下佣金、低于市场价格的贷款、现金或现金等价物（包括礼券和证券），但在商业往来中获得的一些符合商业惯例的小额非现金促销礼品除外。任何违反本条款的员工会被因故解雇。"对违反行为的惩戒"中规定：任何员工故意违反第 1 条第 4.1 款（工作场所暴力）或第 3 条第 1 款（利益冲突）、第 3 款（礼品、赠与、娱乐与其他款待）、第 4 款（工作职责的履行）、第 5 款（资产的保护与适当使用）、第 6 款（重大信息披露；公司账册与记录；财务报告与审计）、第 9 款（保密信息）、第 10 款（知识产权）或严重未能遵守以上条款的都将会被因故解雇。

2010 年初，付军邀请杭州买吧企业管理服务有限公司（以下简称"买吧公司"）合作"yes 淘"项目，买吧公司成为社区代购代理商。因买吧公司持续亏损，为避免业务开辟失败，2010 年 12 月，付军决定将买吧公司新的会议营销成本由淘宝软件公司来承担，并说服买吧公司通过举办交易会销售产品进行盈利。2011 年 1 月初，付军向买吧公司法定代表人温某无息借款 60 万元，另利用职位之便变相补贴买吧公司作为代理商本应自行承担的费用 184 万余元（50% 已预付，剩余 50% 被冻结）。2011 年 4 月 6

日，付军向公司发送邮件，承认任职期间向客户借款，请求给予处罚。

2011 年 4 月 30 日，付军以已获得的股票证书遗失为由，通过电子邮件向阿里集团公司咨询补办及新办事宜，阿里集团公司邮件回复确认股票批次、数量及股票证书的发放状态，并告知相关要求以及所需支付的工本费。2011 年 5 月 12 日，付军通过银行汇付工本费港币 450 元。2011 年 5 月 24 日，淘宝软件公司相关部门与付军进行谈话，付军承认向温某无息借款以及公司为买吧公司负担费用的事实。同日，淘宝软件公司向付军发出《有关解聘的通知》，内容如下："付军先生：根据我们今日的友好协商，在自愿、平等的前提下，共同达成公司提前终止您的聘用合同的协议及如下约定条款。你在淘宝工作期间，你负责的社区代购业务引入的渠道代理商，为与你有关联利益的公司，并以无息借款名义从该渠道代理商处获取利益，并利用职务之便动用公司资源变相贴补渠道代理商本应自行承担的费用，且从未向公司进行关联交易申报。你的行为已经违反了阿里巴巴集团商业行为准则，根据阿里巴巴集团商业行为准则第 4 款准则的实施第 6 条对违反行为的惩戒，任何员工故意违反第 1 条第 3 条第 1 款（利益冲突）、第 3 款（礼品、娱乐与其他款待）、第 4 款（工作职责的履行）、第 5 款（资产的保护与适当使用）或严重未能遵守以上条款的都将被因故解雇，现给予你解雇处理，劳动合同终止日期为 2011 年 5 月 24 日。"付军签字确认"本人已阅读并完全接受和同意上述相关条款"。2012 年 11 月 21 日，经付军催促，阿里集团公司答复因付军违反公司商业行为准则，股票被全部回购，拒绝交付股票证书。

另查明：《阿里集团公司 2005 年股份激励计划》《阿里集团公司 2007 年股份激励计划》中均约定：每一"期权"的期限应在"期权协议"中列明，但该期限不应超过"期权"授予之日起 10 年。受限于"计划"的"股票"为"公司"已授权但未发行的股票，在股票发行（通过记载入"公司"股东名册）之前，不产生表决、分红或股东应当享有之任何其他权利，不论期权是否被行使。根据"计划"进行的任何支付均不得被纳入确定公司或任何"子公司"的任何养老金、退休金、储蓄、利润分享、集体保险、福利或者其他利益计划中的利益，除非该等其他计划或其下协议另行书面明示规定。

《阿里集团公司 2005 年股份激励计划》对"特定事由"定义为：（Ⅰ）犯有盗窃、挪用、欺诈、不诚实、违反职业操守或其他类似行为，或者有犯罪行为；（Ⅱ）严重违反"参加人"与"公司"及其任何"子公司"之间任何协议或合意（包括但不限于任何适用的发明转让协议、雇佣合同、竞业禁止协议、保密协议或者其他类似协议）；（Ⅲ）就与其担任或受聘于"服务提供者"有关的任何重大事实作虚假陈述或遗漏任何该等重大事实；（Ⅳ）实质性的不履行其作为"服务提供者"之正常义务、不遵守主管之合理指导或不遵守"公司"或其"子公司"之政策或行为准则；（Ⅴ）作出任何对"公司"或者其任何"子公司"之品牌、声誉或者利益有重大不利的行为。定义的"因特定事由终止"指：若"参加人"因"特定事由"终止的，所有未行使之"期权"，不论是否已归属，均应当自此等终止之日起被撤销，且对于该"参加人"因行使"期权"而购买的所有"股票"，"公司"有权以该类"股票"的原始购买价格回购。任何被撤销期权之股票以及根据本计划规定以原始购买价格回购的任何股票，应当回归本计划。《阿里集团公司 2007 年股份激励计划》对"特定事由"及"因特定事由终止"的定义与《阿里集团公司 2005 年股份激励计划》基本相同。

根据三份期权授予合同，付军被阿里集团公司授予的期权股票共计70800 股，其中，付军已经行权认购 70400 股，未行权 400 股；已经行权的股票中付军已经变卖出售 35000 股。付军行权认购股票支付对价情况如下：2007 年 7 月 29 日，付军通过与阿里集团公司签订《员工股本交换声明和签署文书》，向阿里集团公司贷款 260812.50 港币，对授予的期权股票进行认购。2009 年 10 月 21 日，付军通过与阿里集团公司签订《2009 年员工股本贷款声明和签署文书》，向阿里集团公司贷款 35937.50 美元，对授予的期权股票进行认购。前述贷款付军未归还。2012 年 11 月 22 日，阿里集团公司对付军催促交付相关股票证书的邮件进行回复，称因其违反公司商业行为准则，股票被公司全部收回，不需要再寄送股票证书，告知公司回购其全部股票并抵扣其 2009 年行权贷款的余款。

3. 司法观点

争议焦点 1：企业《股权激励计划》中剥夺员工期权股票的内容是否合法？

付军上诉认为，即使可以认定 2005 年、2007 年股份激励计划的内容真实，但其中有关剥夺员工期权股票的内容违反法律规定，不具有合法性，应认定为无效。法院认为，股份期权激励并不属于企业员工依据劳动法领域应当依法享有的劳动薪酬或福利，而是企业创始人或者股东赋予具备一定条件的员工或经营管理者等参加人的一种额外激励，也是一种长效激励举措。企业创始人或股东之所以愿意让渡部分股份，目的是为了留住或吸引优秀员工和人才，增强参加人对企业的归属感、认同感，能恪职敬业，将自身利益与企业发展紧密联系，关注企业长期发展并分享企业成长所带来的收益。本案中，2005 年、2007 年股份激励计划第 1 条也明确载明计划的宗旨为："本计划旨在为重要职位吸纳和保持可获得的最佳人选，为雇员、董事和顾问提供额外激励，并促进公司业务的成功发展。"股份期权激励既然作为一种额外激励，参加人可以廉价行权，企业则往往对股份期权激励计划的参加人在对公司的忠诚、勤勉、廉洁、职责等方面提出一定的要求，当股份期权激励计划参加人违反计划的相关约定时，其股份期权可能会被终止、限制或剥夺，这符合权利义务对等原则。因此，股份期权激励的参加人是否愿意签订股份期权合同、期权到期是否愿意行权认购等取决于参加人自身的选择与真实意思表示，但双方一旦签订合同，则有关双方权利义务应按照双方签订的期权合同约定的内容予以确定与履行。本案中，阿里集团公司 2005 年、2007 年股份激励计划构成付军与阿里集团公司签订的期权合同的重要内容，双方的权利义务应遵守 2005 年、2007 年股份激励计划的规定。经审查，付军与阿里集团签订的三份期权合同双方签约主体适格，意思表示真实；2005 年、2007 年股份激励计划的内容，包括付军提出异议的关于特定事由的定义以及因特定事由期权行使终止等相关规定，并未违反我国法律法规的禁止性规定，也不存在免除公司责任、加重参加人责任或者排除参加人主要权利而应认定为无效的情形。故该两份股份激励计划的合法性应予以确认。

争议焦点 2：企业能否依据《股权激励计划》撤销或回购被激励对象的股票期权？即本案中，阿里集团公司撤销或回购付军股票期权的行为是否合法？

法院认为：阿里集团公司撤销或回购付军期权股票，系依据付军与阿里集团公司签订的作为期权合同重要组成部分的 2005 年、2007 年股权期权激励计划的规定。该两份股权期权激励计划均对"特定事由"和"因特定事由终止"期权计划作出了明确规定。付军变相补贴客户和向客户无息借款的行为，构成 2005 年、2007 年股权期权激励计划中关于"特定事由"第（Ⅳ）条款"实质性地不履行其作为'服务提供者'之正常义务、不遵守主管之合理指导或不遵守'公司'或其'子公司'之政策或行为准则"；第 Ⅴ 条款"作出任何对'公司'或者其任何'子公司'之品牌、声誉或利益有重大不利的行为"的情形。故阿里集团公司撤销和按付军原始行权价回购其三份期权授予通知书项下未行权期权和已行权股票，系行使合同权利。

4. 案例启示

股权激励并不属于企业员工依据劳动法领域应当依法享有的劳动薪酬或福利，而是企业创始人或者股东赋予具备一定条件的员工或经营管理者等参加人的一种额外激励，因此，股权激励的参加人是否愿意签订股份期权合同、期权到期是否愿意行权认购等取决于参加人自身的选择与真实意思表示。实施股权激励的企业与被激励对象实质上是平等的民商事主体关系，双方一旦签订合同，则有关双方权利义务应按照双方签订的期权合同约定的内容予以确定与履行。合同当事人在股权激励相关协议中约定撤销或回购被激励对象股权的条件及事项属于当事人意思自治范畴，如该等约定不违反我国法律法规的禁止性规定，则该约定应属合法有效，对合同当事人具有法律约束力，企业据此撤销或回购被激励对象股权，属于行使合同权利，该行为同样合法有效。

（六）【案例 22】杨龙与深圳云天励飞技术股份有限公司合同纠纷二审案［审理法院：广东省深圳市中级人民法院 案号：（2019）粤 03 民终 28868 号］

1. 争议焦点

公司是否有权在被激励员工解除劳动关系时回购员工股权？

2. 案情简介

2015 年 12 月 23 日，杨龙与深圳云天励飞技术股份有限公司（以下简称"云天公司"）签订劳动合同，约定杨龙工作岗位为主管工程师，劳动合同期限自 2015 年 12 月 13 日至 2018 年 12 月 22 日，其中第 6 条"福利"第 4 项"其他"约定，云天公司授予杨龙 30000 原始股，分 4 年行权，工作的前两年，每满一年可行使 10000 股，之后两年，工作每满一年可行使 5000 股，行权价格为 1 元/股。若云天公司与杨龙脱离劳动关系（如辞职等），杨龙有权以 2 元/股回购，具体行权及回购条款在期权协议中体现。

2018 年 12 月 13 日，杨龙与云天公司再次签订劳动合同，约定工作岗位为数据主管工程师，合同期限自 2018 年 12 月 23 日起至 2023 年 12 月 22 日。该劳动合同未对员工持股及行权等事宜作出规定。

2019 年 1 月 3 日，杨龙向云天公司发出行权申请。

2019 年 1 月 9 日，杨龙因家庭原因向云天公司提出离职申请，杨龙最后工作日为 2019 年 1 月 16 日。

2019 年 1 月 25 日，云天公司向杨龙发出《关于回购的通知》。

2019 年 2 月 1 日，云天公司向杨龙支付 24400 元回购款。

杨龙、云天公司双方均确认，除上述劳动合同约定的员工持股相关内容外，双方未签订期权协议。杨龙主张，云天公司已于 2017 年 4 月成立三个员工持股平台，分别为：深圳云天共创 1 号企业管理合伙企业（有限合伙）、深圳云天共创 2 号企业管理合伙企业（有限合伙）和深圳云天共创 3 号合伙企业（有限合伙），因云天公司迟迟不履行将杨龙的 25000 股原始股放入员工持股平台并办理工商登记手续的义务，故请求法院判令云天公司依约将杨龙符合行权条件的 25000 原始股放入员工持股平台并办理相关工商登记手续，暂计 100 万元。云天公司辩称，云天公司正在拟定股权激励制度，目前尚未出台。确实有通过合伙企业形式的员工持股平台来实现员工股权激励的方案，但是目前尚未确定员工持股平台的具体合伙企业信息。

3. 司法观点

一审法院认为：股权激励是通过企业授予员工股权，使员工与企业结成利益共同体，享有一定的经济权利，分享利润，也承担一定的风险。股权激励方案一般授予在职员工，存在多种激励与管理模式，在员工离职后，其持有的员工股由员工持股平台运营管理还是由公司回购，要看双方期权合同的约定以及公司相关制度规定。由于杨龙未能举证证明其提供的三份合伙企业工商信息与云天公司的关系，亦未举证证明云天公司成立了员工持股平台及平台运作方式，一审法院采信云天公司的陈述，认定该公司员工持股平台尚未建立及运作。

由于杨龙、云天公司双方未签订期权协议具体约定持股及行权方案，一审法院依据双方于 2015 年 12 月 23 日签订的《劳动合同》确定双方权利义务。按照劳动合同的约定，杨龙在离职之时可行权的原始股份为 25000 股，行权价格为 1 元/股，在杨龙离职之时，云天公司有权以 2 元/股进行回购。云天公司在扣除杨龙的行权价款及相关税款后，将回购款支付给杨龙，符合双方劳动合同的相关约定，亦不违背股权激励制度的本意。故一审法院认定云天公司回购杨龙持有的员工股份合法有据。

二审法院认为：杨龙与云天公司于 2015 年 12 月 23 日签订的《劳动合同》约定，云天公司授予杨龙 30000 原始股，分 4 年行权，工作的前两年，每满一年可行使 10000 股，之后两年，工作每满一年可行使 5000 股，行权价格为 1 元/股，若云天公司与杨龙脱离劳动关系（如辞职等），云天公司有权以 2 元/股回购，具体行权及回购条款在期权协议中体现。双方确认未签订期权协议。一审法院依据上述约定确定双方的权利义务，并无不当。

在杨龙离职时，云天公司有权以2元/股的价格回购杨龙持有的符合行权条件的期权。杨龙离职时已工作满3年，可行权2.5万股，杨龙未曾支付期权价款，云天公司根据期权购买价格1元/股与回购价格2元/股的差额，扣除相关税款后，向杨龙支付回购价款24400元，符合双方《劳动合同》的约定，亦不违背股权激励制度的本意。至此，杨龙已实现其期权利益，不存在期权行权的请求权益。一审法院判决驳回杨龙的诉讼请求是正确的。

4. 案例启示

股权激励是通过企业授予员工股权，使员工与企业结成利益共同体，享有一定的经济权利，分享利润，也承担一定的风险。股权激励方案一般授予在职员工，存在多种激励与管理模式，在员工离职后，其持有的员工股仍由员工持股平台运营管理还是由公司回购，要看双方期权合同的约定以及公司相关制度规定。一般而言，企业在订立股权激励相关合同时，应尽可能明确企业享有员工离职时的员工股回购权，以保证股权激励目的的实现。

（七）【案例23】搜房控股有限公司与被申请人孙宝云合同纠纷再审案［审理法院：最高人民法院 案号：（2013）民申字第739号］

1. 争议焦点

（1）参与境外上市公司股权激励计划的境内个人是否需要在劳动关系存续期间行使股票期权？《离职协议书》是否能够终止《股票期权协议》？

（2）境内个人离职后，《股票期权协议》是否具有可履行性？

2. 案情简介

2004年，孙宝云（内地个人）参与搜房北京公司（境外上市公司）股权激励计划，孙宝云在职期间与搜房北京公司签订《股票期权协议》，约定股票期权于2009年7月31日失效。2008年，孙宝云与北京搜房公司签订劳动合同书，约定：孙宝云在二手房集团总部担任大区总经理，合同期为 2008 年 1 月 1 日至 2010 年 12 月 31 日。

2009 年 6 月 2 日，北京搜房公司和搜房公司人力资源部共同向孙宝云出具劳动合同解除通知书，该通知载明：2009 年 7 月 1 日与孙宝云解除劳动合同。

2009 年 6 月 11 日，由北京搜房公司、搜房公司人力资源部盖章及孙宝云签字的《离职协议书》载明："经双方友好协商，定于 2009 年 7 月 1 日解除劳动关系，并进行工资结算如下：……"

2009 年 6 月 23 日，孙宝云以其在搜房公司的工作信箱向搜房公司的董事长莫天全发了电子邮件，提出希望认购期权。

2009 年 7 月 1 日，双方解除劳动关系。

2009 年 7 月 9 日、7 月 15 日、9 月 29 日孙宝云均向搜房北京公司代表人莫天全多次联系，请求行权，但搜房公司至今未给孙宝云办理行权手续。

2008	2009.6.2	2009.7.1	2009.7.9 2009.7.15 2009.9.29	2009.7.31
双方签订劳动合同书，孙宝云参与公司股权激励计划	公司出具劳动合同解除通知书	双方解除劳动关系	孙宝云联系公司代表人多次请求行权，公司均未办理	股票期权失效

图表 6-8　案例 23 案情简介

3. 司法观点

关于争议点（1）：参与境外上市公司股权激励计划的境内个人是否需要在劳动关系存续期间行使股票期权？《离职协议书》是否能够终止《股票期权协议》？

法院认为：《股票期权协议》是双方当事人真实意思表示，内容不违反我国法律、行政法规的强制性规定，合法有效。依据《股票期权协议》约定，孙宝云的股票期权于 2009 年 7 月 31 日失效。但孙宝云早在 2009 年 6 月 23 日就以电子邮件的方式向莫天全提出了行使股票期权即购买股票的要求，并于 2009 年 7 月 9 日和 15 日分别以电话及快递方式再次提出行使股票期权的要求。而莫天全在签署《股票期权协议》时表明其身份为搜房公司的董事会主席，在本案中亦以搜房公司代表人身份出现，故其有权代表搜房公司作出意思表示。

《离职协议书》虽然加盖了搜房北京公司的公章和搜房公司人力资源部的印章，但该协议书的内容为搜房北京公司就协商解除劳动合同事宜向孙宝云支付经济补偿金，并未提及孙宝云的股票期权问题，不足以推定搜房公司和孙宝云合意终止股票期权关系。《中华人民共和国合同法》第 78 条规定："当事人对合同变更的内容约定不明确的，推定为未变更。"《离职协议书》没有明确变更或终止《股票期权协议》，孙宝云和搜房公司之间的权利义务仍受《股票期权协议》的约束。搜房公司认为《离职协议书》导致《股票期权协议》终止的申请再审理由不能成立。因此，对于孙宝云在股票期权有效期内提出的购买股票请求，依据《股票期权协议》，搜房公司应当向孙宝云出售股票。

关于争议焦点（2）：境内个人离职后，《股票期权协议》是否具有可履行性？

法院认为：国家外汇管理局汇发〔2012〕7 号《关于境内个人参与境外上市公司股权激励计划外汇管理有关问题的通知》允许参与境外上市公司股权激励计划的境内个人行使股票期权，且并未规定必须在劳动关系存续期间行使股票期权，搜房公司关于《股票期权协议》不具有可强制履行性的申请再审理由不能成立。

综上，裁判主旨：员工行权时点与劳动关系存续期没有必然关系，员工行权方式和时点以股权激励协议或股票期权协议等合同依据为准，并非以劳动合同为准。

4. 案例启示

若企业实行股权激励计划的真实意思是员工应在劳动合同期限内行权，那么应当提前在相关股票期权协议或认购股权协议以及股权激励管理方案等配套法律文件中作明确约定，以免引起类似不必要的误解和争议。

附录：与科技创新企业上市前
相关的法律规范文件汇总

时间	发布机构	文件名称
2005 年	财政部、国家税务总局	《财政部、国家税务总局关于个人股票期权所得征收个人所得税问题的通知》（35 号文）
2006 年	国家税务总局	《国家税务总局关于个人股票期权所得缴纳个人所得税有关问题的补充通知》（902 号文）
2006 年	国资委	《国有控股上市公司（境外）实施股权激励试行办法》
2006 年	财政部	《国有控股上市公司（境内）实施股权激励试行办法》
2006 年	财政部	《企业会计准则第 11 号——股份支付》
2008 年	国资委、财政部	《关于规范国有控股上市公司实施股权激励制度有关问题的通知》
2008 年	证监会	《股权激励有关事项备忘录（1-3）号》
2009 年	财政部、国家税务总局	《财政部、国家税务总局关于股票增值权所得和限制性股票所得征收个人所得税有关问题的通知》（5 号文）
2009 年	国家税务总局	《国家税务总局关于股权激励有关个人所得税问题的通知》（461 号文）
2012 年	税务总局	《关于我国居民企业实行股权激励计划有关企业所得税处理问题的公告》（18 号文）
2013 年	证监会	《关于进一步明确股权激励相关政策的问题与解答》
2014 年	证监会	《关于股权激励备忘录相关事项的解答》
2015 年	深交所	《创业板信息披露业务备忘录第 9 号：股权激励（限制性股票）实施、授予与调整》
2015 年	深交所	《中小企业板信息披露业务备忘录第 4-6 号》
2016 年	财政部、国家税务总局	《财政部、国家税务总局关于完善股权激励和技术入股有关所得税政策的通知》（62 号文）

（续表）

时间	发布机构	文件名称
2016 年	财政部、国家税务总局	《财政部、国家税务总局关于完善股权激励和技术入股有关所得税政策的通知》（101 号文）
2018 年	证监会	《上市公司股权激励管理办法》（2018 年修订）
2018 年	全国人大常委会	《中华人民共和国公司法》（2018 年修正）
2019 年	证监会	《科创板上市公司持续监管办法（试行）》
2019 年	全国人大常委会	《中华人民共和国证券法》（2019 年修订）
2019 年	国资委	《中央企业负责人经营业绩考核办法》（2019 年修订）
2019 年	国资委	《国资委关于进一步做好中央企业控股上市公司股权激励工作有关事项的通知》
2019 年	人民银行、外汇管理局	《境内上市公司外籍员工参与股权激励资金管理办法》
2019 年	最高人民法院	《关于为设立科创板并试点注册制改革提供司法保障的若干意见》
2020 年	国资委	《中央企业控股上市公司实施股权激励工作指引》
2020 年	证监会	《非上市公众公司监管指引第 6 号——股权激励和员工持股计划的监管要求（试行）》
2020 年	全国中小企业股份转让系统有限责任公司	《全国中小企业股份转让系统股权激励和员工持股计划业务办理指南》
2020 年	上交所	《科创板上市公司信息披露业务指南第 4 号——股权激励信息披露》
2020 年	深交所	《深圳证券交易所创业板上市公司规范运作指引（2020 年修订）》
2020 年	上交所	《上海证券交易所股票上市规则（2020 年 12 月修订）》
2020 年	上交所	《上海证券交易所科创板股票上市规则（2020 年 12 月修订）》
2020 年	深交所	《深圳证券交易所股票上市规则（2020 年 12 月修订）》
2020 年	深交所	《深圳证券交易所创业板股票上市规则（2020 年 12 月修订）》

后　记

　　科技创新是国家发展的核心动力，自 2018 年 11 月在上交所设立科创版并试行注册制后，本书中两位合著者李智琪和张振华开始持续关注科创板及高科技企业，并于 2019 年与学者和同行合著出版《科创板上市实务精要》。随后，在法律服务实践中，因应高科技企业高风险高投入周期长等特殊性，本书四位合著者和研发团队进一步推出《科技创新企业上市前股权激励法律及税务服务产品》，于 2021 年 5 月参加广州市首届律师法律服务产品大赛，荣获"2021 广州律师法律服务产品大赛一等奖"，产品深受企业家和法总们喜爱。在法律服务产品比赛后，在广东连越律师事务所决策委员会的鼓励下，本书合著者研发团队不断深入更多科技企业调研并结合企业在上市前股权激励中遇到的实操问题和疑难问题，在原法律服务产品基础上继续充实、调整和修改并形成本书，以期授人以渔，希望我们的探索和总结对国家更多科技创新企业在股权激励方面有所裨益。

　　本书在撰写、补充修订过程中，合著者李智琪（毕业于中山大学法学院，高级合伙人律师、中山大学客座法学教师、广州仲裁委仲裁员）、张振华（毕业于中国政法大学，高级合伙人律师，连越、恒致律师团队负责人）、张琬律师（毕业于中山大学法学院，合伙人律师、逸律团队负责人）和张倚銮（中国/澳洲注册会计师、香港中文大学会计硕士，容诚税务合伙人）结合自身丰富的资本市场、股权激励和税务筹划经验，对书稿提出了专业而深刻的意见。参与本书案例检索、整理和校阅的，还有研发团队的张涟菁、陈飞宏、杨洁、刘庆璇、叶俞麟、饶洁、唐祉泳、罗少婷、徐讯络、黎颖琪等，在此一并致谢。有了他们的辛勤劳动，才使本书得以顺利付梓。

最后，感谢惠赐本书出版的人民法院出版社同仁。正是他们的辛苦付出，才使本书得以尽早面世。

本书不足之处尚祈读者诸君不吝指正。

本书合著者团队

2022 年 4 月 2 日于广东广州